PRIVATE SCHOOL POLICY AND LOCAL FINANCE
Intergovernmental Relations in Subsidies

私立学校政策の展開と地方財政

私学助成をめぐる政府間関係

小入羽秀敬 [著]

吉田書店

目　次

序　章　先行研究の動向と分析枠組み ……………………………………… 1

　第 1 節　問題関心と課題設定　1

　第 2 節　先行研究の状況　6

　　第 1 項　国による政策の影響に関する研究　6
　　　　　　1　政府間関係論／ 2　国庫支出金研究／ 3　地方交付税研究

　　第 2 項　私立学校に関する先行研究　15
　　　　　　1　教育社会学・教育経済学・高等教育研究の私学研究／
　　　　　　2　教育行政学における私学研究

　第 3 節　本書の分析枠組みと分析課題　23

　　第 1 項　制度変更とその蓄積　24
　　第 2 項　課題設定　25
　　第 3 項　分析方法と資料　27

　第 4 節　本書の構成　28

第 1 部　私学助成をめぐる制度的検討

第 1 章　国レベルの私学助成制度 …………………………………………… 33

　第 1 節　文部科学省の私学担当部局　34

　第 2 節　国庫補助金制度の変遷　35

　　第 1 項　経常費補助の制度的特徴　36
　　　　　　1　経常費助成費補助（一般補助）／ 2　経常費補助額の変遷

i

第2項　施設費補助・設備費補助の推移　　43
　　　　　1　施設費補助・設備費補助の制度／2　施設費補助の変遷／
　　　　　3　設備費補助の変遷

　第3節　私立学校への貸付金　　48
　　　第1項　出資金と財政投融資　　48
　　　第2項　国庫補助金と貸付金の関係　　50

　第4節　地方交付税の制度と措置額　　52
　　　第1項　地方交付税の制度的変遷　　52
　　　第2項　地方交付税額の推移　　54

　第5節　小括　　54

第2章　県レベルの私学助成制度 ………………………………… 59

　第1節　県における私学担当部局　　60
　　　第1項　私学担当部局の変容　　60
　　　第2項　私学担当部局の業務および役割に関する事例的検討　　65
　　　　　1　補助執行導入県／2　補助執行廃止県／3　私学担当事務
　　　　　の所管の差異と私学助成単価

　第2節　県による私学助成の予算積算制度と配分制度　　73
　　　第1項　予算積算の制度　　73
　　　　　1　単価方式／2　補助対象経費方式／3　標準運営費方式
　　　第2項　経常費助成配分の制度　　76
　　　　　1　区割方式／2　補助対象経費方式／3　単価方式／
　　　　　4　標準運営費方式
　　　第3項　県私学助成金の変遷　　77

　第3節　小括　　79

目次

第2部　国による制度変更と県の対応

第3章　生徒急増期が私学助成制度に与えたインパクト ……… 85

第1節　生徒急増期における国の対応　86
　第1項　行政的な対応　86
　第2項　財政的な措置　87

第2節　都道府県の対応　89
　第1項　行政的な対応　89
　第2項　財政的な措置　90

第3節　事例分析　92
　第1項　北海道　92
　第2項　山形県　95
　第3項　東京都　96
　第4項　事例分析の小括　99

第4節　小括　99

第4章　人件費補助の制度化が県私学助成に与えた影響 ……… 103

第1節　国による私学助成政策の転換　105
　第1項　社会経済的状況　105
　第2項　人件費補助の開始　106
　第3項　地方交付税の費目変更と額の推移　107

第2節　国の制度変更に対する都道府県の対応　108

第3節　事例分析　110
　第1項　東京都　110
　第2項　兵庫県　113
　第3項　福岡県　115

第 4 項　千葉県　116
　　　第 5 項　静岡県　118
　　　第 6 項　北海道　120
　第 4 節　小括　122

第 5 章　私立学校振興助成法の成立による
　　　　　国庫補助金の導入 ……………………………………… 127
　第 1 節　私立学校振興助成法の成立と
　　　　　国による私学助成制度の変更　129
　第 2 節　国の制度変更に対する都道府県の対応　131
　第 3 節　事例分析　136
　　　第 1 項　北海道　136
　　　第 2 項　千葉県　138
　　　第 3 項　広島県　138
　　　第 4 項　東京都　140
　　　第 5 項　愛知県　142
　　　第 6 項　事例分析の小括　143
　第 4 節　小括　144

第 6 章　財政難・生徒減少期の私学助成 ……………………… 147
　第 1 節　2000 年前後の国の動向　148
　　　第 1 項　国庫補助項目・金額の変遷　148
　　　第 2 項　地方交付税の動向　150
　第 2 節　国の制度変更に対する都道府県の対応　151
　　　第 1 項　県における私学助成額の変化　152
　　　　1　県私学助成額の変化と国措置額／2　県措置率の変遷

第2項　特別補助導入状況の変化　155
　第3節　事例分析　155
　　　第1項　財政力と私学比率による類型化の枠組み　156
　　　第2項　県の助成項目および金額の変遷　158
　　　　　1　千葉県／2　山形県／3　長野県／4　宮城県／
　　　　　5　北海道／6　東京都
　　　第3項　事例分析の小括　176
　第4節　小括　178

終　章　知見と結論 …………………………………………… 183
　第1節　知見の総括　183
　第2節　結論と含意　189
　　　第1項　私学助成における標準化機能の形成とその制度化　189
　　　第2項　地方交付税が標準化機能を持つことの意味　193
　　　第3項　私学助成をめぐる政府間関係　195
　　　第4項　高等学校研究における財政制度研究　198
　第3節　今後の課題　199

あとがき　201

参考文献　207

索　引　215

序章　先行研究の動向と分析枠組み

第1節　問題関心と課題設定

　都道府県（以下，県と略）の政策決定はいかになされるのか。本書の目的は，国による財政制度の変更が，県における地方教育財政政策にどのような影響を与えているのかについて，私学助成政策を対象として分析することで明らかにすることである。

　県の政策決定は，行政学や政治学，教育行政学において重要なテーマとして扱われてきた。本書では分析視角として，行政学で多く使われている政府間関係の枠組みに着目して分析を行う。

　従来の教育学研究は，主として公立の義務教育課程に着目してなされてきたといえる。教育行政研究や教育財政研究においても義務教育費国庫負担金や公立学校施設整備費負担金などに着目した研究が多く蓄積されてきた。しかし，公立高校や私立学校など義務教育課程以外の教育財政分析には注目されてこなかった。

　本書が着目するのは高等学校以下の学校に対する私学助成である。この私学助成は，制度上は県が自らの裁量で行う事業であり，その実施は国から強制されるものではない。国からの財政措置も他の公立関係の教育関係補助負担金と異なり，県の事業である私学助成に対して補助を行うという奨励的な意味合いしか持たない。しかし，2015年現在において，私学助成を実施していない県

は存在しない。

　この背景にあるのは日本の高等学校教育における私立学校の持つ重要性の大きさである。特に，現在の私立高等学校は日本の全高等学校の約3割を占めており，高等学校教育において非常に重要な役割を担っている。私立高等学校の収入源としては生徒からの学納金以外には国や県からの私学助成が挙げられ，行政からの補助が私立高等学校経営にとって必要不可欠なものとされている。しかし，昨今の財政難および地方分権改革の進行によって私学助成制度への見直しが図られるようになり，私学助成の効率的な配分を前提とした制度改革が行われるようになってきた。制度改革を考える上で重要なことは，制度が本来持っている特質と，その制度がどのように運用されているのかについて経年的に明らかにすることである。

　本書が「私立学校」に着目する理由は，このような私学のシェアの高さにある。例えば高等学校段階でいうと1960年代の生徒急増期などには私立高等学校が増加した生徒の受け皿となっており，これを機に私学の高等学校シェアは前述のように全国平均で3割を超えることとなる。このように義務教育終了後の学校教育において私立学校の持つ役割は大きい。

　公教育の中で一定の役割を担うことになった私立学校は，教育を行う以外に財務的に破綻しないような経営を行うことも求められるようになる。このような私立学校の経営行動は多くの場合，国や県などによって制定された私学政策や私学制度の影響を大きく受けると考えることができる。

　私学政策の構造は3つのレベルに分けることができる。第1に，国である。文部科学省による県私学政策への関与は基本的に国庫補助金の交付のみであり，高等教育局私学部私学助成課による「学校法人や地方公共団体に対する助成」を行っている（行政管理研究センター 2007）。私立学校の設立や運営に関する指導助言や勧告等が直接的になされることは，制度上は原則としてない。第2に，県である。高等学校以下の私立学校の所轄庁が県知事であることが私立学校法によって定められているため，高等学校以下の私学政策の実施主体は県であるといえる。第3に，各私立学校である。国と県の2つの政策主体が学校に対して直接的・間接的に影響を与えている。以上の関係を図示したものが図0-1である。

序章　先行研究の動向と分析枠組み

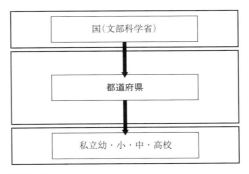

筆者作成。

図 0-1　高等学校以下を対象とする私学政策の行政構造

　県の主な業務は学校の設置認可や助成である。特に高等学校以下の私立学校への助成は県の自由裁量であり、法的に助成の義務を規定している条項は基本的にはない。つまり、制度上県はそれぞれの地域的なニーズに即した独自の私立学校政策を実施することができるのである。

　前述したように、本書は私学政策の中でも特に私学助成に着目する。高等学校以下を対象とした私学助成を、県が裁量権を持って実施していたのは戦前からであり、当時は国からは公的な補助金は措置されておらず、県が独自の配分基準の下で私立高等学校等に助成を行っていた（杉長 1993）。しかし、生徒急増期対応に伴う学校施設設備の拡充、物価高騰や急増後の生徒数減少などの要因によって経営難に陥った私立学校からは助成額増加要求が強まっていく。助成の充実のため、私立学校や県は国に対して私学助成への財源措置を求めていった。それを受けて国による私学助成に関する財源措置が行われるが、ここでは財源措置の制度的な変遷を追ってみたい。

　私学助成に関する国による財源措置の嚆矢は 1965 年をピークとする第 1 次生徒急増期対応に伴う地方交付税法改正であった。この地方交付税法改正によって私学助成に関係する基準財政需要額が増額することとなった。生徒急増期後の生徒数減少や物価高騰によって私立学校が経営難に陥った結果、1970 年および 1971 年の地方交付税法改正によって人件費への補助が実施されるようになるなど、徐々に地方交付税の基準財政需要額の算定項目や単位費用が増加

3

してきた。そして1975年に私立学校振興助成法の成立によって私学助成に関する国庫補助金措置が行われるようになることで、私学助成は国庫補助金と地方交付税の2本立ての財源措置を獲得することとなる。

　国から地方に移転される財源を補助金と呼ぶが、使途が限定されて交付される補助金を特定補助金（国庫支出金）、使途が限定されていない補助金を一般補助金としている。地方財政法では、国庫支出金は国庫負担金（第10条～第10条の3）、国庫委託金（第10条の4）、国庫補助金（第16条）の3つに分類されている。本書で検討する私学助成は3分類のうち国庫補助金に当たり、国が「施策を行うため特別の必要がある」（地方財政法第16条）という目的で交付される奨励的要素を持っているものである。また、私立学校振興助成法第9条において「学校法人に対し、当該学校における教育に係る経常的経費について補助する場合には、国は、都道府県に対し、政令で定めるところにより、その一部を補助することができる」と規定されており、県が私学助成を実施して初めて国からの補助金が交付される仕組みになっている。

　後者の例である地方交付税は地方自治体間の財源の不均衡を調整するため、地方の国税収入の一定割合を財源として各地方自治体に再配分をする財政制度である（神野・小西2014：84）。地方交付税の算定は2つの段階を経る。まず地方財政計画によって地方交付税の総額を算出した上で、基準財政需要額から基準財政収入額を引いた額が地方交付税の各県への交付額となる。基準財政需要額は地方自治体が標準的な行政サービスを提供するための経費、基準財政収入額は地方自治体における標準税率に基づいた地方税収入である。基準財政需要額が基準財政収入額を上回る場合は財源不足が生じたとして不足額に応じて地方交付税が交付される。一方で、基準財政需要額が基準財政収入額を下回っていれば、その自治体は地方交付税が交付されない不交付団体となる。

　このように、国は私学助成に関する様々な財源措置を実施しており、それらの財源措置は県私学助成制度に対して大きな影響を及ぼしたと推測される。特に私学助成は財源措置が地方交付税のみの時期、地方交付税と国庫補助金の双方による時期に分かれており、時期によってもその影響に差が発生すると考えられる。

　私学助成政策に関する議論は上述したような私立学校への「助成」、そして

学生数等の制限などに代表されるような「規制」との関係の中で検討されることが多かった。市川によれば、私学政策は「規制」と「助成」の組み合わせによって「放任主義」「統制主義」「育成主義」「同化主義」の4類型に分けることができるという。「放任主義」は助成が少ない一方で規制も弱い。「統制主義」は規制が強いが助成が少ない。「育成主義」は規制が弱いが助成が多い。「同化主義」は規制も強いが、助成も多い。日本の私学政策は放任主義、統制主義、育成主義の3類型の間を変化していった（市川2004，2006）。

　国による私学政策は高等教育と初等・中等教育で異なっている。私立大学と私立高等学校等の所轄庁が異なるという点や、私立大学助成が教育条件の維持・向上を主目的としていたのに対して、高等学校以下を対象とする私学助成が学納金の上昇抑制を主眼としていた点などが理由である（市川2006：265）。それは国庫補助金の金額や項目の変遷からも明らかであり、私立大学の補助金総額は1980年代に減少し、項目も特別補助など政策誘導的な意味合いを持つものが増えたのに対して、高等学校以下の私立学校に対する補助金の総額は1984年以降基本的に前年度比増で推移していた。項目についても政策誘導的な意味合いの強い特別補助は少なかった。

　従来の議論の中での私学助成における「助成」と「規制」という概念は、主に私立大学を念頭に置いて考えられたものであった。私立大学では所轄庁である文部（科学）大臣と学校法人の関係性の中で議論されている。しかし、高校以下の私立学校の所轄庁は都道府県知事であり、「助成」と「規制」は県と学校法人の関係性の中での議論となる。しかし、行政制度的に考えれば、高校以下を対象とする私学助成の主体が県であったとしても、行政的、財政的に国からの影響が存在しないとはいえない。例えば、行政的には私学の設置認可等については機関委任事務の一環として実施されてきた経緯がある。財政的には私学助成の国からの財源措置として地方交付税や国庫補助金が存在する。これらの国と県の制度上の関係を考えれば、県の私学助成政策が結果的に国の意向に沿った「規制」を実施している可能性も考えられる。

　ここから、次の課題がみえてくる。高等学校以下の私立学校を所管する県の私学助成政策決定に影響を与えるものは何か、である。教育政策策定における県の自律性は教育行政学において重要なテーマであった。義務教育行政におけ

る地方自治体の自律性研究では，例えば市町村公立学校施設整備事業の補助負担金を分析することで「縦割り性」の中にも県の自律性が実は存在したことを明らかにしている（青木2004）。公立高等学校行政はその財源のすべてが地方交付税によって措置されているため，県の自律性が強く発揮できる環境となっている（リード1990）。一方で，本書が対象とする高等学校以下を対象とする私学助成は本格的な地方交付税措置が開始された1960年代以降は地方交付税のみによって財源措置されていたものの，私立学校振興助成法が成立した1975年以降は国庫補助金と地方交付税という2つの補助金制度による財源措置が開始されている。これは私学助成政策に関する県の自律性が，国庫補助負担金の割合が高いことで中央政府からの統制が比較的強いとされる義務教育段階の自律性と，地方交付税によって大半が財源措置されている公立高等学校行政の自律性の中間にあたるという解釈ができる。

以上検討したように，現行の県私学助成は奨励的国庫補助金（私学助成の約30％）と地方交付税（私学助成の約70％）の混合型の財源措置である。2000年前後の財政難の状況下でも，地方交付税が多くを占めるにもかかわらず各県の私学助成の額は基本的に漸増してきた（渡部2006）ことから，国による財源措置や県の私学助成制度には漸増の要因が存在すると考えることができる。本来自律的に決定するはずの県の私学助成額の推移を，国による財源措置と制度的要因によって検討することが，本書の目的である。

第2節　先行研究の状況

第1項　国による政策の影響に関する研究

1　政府間関係論

本書の問題関心を明らかにしていく上で重要なのは所轄庁である県の自律性を国との関係性から考察することであり，政府間関係研究が有効な枠組みとなる。

行政学の政府間関係研究の代表的なものとして「天川モデル」を挙げるこ

とができる。天川および西尾は中央政府と地方政府の関係を分析する軸として，以下の4つを提示した（天川1986，西尾1990）。第1に集権・分権軸である。第2に，分離・融合軸である。第3に，分立・統合軸である。第4に，集中・分散軸である。

　集権・分権軸は，地方政府が中央政府との関係で自律的に意思決定ができる程度のことである。集権は地方に関する意思決定を中央政府が行い，地方団体の自主的決定の範囲を狭く限定したものであるのに対し，分権は地方団体の自主的決定の範囲が拡大されていることを示す（天川1986：119）。分離・融合軸は中央政府と地方団体の間の行政の機能，政策の実施の関係に着目したものである。分離は地方団体内の区域内であっても中央政府の機能は中央政府が独自に分担することであり，一方で融合は中央政府の機能であっても地方団体の区域内であれば地方団体がその固有の行政機能と合わせてこれを分担することを指す（天川1986：119）。

　天川は上記2軸を組み合わせることで4つの類型からなる枠組みを提唱し，日本国内での地方自治制度の歴史的変遷を〈集権─分権〉〈分離─融合〉軸で分析することで道州制構想の文脈を明らかにした。西尾はこれに加えて新たに分立・統合軸と集中・分散軸の2軸を加え，次のように概念化している（西尾1990）。分立・統合軸は担当機関の多元性を示す概念である。本省レベルや地方政府レベルに対して適用される概念だが，県私学助成について検討する本書では地方政府に限定して考える。地方政府の内部構造における分立とは教育委員会や公安委員会等の行政委員会のように首長部局から法制度上分立したものを指す。一方で統合は首長部局に権限を集中している状態であることを示す。集中・分散軸は国に集権されている事務・権限をどの区域で執行するのかに着目したものである。より広域レベルの機関に留保されている状態を集中，市町村レベルなどより狭域レベルに委ねられている状態を分散としている。

　このように天川・西尾による分析枠組みは合計4つの軸によって構成されることとなってしまい，複雑化してしまった（西尾1996）。そのため，行政学では地方分権改革で規定された自主性と総合性に着目して，融合・分離軸と分立・統合軸の2軸を用いて地方分権改革以降の地方行政制度の分析を行った金井の研究（金井2007）まで，この枠組みはほとんど用いられていなかった（村

上 2011：57）。

　財政学でも政府間関係は主要なテーマであり、事務事業の中央政府と地方政府の配分量に着目している。神野は政府間財政関係を分析する際に前述した西尾による4つの軸のうち、「集権・分権」軸と「集中・分散」軸に分けて検討している（神野 1993）。集権・分権軸では決定権限がメルクマールであり、公共サービスの供給と負担に関する決定を主として中央政府が実施していれば「集権」、地方政府が実施していれば「分権」となる。また、集中・分散軸では公共サービスの実行主体が誰であるかがメルクマールであり、公共サービス供給の実行主体が主に中央政府であれば「集中」、主に地方政府であれば「分散」であるとしている（神野 2002：293-294）。

　「集権・分権」は歳出および歳入の決定権限から検討することができる。日本の中央政府による地方政府へのコントロールは歳出と歳入への決定権限の統制により行われているとし、前者は機関委任事務、必置規制、補助金による関与によってなされ、後者は自主財源である地方税の創設を制限する課税否認および税率設定への制限を行う制限税率、地方債の起債を制限する地方債許可制度によってなされているとしている（神野 1998：111-123）。このことからも日本は集権システムであるといえる。

　「集中・分散」は日本の総歳出（中央歳出＋地方歳出）に占める地方歳出の比重から検討することができる。地方歳出の比重が高いほど地方政府での公共サービス供給が多くなされているとすると、1996年時点での地方歳出の比重は約70％であるため、分散システムであるとしている（神野 2002：294）。この傾向は現在でも続いており、2011年時点においても日本の地方支出のウエイトが政府支出全体に対して高いことから、地方が公共サービスの主たる供給主体となっている分散システムであると指摘されている（神野・小西 2014：43）

　以上のように決定権限が中央政府にあり、実行主体が地方政府となっている状況から、神野は日本における政府間財政関係を「集権的分散システム」であるとした（神野 1993, 1998, 2002, 神野・小西 2014）。

　教育行政学において政府間関係に着目した研究は主に青木によって行われてきた。青木は分権改革以前の教育行政における地方政府の自律性を検証するために、補助負担金制度が地方政府に対してどのような統制的側面を持つのかに

序章　先行研究の動向と分析枠組み

ついて分析している。具体的には公立学校の施設整備事業において国庫補助事業への自主財源の投入が自治体によって行われており，補助基準どおりの施設整備でも最低限度の施設整備が可能ではあるものの，自治体が自らの構想・計画を実現するために補助基準に自主財源を上積みしていることが示されている（青木 2002, 2004）。元来，義務教育行政は文部（科学）省の意向が強く反映され，その「縦割り性」によって地方政府の自律的行動が制約されるなどの点が問題視されてきた。その中で教育行政においても地方政府が中央政府に対して働きかけを行って補助負担金の柔軟な運用を可能にしたりするなど，地方政府の自律的行動を観察する研究が近年多く行われてきている（青木 2013）。

　天川モデルを枠組みに用いた教育行政学の先行研究としては，青木，村上を挙げることができる。村上は集権・分権と統合・分立の2軸を用いて教育委員会制度改革をめぐる政府間関係の構図を明らかにした（村上 2011）。青木も集権・分権と統合・分立の軸を用いて，地方分権改革によって教育行政のガバナンスが，教育行政の内部管理という分立的状態から首長が統制する統合的状況に移行しつつある可能性について指摘している（青木 2013：315）。

　青木および村上が課題として設定していたのは教育行政の「縦割り性」の問題であった。しかし，本書が検討する高等学校以下を対象とする私学助成については，文部（科学）省の権限が公立義務教育行政と比較しても小さい上に，知事部局が所管しているため，教育行政の「縦割り性」の影響は極めて少ない。

2　国庫支出金研究

　集権的分散システムにおいて地方政府は歳入の決定権限がないため，地方政府の裁量で財源を増やすことはできない。そのため，地方政府は国庫支出金の交付要件となるような事業を積極的に採用することで自県の財源を確保せざるをえなくなっている。

　国庫支出金が地方政府に与える影響については財政学においても研究が多く行われてきており，その大半は支出金の中でも特に国庫補助金による政策誘導を批判的に論じるものであった。国庫補助金は使途が指定されているために県の地方財政当局の予算査定の姿勢に影響を与えることが指摘されている（林 2002, 2006）。高寄（1997）は国庫補助金制度が「地方自治の侵害」をはじめと

する悪影響を都道府県や市町村に対して与えると指摘している。補助金によって大規模事業の実施が可能となるだけでなく，補助金自体が事業に対する国の「お墨付き」の役割を果たすことから，補助金付き事業の予算措置がなされやすいとされる。その一方で補助金のつかない事業の予算査定は厳しいため，県は国の定めた事業の補助金項目を優先的な事業として据えざるを得ず，補助金を通じた国による県の統制という意味で批判されることが多い。

国庫支出金による政策誘導批判は教育財政研究においても同様の指摘がなされている。教育費の国庫負担金・国庫補助金については小川（1996：191）が，「国庫を経由して地方に交付される以上，国の政策的裁量や誘導を必ず伴う」と指摘しており，特に地方自治体に対して奨励的に交付する補助金の方が「機械的客観的な条件・基準に従っておこなわれる」負担金よりも国の政策的誘導や裁量が大きく働くとしている。市川（1983：318）も補助金制度が「各分野の行政について国の意図するところを地方団体に徹底させる」ことを目的としていると指摘している。

教育財政研究における国庫支出金研究の主たる問題関心は，義務教育費国庫負担金にあった。例えば小川は戦後の教育財政制度の展開について，1950年代までの義務教育費国庫負担制度を経年的に分析することで明らかにするなど（小川1991），分析アプローチの面でも制度の変遷に着目した静態的な研究が主流であった。

近年では予算の変遷や補助金の影響に着目した，動態的な教育財政研究も増えてきている。例えば，国庫支出金の影響分析は公立小中学校を対象としたものが多かったが，基本的な分析対象は制度史分析と同様に国庫負担金であった。国庫負担金は使途が指定されていることで地方の行政サービスの内容や水準に国が介入する結果になってしまうと批判されてきたが，教育関係の国庫負担金は使途の指定がナショナル・ミニマムの確保を可能とする。一方で，奨励的補助金は地方自治体からの申請による交付を原則としている。さらに部分補助であるため，補助金交付に伴う自己負担が可能な裕福な自治体に有利に作用してしまうこと，一定の行政サービス水準が確保される一方で，結果的に地方の行政サービスの内容や水準の決定が中央に依存してしまう可能性があることが，指摘されてきた（白石2000：142）。

これらの先行研究から導き出される課題として，次の2点が挙げられる。第1に，地方交付税の持つ県への影響力の有無の解明である。使途が限定されている国庫補助負担金による地方の政策策定への影響力は指摘されているものの，地方交付税がどのような影響を与えうるのかについての検討はなされてきていない点である。第2に，国庫補助金制度の導入による県私学助成の変化である。私立高等学校への国庫補助金制度の導入は私学助成におけるナショナル・ミニマムの確保が目的であった。しかし，最低限の水準が確保される一方で，行政サービスの最低水準の明示が県の私学助成政策に対してどのような影響を与えたのかについて検討していく必要がある。

　本書ではこれらの点に着目することで，教育財政研究の中ではあまり扱われてこなかった，地方交付税の影響や，ナショナル・ミニマムの確保を目的とした国庫補助金が持つ，県への政策誘導機能の実態について明らかにする。

3　地方交付税研究

　使途が限定されているため，総額を確保する上での政治性が指摘されてきた国庫補助金に対して，地方交付税は使途が自由であること，総額の決定が地方財政計画を前提とした，基準財政需要額と基準財政収入額の算定によって機械的に行われるものであり，非政治性が大きな特色であるとされている。

　財政学において地方交付税は，財政調整機能の効率性や財源保障機能のあり方に関する研究の対象となることが多かった。財政調整機能はすべての地方自治体において一定の水準の行政サービスを提供するために，地方自治体間の財政力格差を縮小させる機能であり，具体的には地方自治体に対する国からの財政資金の交付などによって行われている（石原2000：4）。財政調整制度の先行研究では国際比較が多く行われている。財政調整制度は中央政府が補助金を財政的に貧しい地方自団体に交付する垂直的調整，財政的に豊かな自治体が調整資金を拠出して貧しい地方団体に移転する水平的調整に分けることができる。日本は垂直的調整を行っている国であるが，日本の財政調整制度のあり方を考える上で国際比較が重要な研究手法として確立している。例えばアメリカ，ドイツ，フランス，スウェーデン等を比較分析した神野・池上（2003）の研究や，財政調整制度を垂直的調整，水平的調整，両者の混合の3類型に分け，それぞ

れの類型ごとに国を選定して国際的な比較分析を行った持田（2006）の研究が挙げられる。

　財源保障機能のあり方については，地方交付税の算定方法分析による研究が多く行われてきた。例えば古川（1995，2005）は自治省の内部資料である『地方交付税関係計数資料（Ⅰ～Ⅲ）』や『地方交付税制度解説（単位費用篇・補正係数・基準財政収入額篇）』を用いて，1954年度から1989年度（古川1995），1989年度から2003年度（古川2005）に至るまでの基準財政需要額および基準財政収入額の算定方法の変遷や額の変化について，網羅的かつ実証的に検証している。

　特定の費目を対象とした分析では，経常的経費と投資的経費に着目した研究に分けることができる。前者の例としては星野（2013）の研究を挙げることができる。星野は経常的経費の中でも特に，介護保険制度，生活保護費，就学援助等の対人社会サービスの費目を対象として地方交付税の算定のあり方について分析を実施している。後者の例として，土居・別所（2005）の研究を挙げることができる。土居・別所は，地方交付税として措置される地方債の元利償還金が地方政府の公共投資に対して与えた影響を分析している。

　投資的経費に関する分析の多くは，本来使途が自由であるはずの地方交付税の補助金化や恣意性を指摘し，地方政府の政策への影響について言及している。例えば，地方単独事業の起債によって発生する元利償還費（一般財源分）の一部を後年度の交付税の基準財政需要に算入する措置によって，国の奨励する事業や政策への政策誘導が可能となる制度設計がなされているという指摘がある（赤井ほか2003：110）。同様の指摘は浅羽（2002）や西森（2005），古川（2000）によってもなされており，国が政策に合わせて交付税の運用方法を変更することで地方の公共事業の拡大や地方単独事業の推進を促し，地方交付税が国の政策誘導を引き起こすものであるとしている。これらの研究に共通しているのは交付税の恣意性や補助金化であるが，これらは公共事業に伴う公債費や事業費補正による加算分のような投資的経費を対象とした分析であり，経常的経費に関しては地方交付税制度自体が県に対して政策誘導を行っているという指摘はなされてこなかった。

　また，地方交付税制度が地方政府の政策決定に影響を与える要因の一つとし

て，地方交付税による「ソフトな予算制約」も挙げられている。ソフトな予算制約とは，補助金による過剰な財源保障が各地方政府のコスト意識を希薄にさせ，費用削減といった効率化へのインセンティブを阻害することを指す（赤井・佐藤・山下 2003：91）。

このように，地方交付税研究では一般補助金でありながら地方政府の政策決定を規定する可能性があることには言及されているが，その多くは公共事業等の投資的経費を対象としたものや，地方財政の効率化の阻害といったモラルハザードの観点からの分析であり，本書が対象とするような特定の経常的経費において地方交付税が与える影響を対象とした分析は行われてこなかった。

ここで教育財政研究における地方交付税に関する議論について検討すると，その多くが義務教育費国庫負担金を前提としているという特徴がある。教育財政に関する地方交付税の議論では，地方交付税の政策誘導機能についての指摘がなされている。例えば，義務教育費国庫負担金における一般財源による「補助裏負担」は国庫支出関係の経費の一環として存在することで，地方交付税でありながらその使途はほぼ決められているに等しい。また，施設設備等においても国による負担金のほかに自治体による「横出し」等が行われており，それも一般財源を原資としたものとなっているが，負担金事業については後年度において元利償還費などが地方財政措置されることで実際の地方負担を大きく軽減する制度が存在する（青木 2004：153-155）。両者に共通するのは，具体的な基準が国（総務省）によって「基準財政需要額」として示されている点であり，かつ，制度上地方交付税を「裏負担」として支出することに対する制度的な誘導機能が存在することである。両者が存在することで初めて地方交付税の政策誘導機能が働き，自治体における財政支出行動に対して影響を及ぼしていると考えることができる。

また，教育財政研究においてはあまり扱われていないが，公立高等学校の教員給与も同様の論理で説明することが可能である。公立高等学校の教員給与は国庫補助負担金ではなく，地方交付税のみによって財源措置されているが，地方財政計画の給与関係経費において高等学校教員給与も算定されているため，総務省によって決められた「基準」が存在する。公立小中学校教員および高等学校教員の給与はこのように総務省によって基準が設定されており，これに

よって給与水準が現実的なものであることが保証されているともいえる（金井2003）。特に公立の小中学校では，国庫負担金とその「補助裏負担」という構造によって，自治体による一般財源分を含めた教員給与費の支出が担保されてきた。また，公立高等学校の教員給与も地方交付税を基本的な財源としつつも，地方財政計画や基準財政需要額の算定に給与費が含まれていることから，その支出額は小中学校と同様に担保されてきたとされている。[1]

つまり，教育財政研究の中でたびたび指摘される地方交付税の政策誘導機能という文脈は，主として小中学校教員給与や高等学校教員給与，施設整備等に代表されるような，具体的な基準が国（総務省等）によって示されており，かつ制度的に地方交付税の使途が事実上決まっているという2つの条件が重なって初めて成立する。そして，教育学研究における地方交付税の政策誘導機能に関する指摘はこれらの領域の分析から成立しているといえよう。

その一方で，基準財政需要額としての額は決められているにもかかわらず，国庫補助金の一般財源化による予算の減額や自治体間格差の拡大が指摘されている領域も存在する。例えば義務教育国庫負担法によって定められた旅費や教材費の国庫補助が1985年に一般財源化されたこと（高木2004）や，2005年に一般財源化された準要保護者への就学援助に対する国庫補助が廃止されたことで，予算が基準財政需要額よりも低い水準で措置されるようになり，かつ自治体の間で予算に差が出ていることが指摘されている（鳶2009）。星野も財源保障の分析から，就学援助について「交付税を通じた保障は，各団体にとっては国庫補助負担金を通じた保障と必ずしも同一のものとは受け取られていない」（星野2013：128）という指摘をしている。これらの先行研究は，一般財源化することで他の費目に予算を流用する自治体と，基準財政需要額として算出された額を最低限保障する自治体に分かれており，地方交付税の基準設定に合わせた予算措置はどこの自治体においてもなされていないことを示している。

就学援助や旅費・教材費と同様に私学助成は財源の大半を地方交付税によって措置されている。1975年の私立学校振興助成法成立以前は地方交付税のみによって財源措置がされており，同法成立後も国庫補助金の割合は全体の30%前後であり，残りの70%は地方交付税を原資とした県の自主財源によって予算措置されている。また，地方財政計画上，私学助成は一般行政経費に分

類されている。一般行政経費とは、教育文化施策、社会福祉施策、国土および環境保全施策等の諸施策の推進に要する経費等から、給与関係経費、公債費、維持補修費、投資的経費等として別途計上した経費を除いたものである（地方財務協会 2014：163）。私立学校教職員は公務員ではないため、私学助成の算定にあたって地方財政計画上の給与関係経費の影響を受けることはない。そのため、公立学校教員給与制度のように基準となる標準定数や給与費から導き出される国庫補助負担金の「補助裏負担」は存在しない。私学助成に関する地方財政措置として存在するのは、一般行政経費の国庫補助負担金を伴うもの（補助分）と国庫補助負担金を伴わないもの（単独分）である。私学助成の基準となるのは基準財政需要額のみであり、地方交付税の基準財政需要額分を県に私学助成として支出させる国の制度は存在しない。そのため、私学助成に関しては地方交付税の存在そのものが政策誘導機能を持つとはいえないと考えられる。

私学助成については地方交付税のみによって財源措置されていた頃から、県間格差が指摘されていた。しかし人件費が基準財政需要額に算定されるなど地方交付税措置は拡大しており、それに対応するように県私学助成の総額も全国平均では増加していた。私学助成の国庫補助が開始された 1975 年以降も全国的にみれば私学助成は基本的に右肩上がりで推移してきていた（渡部 2006）。

このように、教育財政に関連した地方交付税の研究では、教材費、就学援助などが一般財源化されたことで予算縮小や格差拡大が発生したことが指摘されている。しかし、私学助成に関しては国庫補助負担金のような「補助裏負担」の構造がないにもかかわらず、地方交付税のみによって措置されていた時期にすでに予算規模は拡大しており、その傾向は財政難とされた時期になっても変わらなかった。

第 2 項　私立学校に関する先行研究

前節で述べたように、私立高等学校は日本の高等学校教育において重要な役割を果たしており、高等学校教育の拡大や教育の機会均等を実現する上で必要不可欠なものとなっている。しかし、今までの教育学において私立学校は主要な研究対象ではなかった。教育学は主に公立学校、その中でも特に義務教育課程を研究対象としており、私立の高等学校を分析対象とした研究は極めて少な

い。

　公立の高等学校研究では，中高一貫校や総合学科に代表されるような学校改革（例えば屋敷 2009, 坂野 2009 など）や，高等学校での教育内容に着目した高大接続（山村 2013）など高等学校の実態に着目したものが多く，公立の高校教育費支出に着目した高等学校教育財政研究も存在する（小早川 2013）。このように，高等学校研究の分野でも公立学校に問題関心が持たれる傾向にある。一方で，高等学校の約 3 割を占める私立学校は，教育の機会均等の実現や進学率の上昇によってほぼ全入となった高等学校の質保証を考える上で重要な存在である。にもかかわらず，私立学校を支える私学助成制度とその運用についての分析は見過ごされてきたといえる。

　私立学校研究は教育社会学や教育行政学などにおいてなされていたが，結論を先に述べると，前者ではマクロ的な分析や私学助成を所与のものとして私学経営に与えた影響を分析することが主要な問題関心となっており，後者では主に法制研究や県私学助成の実態分析が行われているが，国の施策との関係から県の自律性に着目した分析ではなかった。

　本項ではまず，教育学の中でも私学研究が比較的多く行われてきた教育社会学，教育経済学，高等教育研究，そして教育行政学の先行研究を検討する。

1　教育社会学・教育経済学・高等教育研究の私学研究

　教育社会学や教育経済学，高等教育研究では所轄庁と機関（学校法人）の関係を「助成」と「規制」の軸で分類して分析した政策研究が尾形（1978, 1979）や米澤（2010）によって行われてきた。尾形は戦前・戦後の私立大学財政を「助成（サポート）」と「規制（コントロール）」の軸で分析し，戦前には「ノーサポート・フルコントロール」であった私学助成政策が，戦後には「ノーサポート・"ノーコントロール"」に変化し，人件費を含んだ経常費補助が実施されるようになった 1970 年度以降は「サポート・アンド・コントロール」への「重大な転換」（尾形 1979：38）が行われたと指摘した。米澤は政府による私立大学への規制と助成に代表される政策手段の変化を時期によって区分し，それぞれの時期区分での政策手段が私立大学経営に対して与えた影響を分析した。私学助成に対する研究としては，1968 年度に至るまでの私立大学

に対する国庫助成の実施について政策的な背景を含め概説した大崎（1968）の研究や，私学政策の評価という観点から私学助成や私学への規制について検討し，私学政策の改革のあり方について述べた田中（2000）の研究が挙げられる。私学助成そのものに関する政策的研究は少なく，大学政策全体の一部として私学政策の展開についてマクロ的な動向を追っている研究が大崎（1999）や黒羽（1993，2001，2002）によって行われてきた。

　高等教育研究や教育経済学の私学助成研究に関する主な関心事は，私学助成が私学経営や家計に与えた影響であった。私学助成などの収入が私学経営にどのような影響を与えているのか，という分析が主に私立大学を中心として行われた。私学はそれぞれが学校法人として独立した経営体であることから，大半が経営的観点からみた財政分析となっている（例えば両角2010，2012）。私立大学の収支構造に関する財務分析は，計量分析やケーススタディーを中心とした研究が1980年代後半以降多く行われてきた。補助金に着目した分析は基本的に，人件費を含めた大学への助成となる経常費補助が分析対象であり，施設・設備費等経常費以外の項目については検討されていない（丸山1992，田中2000，黒羽2001）。また，私学助成を含む私立大学の一般収入等を従属変数とした研究では，私学助成の変化率が経営にどのように影響を与えているのかについて教育経済学的アプローチを用いた補助金の影響分析（例えば矢野1996，矢野・丸山1988，丸山1988，1999）や，地域や入学難易度等の環境要因が大学の収支バランスにどのような影響を及ぼしているのかについて「私立学校の財務状況調査報告書」の個票データを用いた重回帰分析によって，明らかにしている（濱中・島2002）。また，私学助成が社会に与えた影響分析として矢野は私学助成の投資効果を測定するために収益率アプローチを用いた分析を行っている（矢野1984，1996）。

　これらの分析の特徴としては，第1に，高等教育の拡大が主に私立大学によって担われてきており，現在においても大学の7割が私立大学であり分析対象として重要であったことから，私学助成研究が私立大学を中心として行われてきたこと，第2に，私学助成の交付額そのものが所与のものとして扱われており，本書が着目するような所轄庁の私学助成がなぜ，どのような変化をしてきたのかという行政学的な観点からの分析については着目されてこなかったこと

が，挙げられる。

　最後に，学校法人に着目した研究について触れておきたい。上記研究の大半は基本的に機関としての「学校」が研究対象であり，私立大学，私立高等学校など個別の学校を分析対象とした研究が大半を占めている。しかし，私立学校は学校法人が設置するものであり，学校法人は複数の私立学校を設置することが法的に認められている。また，私立学校には校長・学長が設置されてはいるものの，学校経営の事実上の決定権限は学校法人の理事会が持っている。

　学校法人が大学や高等学校以下の学校を併設しているという点に着目して，併設校パターンの類型化から日本の私立大学を分類するという枠組みは天野（1970）によって提示されている。また，大学を設置している学校法人に着目した分析としては，私立高等教育機関の設置と淘汰について分析した山崎（1989a，1989b）や1960～1980年代後半の私立大学や私立短期大学の拡大プロセスについて学校法人を単位として分析した荒井克（1995）の研究が挙げられるが，学校法人を経営単位として分析した研究はそれ以降はあまりみられなかった。

　2000年代後半になって学校法人を単位とした研究が主に荒井克弘を中心とした研究グループによって進められてきた。まず，荒井克（1995）の大学拡大のメカニズム解明に関する分析枠組みを引きついで，1985年度以降の第2次ベビーブーム世代の大学進学によって引き起こされた大学の量的拡大期における大学設置課程分析を，学校法人を単位として実施している。学校法人を単位とすることで大学設置母体の校種によってその大学設置課程が異なり，大半の大学が中等学校法人によって設置されていることが明らかになった（荒井克2006）。次いで，荒井克（2006）の研究で明らかになった中等学校法人による大学設置課程に着目して，県による高等学校以下への私学助成が中等学校法人による大学設置に対してどのような影響を与え得たのかについて，分析が行われている（荒井克2008）。

　このように，教育社会学や高等教育研究，教育経済学の基本的な問題関心は与えられた補助金を機関である学校法人がどのように活用するかであり，本書の問題関心である，所轄庁による私学助成政策決定に影響を与える要因，つまり所轄庁が私学助成額を決定する上での制約を析出するという観点からの分析

はなされていない。

　では，高等学校以下の私立学校は教育社会学等の領域ではどのように扱われてきたのか。

　教育社会学における高等学校以下の私立学校研究は，特に1960年代のベビーブームに伴う高等学校進学率の増加期に私立高等学校がどのような役割を担ったのかについて，公立高等学校の設置者であり，かつ私立高等学校の所轄庁である県による違いに着目した研究が行われてきた（児玉2008，相澤ほか2009，香川ほか2012）。児玉は1951～1966年度までの高等学校教育拡大期にどのような形で生徒収容が行われたのかを分析し，京都府の事例分析を行った。相澤らによる研究は第1次ベビーブーム以降の高等学校教育供給の実態について，各県における私立高等学校の位置づけの違いに着目して各県の類型化に基づいたケーススタディーを行った。香川らによる研究は全国の高等学校教育の提供構造を類型化した。しかし，これらの研究は，高校進学率の増加期に高校による教育機会の提供がどのようになされてきたか，という点が問題関心であるため，それを裏付ける私学助成をはじめとする財政的要因については考慮されていない。教育社会学で財政，もしくは財務的な観点からの分析を行っていたのは渡部芳栄である。高等学校の財務状況に私学助成がどのような影響を与えたのかについて財務データを用いてマクロ的な分析を行った（渡部芳2007）が，私立大学への私学助成分析と同様に補助額を所与のもとして扱っており，所轄庁の私学助成政策決定については扱っていない。

2　教育行政学における私学研究

　次に教育行政学における私学研究を検討する。教育行政学では私学に関する研究レビューが上田と荒井英治郎によってなされている（上田2009，荒井英2011）。上田は私学を対象とした研究には1949年の私立学校法制定直後と1975年の私立学校振興助成法成立前後という2つのピークがあり，前者の時期には私立学校法制定後に私学の果たすべき役割や学校法人の合理的な経営に関心が集中したため法解釈をベースにした研究が多く，後者の時期には私立学校振興助成法の制定によって開始された私学助成に着目して私学の性格と公費による経費助成を連動させた研究が行われていると指摘している（上田2009：

35)。

　第1に，私学法制研究である。荒井英治郎は上田の時期区分を前提として戦後教育改革期と高度経済成長期の私学法制研究のレビューを行っている（荒井英2011）。上田および荒井が指摘しているように，私学政策や行政研究は時期によってそのトレンドが大きく異なっている。1970年の日本私学振興財団法の成立とともに国によって私立大学に対して人件費を含む助成が行われ，高等学校以下の私立学校に対しても自治省が人件費への地方交付税措置を行った。1975年の私立学校振興助成法成立によって私学助成の国庫補助化が実施された。私学助成をめぐる制度に大きな変化のあった1970年代に私学助成のあり方やその問題点について研究が多くなされている。私立学校振興助成法の成立過程自体が主に私立大学の経営難による経常費助成の実施の是非に関する議論であり，高等学校以下の私学助成については同法第9条において「都道府県が，（中略）学校法人に対し，当該学校における教育に係る経常的経費について補助する場合には，国は，都道府県に対し，政令で定めるところにより，その一部を補助することができる」と述べられるのみであったことから，当時の研究は基本的に私立大学への助成が中心となっていた。同法成立前後の私学助成に関する分析は教育法学者によるものが多く，大沢らは1970年の私大助成の実施を受けて，私大助成の実態分析からその問題点を明らかにした上で当時行われていた私学助成運動の論理を解説した（大沢・永井1973）。また，国庫助成に関する全国私立大学教授会連合は，私立学校振興助成法は助成を通じた国による統制強化であると批判し，「私学の自主性」を尊重した私学助成のあり方について提言している（国庫助成に関する全国私立大学教授会連合編1979）。

　私学法制に関する研究は前述したように，私立学校法成立時以外のものでは私立学校関係法制定に関わった当事者による回顧録等を除けば近年になるまで極めて少なかった（荒井英2011）が，1990年代に稲が私立学校振興助成法の立法過程について検討しており（稲1993），2000年代になると荒井英治郎や渡部蓊が法律の制定過程の政治的要因に着目した研究を行っている[2]。荒井は私立学校に関連する法制について，官僚や国会議員等法制制定に関わった諸アクターの行動を分析することで法律の制定過程を明らかにしてきた（荒井英2006, 2007, 2008a, 2008b）。従来の私学法制研究では，主に制定された法律が機関で

ある学校法人に対してどのような影響を及ぼしているかが主要な関心であったのに対し，荒井英治郎は政策過程に着目して，なぜ，どのように私学条件整備法制が成立していったのかについて総合的に明らかにしているところに特徴がある。渡部は私立学校振興助成法の制定過程を分析した荒井英（2006）に対応する形で同法成立に関する政治的ダイナミズムについて検討している（渡部蓊2007）。

また，私立大学を対象とした研究として森川や渡部が挙げられる。森川は私立大学改革をめぐる研究動向をレビューした上で1990年代当時の私立大学行政の持つ問題点について検討している（森川1994）。渡部は戦前からの高等教育政策を検討するとともに私立大学政策がどのように展開してきたのかについて検討し，私立大学政策が持つ課題について述べている（渡部2001, 2003）。

第2に，私学助成に関する教育行政学研究である。この研究は主に市川によって担われてきた（市川1983, 2002, 2004, 2006, 2010）。市川は私学助成問題を考える上での基本的視点として次の3点を挙げている。第1に，私学助成は私学教育がもたらす公共的な利益を守護するためのものであって，現存する私学の救済を自己目的とするものではないこと，第2に私学助成は公立と私学との対比において検討されるべきものであること，第3に私学助成が教育制度全体の構造や教育のあり方に対してどのような影響を与えるのかという観点から検討されるべきであるということである（市川1976, 2010）。

校種別の私学助成研究では，私立大学への私学助成研究として，田中は私立大学への助成の状況や小泉政権以降実施されるようになった高等教育に関する規制改革の議論をレビューして「高等教育の費用」を誰が負担するのかという論点について検討している（田中2009）。また，市川は私立大学助成について高等教育財政のあり方という観点から膨張を続ける大学への国庫補助に対する対策として，機関補助に大きく依存している私学助成制度の限界について論じ，国庫補助の割合は5割を限度としてそれ以上の補助は奨学を目的とした学生への個人補助を実施する制度が望ましいとしている（市川2000）。

高等学校以下を対象とする私学助成研究では，高等学校以下の私立学校行政は都道府県知事が所轄庁となっていることから，地方教育行政の枠組みにおいて研究されることが多い。1970年に実施された人件費補助の地方交付税措置

によって私学助成の制度変化が起こってからは、研究は少ないものの、その実態を長峰や松井が明らかにしている（長峰1974，松井1973）。長峰は私学助成の実施による父母負担の軽減という観点から、各県や市町村で行われている私学助成項目をリスト化し、東京都の特別奨学金事業や私立幼稚園の父兄負担軽減事業についての事例を紹介し、私学助成の機関補助と個人補助のあり方について検討している。また、松井は東京都を事例として取り上げ、戦後から1970年前半に至るまでの私学助成の項目や金額の制度的変遷を追っている。県レベルの私学助成を網羅的に検討した数少ない研究として、市川が研究代表となって行った県における私学助成に関する総合的な研究を挙げることができる（国立教育研究所1987）。市川らは高等学校以下の私立学校への経常費補助が開始された1975年度以降に着目して、県における私学助成制度の実態とその効果について実証的な分析を行っている。

　また、私学助成に関しては私学助成担当部局の関係者といった実務家によって概説書が多く書かれている。例えば杉長は文部省私学助成課在籍中に当事者として私学助成の概説を執筆していたが、それをまとめたものを刊行している（杉長1993）。

　以上のように、教育法学では主に私立大学への「規制」の部分に着目した研究が私立学校振興助成法成立当時に多く行われてきていたが、これらは私学助成開始に伴う「規制強化」に対する問題意識が根底にある一方で、どのような構造で規制が行われるようになったのかという制度設計的な側面には目が向けられていなかった。教育行政学では私学助成の実態について明らかにした研究、私学助成政策決定主体の行動を規定する要因についての研究などが行われていた。大半は高等学校以下の私立学校を対象とした分析であったが、国レベルの分析は国レベルで完結し、県レベルの分析は私学助成額を所与のものとして扱うなど、多くの先行研究において国と県の関係性は分断されており、国の施策との関係性から県の私学政策決定を考察する分析はされていなかった。

　以上からわかるように、教育学研究において私学は主に高等教育領域に着目した研究がなされてきた。高等教育機関に占める私学の割合が多いこと、一経営体としての私立大学の規模が大きいために財務分析の対象として重要であったことなどがその理由として挙げられる。一方で高等学校以下の私立学校につ

いての研究は，ベビーブームに伴う高等学校全入化に私立学校が果たした役割や，教育委員会の活性化議論の文脈の中で私立学校をどのように位置づけるかといった議論が中心であった。

　私学政策に関する法制研究については教育行政学が主に担ってきたが，私学助成制度の実態や制度変化の過程に関する分析は国立教育研究所（1987）の研究以降は積極的に実施されておらず，むしろ杉長（1993）などの実務家による私学助成の概説が中心であった。私学助成の効果について検討している研究は教育社会学に多いが，基本的に高等教育限定である。

　これら私学助成に関する先行研究の大半は私立学校振興助成法成立以降に着目したものであるが，私学助成は同法成立以前から県独自の事務として行われてきている。私学助成が県独自の事務として行われてきた時期から，現代に至るまでの期間の県私学助成を分析の射程に入れることは，本書において非常に重要である。

第3節　本書の分析枠組みと分析課題

　前節までで検討したように，本書の問題関心は，私学行政の所管主体である県が私学助成政策を実施するにあたって，国による財源措置がどのような影響を与えうるのか，である。先行研究レビューから，私学助成政策に関する県の自律性の程度については教育社会学や教育経済学では検討されてきておらず，教育行政に関する地方政府の自律性研究では公立の義務教育行政が主な対象となっており，私学行政はほとんど分析対象とされてこなかった。

　私学助成政策に関する県の自律性を分析する上で，次の2つの課題が存在する。第1に，従来の高等学校以下についての私学助成研究が国庫補助金制度下にあるものを対象とした分析にほぼ限定されてきた点である。しかしながら，杉長（1993）でも指摘されているように国庫補助金制度導入以前においても私学助成制度は地方交付税を財源として存在していたことを考えると，地方交付税のみを財源とする時期と国庫補助金と地方交付税を財源とする現在の私学助成制度との比較検討を行うことの重要性が浮かび上がってくる。第2に，教育財政を対象とした政府間財政関係研究では，義務教育行政における国庫負担金

の分析が主体であること，財政学の地方交付税研究では財源保障機能や財政調整機能の検証が主体であることである。本書が対象とするような経常的経費の地方交付税が国と県の関係に与えた影響や，奨励的要素を持つ国庫補助金制度が国と地方の関係に与えた影響については検討されてこなかった。しかしながら，教育財政においても公立高等学校や図書館財政などのように地方交付税を財源としている領域は多く，使途を自由に決めることができる地方交付税が県の政策決定にどのような影響を与えるのかについて検討することは重要であると考えられる。

第1項　制度変更とその蓄積

　私学助成制度の財源が地方交付税のみであった時期から国庫補助金と地方交付税の時期へと国の県私学助成への補助制度は大きく変化している。こうした国による制度変更は県の私学助成制度に対してどのような影響を与えていったのか。本書では，この問いを明らかにするため，制度変更の前後に着目する。制度が変わる前後の数年間を連続値として検討することで，県が国の制度変更をどのように受容したのかについて検討することができるようになる。また，地方交付税制度の変更や国庫補助金制度の導入など，異なる制度変更が行われた時期を比較検討することによって，その影響の違いを考察することが可能となる。

　異なる時期区分を設定して比較する手法は先行研究において多く行われてきている。例えば，行政学では北村が日本の地方税財政制度下において総務省や財務省の政策選好や戦略的行動の変化や地方への移転財源の変化がどのように起こったのかについて，財政的に赤字となっていた1970年代中盤に始まり，1990年代，2000年代と3つに時期区分した上で分析を行っている（北村2009）。また，教育学においても，米澤が日本における政府による私立大学への助成と規制の態様に応じて1960年代，1970年代前半，1970年代後半から1980年代前半，1980年代後半以降という4つに時期区分をし，それぞれの時期において政府の私学政策が大学の経営行動に与えた影響について分析を行っている（米澤2010）。

　両者の分析に共通しているのは，それぞれの時期がそれ以前の時期までに形

成されてきた制度に少なからず影響を受けていることであり，制度変化の分析には制度の蓄積が重要な観点として存在することを示している。本書で検討する私学助成をめぐる制度変更もそれ以前の私学助成制度がベースとなっている。さかのぼると，生徒急増期における私学助成への対応がそれ以降の私学助成制度の拡充をもたらし，結果として私学助成制度の強化を水路づけたと考えられる。[3)]

第2項　課題設定

本書では次の2つの課題に着目する。第1に，地方交付税制度の変更が県の私学助成制度に与えた影響である。先行研究では，国庫補助金が県の政策に対して与える影響について多くの分析が行われてきており，使途が決まっていることが県の政策への影響力を担保するという知見がすでに出ている。では，使途が決まっていない地方交付税は県に対してどのような影響を与えるのだろうか。第1節で述べたように，私学助成関係予算は標準的な行政サービスの経費として算定されている基準財政需要額に含まれている。

地方交付税は使途が制限されていない補助金である上に，基準財政需要額として計上された額のすべてが県に対して交付されることはない。また，東京都のように地方交付税の不交付団体も存在する。このような制度下で，基準財政需要額の算定式に新しい変数が組み込まれていった場合，県はどのように対応していくのか。具体的には，1970年度より人件費が基準財政需要額の算定基準に組み込まれたが，県は人件費の増加分に対応してどのような県私学助成予算を編成したのか。これを明らかにするために県の自由裁量を前提にした地方交付税制度の存在が県の私学助成に対してどのような影響を与えていたのかについて各県の動向を踏まえた上でケーススタディーを行い，地方交付税制度が持つ私学助成への影響について明らかにする。

第2に，国庫補助金の導入による県の私学助成の変化である。前節の先行研究レビューで，国庫補助金が国による県の私学政策のコントロール手段となる可能性について触れたが，奨励的な性質を持つ国庫補助金[4)]は国が「割勘的に当然の義務として負担する」負担金とは異なり，国が「その施策を行うため特別な必要がある」（地方財政法第16条）と判断した事業に補助金を交付するも

のである(石原・二橋 2001：172)。国庫補助金として措置されたという事実は，県に対して私学助成が重要な施策であるという国からの意図を伝えることとなる。また，国庫補助金交付にあたって，県私学助成の最低額等県に課されている条件が初期には存在しており，それが県の私学助成の額や項目に影響を与えるとも考えられる。

　県が私立高等学校行政の業務内容で最も自律性を発揮できるのは私立高等学校への助成である[5]。私立高等学校への助成は大きく分けて2つのパターンに分けられる。1つは国庫補助金の項目にある助成であり，国から交付される国庫補助額に加えて県が一般財源から上乗せして助成を行うことが可能である。もう1つは県が独自に設定している項目の助成，つまり横出し助成である。この場合県は一般財源からのみ私立高等学校への助成金を交付している。

　県が私立高等学校助成において取りうる行動としては県独自の横出し助成を行うか，国庫補助項目への上乗せ助成を行うかの2通りがあり，どちらの助成を優先的に行うかの決定権は県にあるといえる。国庫補助項目への上乗せ助成は，事業実施に際して負担した費用の一定の割合が補助されることから，少ない費用で大きな事業を行うことができる。一方，独自項目による横出し助成は国庫補助項目にはない助成項目であるためすべてを自主財源によって負担する必要があるが，国庫補助項目によってカバーできない県独自のニーズに即した項目設定が可能となる。これらの選択肢の中でどちらの助成を重視するかという選択が県の自律性を表しているといえよう。

　このように私学助成において県が取りうる行動については県によって選好の違いが現れると考えることができる一方で，県が国庫補助への上乗せ助成項目設定と独自の横出し項目設定のどちらを重視するかの選択を行う際は，国庫補助項目として挙げられている項目を予算に優先的に計上し，結果として県の私立高等学校助成項目は国庫補助項目への上乗せ助成が中心になり，独自の助成項目は全国一律で少なくなることが推測される。しかし，制度として独自の助成項目を設定する権限が県にある以上，この制度運用がなされている可能性も考慮に入れる必要がある。特に国庫補助金制度が導入された時期区分と，1990年代以降の財政難および首長による裁量が大きくなった地方分権改革以降の県私学助成制度について検討することが重要である。

序章　先行研究の動向と分析枠組み

　これらの課題を検討するためには，個別県での私学助成のケーススタディーが必要となる。経常費補助が少なく措置されている県であっても，その他の県独自項目（横出し）が多く措置されていたり，国庫補助項目への上乗せがなされていたりする可能性があるからである。

　以上の課題を検討するために本書が分析対象とする制度変更は，次の4点である。第1に，生徒急増への対応としての私学助成の拡充（1965年度）である。第2に，私学助成の財源であった地方交付税における人件費の新規計上（1970年度，1971年度）である。第3に，私立学校振興助成法を法的根拠とした，私学助成の国庫補助金制度の導入（1975年度）である。第4に，財政難による補助金制度の合理化（1994年度）や地方交付税の基準財政需要額測定単位の変更（1999年度）である。それぞれの制度が変更される前後を含めた時系列分析と，変更前の制度がどのように蓄積されて次につながっているのかについて分析を行うことで，国によってなされたこれらの制度変更が県に与えた影響について明らかにする。

第3項　分析方法と資料

　本書では国による制度変化が県に与えた影響を分析することが目的であるため，国レベルでの私学助成政策の変化に加えて，各県の詳細な事例分析が必要となる。分析には私学助成に関する県ごとの詳細な資料が必要であるため，国立国会図書館，調査対象県の県立図書館や県庁資料センター等に所蔵されている資史料を使用し，必要に応じて私学担当部局への電話照会やインタビュー調査を行った。使用した史資料は具体的には以下の3つに分けることができる。

　第1に，県教育史，県私学教育史などに代表される教育関係史料である。日本私立中学高等学校連合会，県教育委員会や県私学協会等は10年から20年ごとに年史を定期的に発行している。これらの史料によって国や県の私学助成の動向を経年的に捉えることができるとともに，当時の私立学校をめぐる社会経済的背景や政治的状況を把握することができる。

　第2に，予算関係資料である。国レベルの予算では，国庫補助金は財政調査会が発行している『補助金便覧』（1982年まで），『補助金総覧』（1983年度以降）を資料として主に用いた。しかし，『補助金総覧』は1965年度以降の発行

27

であるため，1964年度以前のデータについては財政調査会が発行している『國の予算』を使用した。地方交付税交付金については，地方交付税制度研究会が発行している『地方交付税制度解説（単位費用篇）』を用いた。ここから私学助成に関連する地方交付税の費目や基準財政需要額の変遷を把握することができる。県レベルの予算は県議会議事録に収録されている予算書，県私学担当部局が毎年発行している事業概要等の刊行物，上掲の県私学教育史等，日本私立中学高等学校連合会が発行している『都道府県私学助成状況』（1993年度以降は『都道府県私学助成状況調査報告書』）から各県の私学助成の項目および金額を把握することができるため，これらを用いた。本書が分析対象としているのは県の私学助成の総額ではなく，より細分化された項目を含めたものであるが，予算書に私学助成の項目が書かれていない県，事業概要を発行していない県等があるため，上記予算関係史料を複合的に用いてデータセットを作成した。また，私立学校の授業料や教員給与については，文部省が発行していた『私立学校の財務状況に関する調査報告書』を使用し，同報告書が刊行を終了した1999年以降は日本私立学校振興・共済事業団が発行している『今日の私学財政』を使用した。上記のようなデータ制約のため，県や時期によって参照している予算関係資料が異なる。

　第3に，新聞，雑誌である。県私学助成をめぐる社会経済的背景について，雑誌や新聞を資料として使用した。私立学校振興財団が発行していた『私学振興』や東宝出版社が発行していた『月刊私学』は私学助成の国庫補助金制度成立以前から刊行されていたため，地方交付税のみを財源としていた県私学助成の実態について把握することができる。新聞では，『内外教育』（時事通信社）や『全私学新聞』を用いた。

第4節　本書の構成

　本書は，県の私学助成政策に関する自律性に影響を与えうる要因を，主に地方交付税制度や国庫補助金制度に代表されるような国による財源措置を検討することによって明らかにする。

　序章では，本書の課題設定を行った上で，先行研究レビューから分析の枠組

みを構築した。

　第1部では，国と県における私学助成の制度的検討を行う。第1章では国レベルの私学助成制度として，文部科学省における私学担当部局が私立高等学校の業務をどの程度所掌しているのかについて検討し，国庫補助金，地方交付税，貸付金など国が措置している財源について分析を行う。第2章では，県レベルの私学助成制度として，県における私学担当部局の業務内容を検討し，県の私学助成制度を予算積算や配分制度の分析を行う。これら2章の分析によって，私学助成をめぐる国と県の制度が明らかになる。

　また，第2部では国レベルでの私学助成制度の変化を次の4つの時期に区分して県が受けた影響の分析を行う。第3章では1965年度に始まった第1次生徒急増期に伴う私学助成の増額に着目する。従来，国は基本的に私学助成政策に関与してこなかったため，国が県に対して多額の私学関係補助金を措置したのはこの生徒急増期に伴う助成措置が初めてであった。しかし，この時期に県レベルで様々な補助金が交付されることとなり，以後，地方交付税や国庫補助金が導入されることで県私学助成の拡充の嚆矢となった。第4章では1970年度に実施された地方交付税算定式への人件費計上に着目する。1970年度以前は地方交付税の算定基準に人件費が含まれていなかったが，1970年および1971年の地方交付税法改正によって算定式に人件費が含まれ，基準財政需要額が大幅に増額した。第5章では，私立学校振興助成法の成立に伴って1975年度に導入された国庫補助金制度に着目する。1971年の地方交付税法改正に続いて1975年度には私立学校振興助成法を根拠とした国庫補助金制度が初めて導入された。さらに，第6章では財政難と生徒減少期の影響を大きく受けるようになった1990年代以降について論じる。1990年代には財政難から国庫補助金の合理化が行われ，1994年度には私学助成に関する国庫補助金の削減が行われた。また，地方分権改革が実施され，1999年の地方交付税法改正によって基準財政需要額の測定単位が変更された。

　終章では，それぞれの時代区分において，国による制度変化の前後で県私学助成制度にどのような変化が起こったのかについて分析を行うことで，国による私学助成の制度的転換点の前後の県私学助成制度を比較することによって，県レベルの私学助成制度が国による財源措置の変化によってどのように影響さ

れてきたのかを明らかにする(終章)。

1) 金井によると,義務教育費国庫負担金によって措置されている小中学校と類似・同様の法的基盤・意思決定方式に基づいて決定されている高等学校の標準定数は実現可能な定数であり,義務教育と同様に実務的に尊重されるという。義務教育での標準法の「威光」や,高等学校教員数が小中学校教員数よりも少ないことが,高等学校教員の標準定数が財務局によって尊重されることの一助となっているという。これを金井は「標準法ブランド」仮説としている(金井 2003:89)。
2) 私学助成を憲法の観点から分析した研究として,例えば結城(2014)が挙げられるが,本書では政策について分析することを主眼としているため,多くは取り上げない。
3) 制度変化とその蓄積については North(1990=1994)や Pierson(2004=2010)を参照。
4) 国庫補助金には法制上「法律補助」と「予算補助」の区分がある。法律補助は法律に基づいて支出される補助金であり,「負担する」と明記されている義務的な支出と,補助することが「できる」とされているものがある。予算補助は法律以外のすべての補助金を指す。補助することが「できる」とされている法律補助と予算補助は「奨励的補助金」としての役割を持っている(本間ほか 1991:92)。
5) 都道府県レベルの私学行政の業務内容としてはこのほかに私立学校等の設置・認可などがあるが,設置・認可の業務は決まった手続きにのっとって行われており,県の独自性を発揮できるとはいえない。

第 1 部

私学助成をめぐる制度的検討

第1章　国レベルの私学助成制度

　本章では国による私学助成制度について分析する。具体的な分析対象は国庫補助金，地方交付税である。私学助成に関連する国庫補助金，地方交付税および貸付金の制度的検討と補助項目・金額の変遷を検討することによって，国レベルでの私学政策の変遷を時系列的に追うことを目的とする。

　高等学校以下を対象とする私学助成制度は県が中心となって実施しており，国からの補助金は県の自主性を尊重するためにできるだけ強制力の小さいものとなっている。序章で述べたように，市川は国による私学政策を規制と助成の2つに大別し，規制と助成の強さのレベルによって放任主義（規制弱・助成小）・統制主義（規制強・助成小）・育成主義（規制弱・助成大）・同化主義（規制強・助成大）に分類している（市川 2004, 2006）。私学政策をめぐって「規制と助成」の軸から歴史的な分析を行っている研究は多いが（例えば米澤 2010），分析対象となっているのは私立大学への国庫補助金であり，その中でも特に経常費助成に特化したものが主であった。しかし，国による私学助成には大学以外にも小中高等学校を対象としたものもあり，かつ地方交付税等国庫補助金以外の助成手段もあり，さらに助成項目も経常費以外に施設・設備費補助が存在する。これらを包括して私学助成制度がどのような変遷をたどっているのかを検討する必要がある。

　本章の構成は以下の通りである。第1に国レベルの私学担当部局とその業務内容の分析である。文部（科学）省の私学担当部局が戦後からどのように変化してきたのか，どのような業務を所掌してきたのかについて検討する（第1

節)。第 2 に,国庫補助金の制度的検討である。文部(科)省から交付される国庫補助金について,経常費助成費補助,施設費補助,設備費補助の 3 つに区分し,それぞれの補助制度,補助項目,補助金額の変遷について検討する(第 2 節)。第 3 に貸付金の推移に関する分析である。序章において検討したように,初等・中等教育および高等教育に関する先行研究には,給付型の補助金を分析対象としているものが多く,私学振興会(現日本私立学校振興・共済事業団)による融資(貸付金)についての分析が少ない。しかし,私学助成が国庫補助金として制度化される以前は,国は貸付金による助成を主流としていたことから,国による貸付金の財源措置についても検討する(第 3 節)。第 4 に,地方交付税の制度的検討である。国から県に対する財源措置として最も大きな割合を占めるのが地方交付税である。地方交付税は前章において述べたように,県に対して交付される使途が自由な一般補助金である。県私学助成の財源としての地方交付税がどのような制度で運用されてきたのかについて,その変遷を追うとともに金額がどのように変化してきたのかについて検討する(第 4 節)。最後に,まとめとして,県私学助成に関わる国庫補助金制度および地方交付税制度を分析することによって,国レベルの制度が県の私学助成の決定に対してどのような影響を及ぼしうるのかについて検討する(第 5 節)。

第 1 節　文部科学省の私学担当部局

　国レベルでの私学行政は 1949 年の文部省設置法の規定で同省管理局によって担われており,その事務は「私立学校に関して規定する法律に基づく事務」とされていた。同年に私立学校法が制定されると,「私立学校法に基き文部省に属せしめられた事務を処理し,及び私立学校の運営について援助と助言を与え,又は関係部局に対し,勧告すること」(文部省設置法第 12 条第 4 号)となった。この頃は,管理局が私学行政を所掌していたものの,私学助成に関連する事務は庶務課が処理し,私立大学の設置・廃止および設置者変更の認可については管理課が行うなど担当課が分散していた[1]。

　1952 年の文部省設置法改正により管理局振興課が私学行政の所管主体となり,文部省が所轄庁である学校法人の認可・認定(文部省設置法第 12 条第 1 号),

私立学校法に関する事務（文部省組織規程の全部改正第42条第7号）が私学関係事務として明記された（荻原1996：107）。これによって，私立大学の設置認可や私学助成を含む私学関係事務は管理局振興課のみが所掌することとなった。

　1976年には私立学校振興助成法が施行されたことで私学への援助を強化推進するため，振興課を私学行政制度や学校法人事務を中心とした事務を行う企画調整課と，私学助成を主な事務とする私学振興課に分けた（文部省年報第104，1976：71）。そして，1984年には管理局を廃止し，同局が所掌していた私立大学関係事務を大学局から改組された高等教育局に移管した。さらに，学校法人等私学関係行政の一体的推進を図るため，私学部を設置して私学関係の事務を集中させた（文部省年報第112，1984：91）。私学部には私立学校行政制度の企画，組織運営に関する指導・助言・勧告，学校法人の認可・認定等を行う私学行政課，学校法人の経営に関して調査・指導・助言を行う学校法人調査課，そして私立学校教育の振興のための学校法人等の助成，県の行う学校法人等の助成に関する指導・助言・援助等を行う私学助成課の3つが設置された。1984年以降は一貫して高等教育局私学部が私学行政を担当している。

　私学部が担当している業務は主として私立大学に関する業務である。前章で述べたように，高等学校以下を対象とする私学政策への国からの関与は原則として少ない。県私学行政への国による関与は管理局私学振興課や高等教育局私学助成課の業務内容で触れられていた国庫補助金の交付を行う以上のことは基本的に行っていないと推測できるため，[2] 国庫補助金の交付が国から県への唯一の関与といえる。その国庫補助金には大きく分けて2通りの交付ルートがある。1つは国から県に対して交付されるルートである。基本的に私立高等学校に対する助成は県が行うため，国はその財源を確保する意味で補助金を措置している。これには経常費助成補助金などが例として挙げられる。もう1つは国から私立学校に対して直接交付するルートである。ただし，交付事務は県に委任されている場合が多い（杉長1993）。

第2節　国庫補助金制度の変遷

　本節では国庫補助金制度の変遷を扱うことで以下の2点を明らかにする。第

1に、国庫補助金の各項目およびその予算額を時系列的に検討することで国による私学政策の実態を明らかにする。特に項目の加除や金額の増減のような大きな制度変化が起こった理由を分析することで、国による私学政策の意図を検討することが可能となる。第2に、私立大学と高等学校以下の私立学校の比較分析から所轄庁の違いが文科省による補助金行政に対してどのような影響を与えているのかについて考察する。

私学政策の変化の要因を明らかにするには、国庫補助金がどのような要素によって構成されているのかを、項目ごとに検討する必要がある。そこで、具体的な補助金の内容を明らかにするために、補助金の項目について検討する。分析にあたって国庫補助金および貸付金の各項目を次の4つに分類する[3]。

第1に経常費補助である。これは人件費や研究費などの経常費に対して交付される補助金である。第2に施設費補助である。これは学校施設の増築や改築の際に交付される補助金である。第3に設備費補助である。これは機器等学校の設備に対して交付される補助金である。第4に貸付金である。私立学校への低金利長期融資の原資となっている。国による財源措置は私立学校振興会への出資金と財政投融資である。

また、対象とする時期は国庫補助金としての私学助成が戦後初めて行われた1950年から2011年までとする。上記4分類の項目および金額の推移を時系列的に分析することによって、国の私学政策がどのように変化してきたのかを明らかにする。

なお、分析に用いたデータは次の通りである。国庫補助金の項目と金額は財政調査会『補助金総覧』を使用した。ただし、『補助金総覧』が1965年度以降のデータのみを扱っているため、1964年度以前については財政調査会『國の予算』を使用している。また、貸付金の各項目の推移についても『國の予算』を使用している。

第1項　経常費補助の制度的特徴

本項では国庫補助金の制度的特徴について検討する。経常費補助は高校以下を対象とする私学助成の大半を占める。経常費補助は交付要綱等で以下のように定められている。

1 経常費助成費補助（一般補助）

　経常費補助には一般補助と特別補助の2つがある。一般補助は都道府県が私立の小学校，中学校，広域通信制を除いた高等学校[4]，中等教育学校（1998年以降）および幼稚園の専任教員給与費を含む教育に必要な経常的経費に対する補助金を交付した際に，当該県に対して交付される補助金のことである（私立高等学校等経常費助成費補助金（一般補助）交付要綱第2条）。

　県に交付される経常費補助の総額は以下の式によって算定される。国庫補助単価に県内の児童・生徒数を乗じたものである。

　　　国庫補助金総額＝国庫補助単価×県の児童生徒数（定員内実員）

　また，国庫補助単価の算定式は次の要素によって構成されている。

　　　国庫補助単価＝県助成単価×各種調整×圧縮率

　以下，要素ごとに検討を行う。第1に，県助成単価である。これは県が実施した経常費助成を県の児童生徒数実員で除した額となる。県における経常費補助は原則として国が定めた最低基準額を上回る助成を実施していた県に対してのみ交付され，県の助成実績に応じて額が変動する。その算定方法は時期によって異なる。私立高等学校等経常費助成費補助が開始された1975年度から1979年度まではランク制を採用している。国が国庫補助金の標準額（生徒1人当たり単価）を定め，県助成単価と標準額の比較で配分単価が決定されていた。標準額は1975年度時点では4万8,000円であったが，1979年度には10万8,140円と2.5倍近くに増額されている。配分単価は県助成単価の額によってAランク，Bランク，Cランクに分けられ，ランクによって県に配分される国庫補助金単価が異なる。標準額以上の額を県が助成単価として設定していればAランク，標準額の85％以上であればBランク，標準額の75％以上であればCランクとなる。なお，県助成単価がCランクに設定されている単価を下回った場合，国庫補助金は配分されない。

　1980年度以降は最低限度額と最高限度額が設定され，県の助成実績に応じ

第 1 部　私学助成をめぐる制度的検討

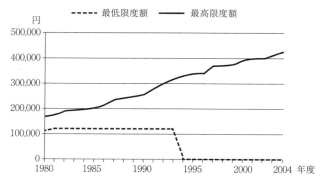

出所：杉長（1993）236 頁および「私立高等学校等経常費助成費補助金（一般補助）交付要綱」各年版より筆者作成。

図 1-1　1980 年以降の経常費助成費補助金における最低限度額および最高限度額の推移

て算定額が変動する。ただし，交付される国庫補助の最低限度額と最高限度額が設定されており，最低限度額を下回った県助成単価を設定する県には国庫補助金が交付されず，最高限度額を上回った助成単価を設定しても限度額以上の国庫補助金が交付されることはない。図 1-1 は 1980 年度以降の最低限度額と最高限度額の推移である。

最高限度額と最低限度額が存在したのは 1993 年度までであり，1994 年度以降は最高限度額のみとなる。そして，2006 年度には交付要綱に最高限度額としての金額の掲載は行わなくなり，「当該金額が別に定める金額（学校等の区分毎に算出した経常的経費の児童 1 人当たりの額の 2 分の 1 の額）を超える場合は，その金額とする」（交付要綱第 3 条）となった。

第 2 に，各種調整による補正である。文部（科学）省の定めた特定の条件を満たす県に対しては増額・減額の調整が行われる。その条件は交付要綱に記載されている。1975 年度の開始時から 1994 年度までは財源超過団体に対する財源調整が実施されていた。交付要綱には別表として「特別の事情がある都道府県に係る補正」として，1975 〜 1985 年度までは地方交付税が交付されない県は，「国庫補助単価を 2 割の範囲内で減額する」とされている。1986 年度には減額の基準が変更され，「当該年度前 3 箇年度内の財政力指数の平均が 1.00 を

超える都道府県については，国庫補助単価の5％を減額するものとする」となり，1989年まで続いた。そして1990〜1994年度までは交付要綱の別表第3において，財政力指数の「当該年度前3箇年度内の平均が1.00を超える都道府県については，国庫補助単価を15％の範囲内で減額するものとする」とされた。

　1995年度以降は財源調整を目的とした減額補正がなくなり，主として増額補正がなされるようになっている。増額補正の条件は基本的に国が交付要綱で明示している。例えば自然災害復旧のための補助金交付の例として，1992〜1994年度までは雲仙岳噴火災害の対策費を計上した場合に長崎県に対して増額補正を行っており，1995〜1996年度には阪神・淡路大震災において被災した学校の教育用物品の復旧費を計上した県に対しては増額補正を行っている。また，学校の条件整備を目的としたものも多く，1996年度には40人学級編制の推進を目的とした県補助金の増額交付について国庫補助単価を増額補正したり，1998年度には魅力ある学習指導の工夫改善を図るための教職員配置に際した県補助金の増額について国庫補助単価を増額補正するようにするなど，文部（科学）省の定める条件に応じた増額補正が行われるようになっている。

　第3に，圧縮率である。圧縮率は次の式によって算出される

$$圧縮率 = \frac{国庫補助総額}{各県補助総額の合計}$$

　この圧縮率調整はすべての県に対して一律に行われるものであり，県による補助額の総額と国庫補助総額の差額をなくすための措置である。基本的に国庫補助総額よりも県補助総額の合計額の方が大きいため，減額調整となる。この算定式は圧縮率が全国の県補助総額に依存するため，特定の県が補助単価を増加させたとしても国庫補助単価の増額に直接的に反映されるわけではない。[6] このように，標準額を超えた県補助金に減額・増額補正をしたものが，一般補助の国庫補助単価となる。

2 経常費補助額の変遷

次に，経常費補助の一般補助，特別補助，学校法人直接補助の金額の推移について検討する。図1-2は国庫補助金の経常費助成費補助額（デフレート済み）の構成の変遷をグラフ化したものである。経常費補助は私立学校振興助成法の成立以降増加し続け，1981年度にピークを迎える。1994年度には厳しい財政状況下のため，一般補助が大幅に減少したが，特別補助の額自体は増加している。その後は一般補助も増加に転じているが，特徴的なのは一般補助の伸び率よりも特別補助の伸び率が大きく，2000年度以降特に特別補助の割合が大きくなっていることである。

まず，私立大学への補助について検討する。私立大学への人件費補助が1970年度より実施されるようになったが，当初は専任教員等給与費に対する補助比率が低かった。比率も学部系統ごとに差がつけられており，経常費補助開始当初の1970年度においては医歯系3分の1，理工系5分の1，その他10分の1であった。この補助率は逐年引き上げられ，1975年度には学部系統に関係なく私立大学経常費補助の特別補助の割合が増加していった。その背景にあったのは臨時行政調査会（以下，臨調）第3次答申である。臨調の審議過程および答申において，私学助成に対しては，「私学の独自性，自主性が十分発揮されるよう，特色ある研究・教育プロジェクトの補助についての助成等を重視する方向に向けていくべきであると考えられる」との方針が示されている。補助率は2分の1となった。[7] 1975年度には，経常費補助が，人件費等を含む経常費への補助となる一般補助と文部省の定めた特定項目に対する補助である特別補助に分けられる。1978年度には図書館維持・設備費の計上による拡充強化や積算率の拡充によって総額が増加している。右肩上がりの傾向は1981年度まで続き，1982年度以降は減少傾向となる。

経常費補助に占める特別補助の割合は一貫して増加しているが，特別補助の増加率が大きくなってくるのは1980年代中盤以降である。これが，生徒数や教員数をもとに機械的に算定される一般補助よりも，特定のプログラムに対して補助する特別補助の増額という方向性を決めたと考えることができる。1982年には臨調第3次答申が出されており，特別補助の増加傾向の時期と一致している。

第1章　国レベルの私学助成制度

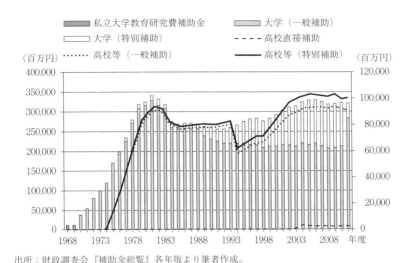

出所：財政調査会『補助金総覧』各年版より筆者作成。

図1-2　経常費補助額の推移

　次に，高等学校以下の私立学校への助成を検討する。1974年の私立学校振興助成法の成立を受けて，1975年度より高等学校以下の私立学校への経常費補助金が交付されるようになり，1978年度には私立大学と同じように一般補助と特別補助に分けられて計上されるようになった。経常費補助は私立学校振興助成法の成立以降増加し続け，1981年度にピークを迎える。1982年度以降減少傾向に転じるのは1981年の臨調による「臨調第1次答申」が影響している。臨調第1次答申において，「私立大学等助成費については，大学，学部等の新増設の抑制，補助対象の限定，増額配分の廃止等により，総額を前年度と同額以下に抑制する」とされた。これによって補助対象項目の整理や配分方法の見直しがされ，結果的に経常費の減額につながった。さらに「運営あるいは経営の問題のある大学等に対する補助金の減額，不交付措置を強化する」としており，これもまた，経常費の減額に影響を与えていると考えられる。この臨調第1次答申は主に私立大学を対象としたものであったが，高等学校以下の経常費補助も大学と同様に縮減されている。1994年度には一般補助が約806億円から約585億円に減少したが，特別補助の額自体は増加したのは，前述の通

41

りである。これは厳しい財政状況下で国庫補助金を減額したためである。しかし，国庫補助金が減少した分，地方交付税による財源措置を例年よりも多めに措置しており，結果的に国が経常費のために交付した金額はそれほど変わらない。その後は増加に転じているが，大学と同様に特別補助の割合が2000年度以降大きくなっている。

　経常費は1992年度以降増加傾向に転じるが，これは教育改革関係の経費への補助を計上し始めたためである。40人学級編制の推進など，教育改革の積極的な推進を図る目的で補助項目を増やしていったため，生徒単価は上昇する傾向にある。それは例えば経常費補助の特別補助の項目の増加をみても明らかである。経常費補助は一般補助と特別補助によって構成されている。一般補助はすべての私立学校に人数に応じて配分されるのに対して，特別補助は国が指定した事業に対する補助である。特別補助の項目は1990年代より増加し始め[9]，現在では経常費補助予算の増額は一般補助の増額ではなく特別補助の増額によるところが大きい。

　2004年度には私立高等学校への補助のあり方に変化が起きている。従来の私立高等学校等経常費助成費補助は都道府県に対して交付され，そこから学校法人に配分されていたが，一部の特別補助については文部科学省が直接補助することになった。2003年度まで特別補助に含まれていた「教育改革推進モデル事業」と「特定教育方法支援事業」（特別教育支援，広域通信制課程支援，農業教育支援）に関する補助金は都道府県経由の交付から，国から学校法人への直接交付となった。

　では，特別補助および学校法人直接補助の項目とそれぞれの金額はどのように変化したのか。図1-3は特別補助の内訳とその金額の推移をグラフ化したものである。1978年度より一般補助と特別補助に分けて計上されるようになり，当初は特殊教育諸学校等運営費，過疎高等学校特別経費，広域通信制高等学校経費など特別なニーズに即する形での項目設定が主であったが，1990年代になると特別補助の目的が変化する。例えば，1994年度に教育改革推進特別経費が特別補助項目として新設され，1998年度の特色教育振興モデル事業費などに代表されるような教育改革の積極的な推進を図る目的で補助項目が増やされていった。2003年度時点で最大の割合を占めるのは教育改革推進特別経費

第 1 章 国レベルの私学助成制度

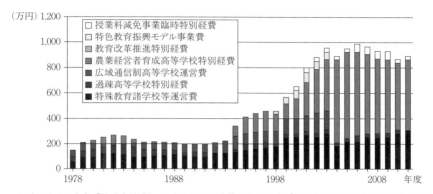

出所：財政調査会『補助金総覧』，日本私立中学高等学校連合会『都道府県私学助成状況』各年版より筆者作成。

図 1-3 特別補助項目の金額の推移

であり，特別補助経費全体の約 40％を占めている。2004 年度以降は一部の特別補助については文部科学省が直接補助している。[10]

第 2 項　施設費補助・設備費補助の推移

1　施設費補助・設備費補助の制度

施設補助と設備補助の制度について検討する。国庫補助金の施設費補助と設備費補助は原則として文部（科学）省の定める事業に申請した学校法人に対して交付される補助金である。例えば，第 2 次ベビーブームに伴う生徒急増に際して建物整備費の一部（3 分の 1 以内）を補助した私立高等学校新増設建物整備費補助（1976～1988 年度）や普通教室のコンピューター教室への改造工事費やコンピューター購入費の一部（3 分の 1 以内）を補助する私立高等学校等情報施設補助金が挙げられる。その多くは時限的な補助金である。これらの制度の特徴は国が交付決定の可否を決定することであり，県はあくまでそれに伴う事務処理のみを行う。

施設費補助の一つである私立高等学校等情報教育施設整備費補助金の交付事務の流れをみると，事務の流れの特徴として，補助事業者である学校法人と文部（科学）大臣の事務手続きがすべて県知事を経由して行われていることがわ

43

かる。学校法人は事業計画書や交付申請書の提出を県知事に対して行い、県は文部（科学）大臣に対して文書をまとめて進達する役割を負っている。文部（科学）大臣は受け取った計画書や交付申請書をもとに事業の決定や交付額の決定を行い、県知事に通達する。県知事は受け取った結果を各学校法人に通知する（杉長 1993：318）。

また、事業終了時は事業執行の審査を県知事が実施することになっている。学校法人が実績報告書を県知事に提出し、県はその報告書の審査を行って補助額の確定を行う。補助額の確定を学校法人と文部（科学）大臣に報告して国庫補助金による支払いが行われる。すべての施設設備関係の補助金交付要綱において県が事務処理を実施する旨が記載されていたことから、この事業の事務の流れが他の事業においても適用されると考えられる。

このように、施設や設備に関連する補助金については基本的な決定権限は国が持っており、県はその内容についての事務手続きと審査のみを請け負っていることが交付要綱に明記されている。

2 施設費補助の変遷

図1-4は施設費補助額（デフレート済み）の構成と推移をグラフ化したものである。施設関係の補助金は、1966年度以前はほぼ皆無に等しかった。この年に私立幼稚園施設整備費補助が新設されたが、その後は1979年度まで存在しない。当時の施設関係の補助金が主に第1次ベビーブームに伴う生徒数の増加に対応する形で計上されていたためである。

施設関係の補助対象は大きく分けると私立大学等の教育施設補助金と私立高等学校の施設に関する補助金である。私立大学等の教育施設に対する補助金としては、まず1983年度に私立大学等研究装置等施設整備費補助が新設された。これは臨調第3次答申で指摘されていた「適切な研究プロジェクトへの助成」を重視する趣旨から新たに創設されたものである。そして、1987年度には「臨教審答申の趣旨等も踏まえ、国公・私立を通じた施策の一環として、大学院最先端装置等の整備に配慮」し、補助対象を大学院まで拡大したので、私立大学・大学院等研究装置等施設整備費補助と名称が変更された（『國の予算』1987）。

第1章 国レベルの私学助成制度

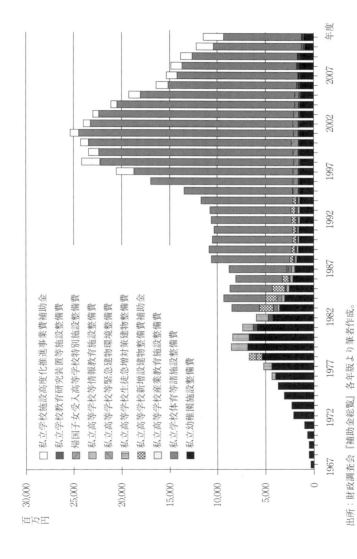

図1-4 施設費補助の構成と推移

出所:財政調査会『補助金総覧』各年版より筆者作成。

第1部　私学助成をめぐる制度的検討

　私立高等学校に対する施設費補助はその項目名からもわかるように，主として生徒急増期対応を目的としていた。1960年代の第1次生徒急増期は私立学校振興会による貸付金による助成が主であった。しかし，1976年度に生徒急増に対応する施設拡充を補助金によって措置するようになる。高等学校に通う生徒が急増している県に対して高等学校新設や学級増設を促進するための緊急対策として，公立高等学校への補助金とあわせて私立高等学校新増設建物整備費補助が初めて私立学校助成費に計上された。この補助金は1988年度に終了するが，1989年度には1991年度までの時限付補助金として私立高等学校緊急建物環境整備費補助が新設された。この補助金は高等学校以下の私立学校施設に使用されているアスベストの撤去・改修工事に必要な経費の一部（最大3分の1）を補助するものである（交付要綱第2条，第6条）。1991年度には私立高等学校等情報教育施設整備費補助が新設された。同補助金は情報教育施設の整備に必要な経費に対する補助金であり，普通教室をコンピューター教室に改造する工事に加え教育用コンピューターを購入するのに必要な経費の一部（最大3分の1）を補助する（交付要綱第3条）。1994年度には，さらに外国語教育の充実のための諸機器の整備に必要な経費も補助対象にした，私立高等学校等教育装置施設整備費補助となった。

　その補助金も1996年度には小・中・高等学校のみならず盲・聾・養護学校における教育装置の整備にかかる経費に加えて防災施設の充実を補助対象にし，私立高等学校等近代化等施設整備費補助となった。

　2001年度には私立高等学校等施設高機能化整備費補助と名称が変化している。当該補助は次の3事業について経費の一部（最大3分の1）を補助する。①高機能化整備は，教育内容・方法等の改善のために行う校舎の改造工事およびこれに伴い必要となる教育装置の整備事業，②防災機能強化整備は，耐震補強工事や安全管理対策のための施設整備事業，③私立学校エコスクール整備モデル事業は，環境に配慮した学校施設整備の推進を図るための整備事業である（交付要綱第2条）。

　また，高等学校以下の私立学校と私立大学双方に適用される補助項目として私立学校施設高度化推進事業費補助が1997年度に新設されており，これは築30年以上の老朽校舎の改築のための融資の利子助成である。

施設関係の補助金に共通することは，文部（科学）大臣が交付の有無を決定し，県は補助事業の申請手続きの窓口および実績報告の審査による最終的な補助額の確定の役割を担っていることである。県はこの事業の決定については関与しない。

3　設備費補助の変遷

　図 1-5 は設備費補助の構成と推移をグラフ化したものである。グラフからも読み取れるように，設備費補助は主として私立大学が対象とされてきた。私立大学に対して設備面の補助は 1953 年度にその萌芽が確認できる。1953 年度に「私立大学の研究者からの熱烈な要望によって」（『國の予算』1953：284），私立大学研究設備助成補助金が新設され，1955 年度の中央教育審議会答申「私立学校教育の振興について[11]」を受けて，私立大学理科特別助成補助金が新設された。しかし，これらの予算項目は私立学校助成費ではなく科学振興費であった。私立大学研究設備助成補助金は，当初は予算補助であったが，1957 年度に「私立大学の研究設備に対する国の補助に関する法律」が施行されて法律補助になり，金額が大幅に増加した。両項目は 1961 年度になって初めて私立学校振興助成費の項目に再編された。

　私立大学理科特別助成補助金は文系大学の図書に対する補助も含めて 1967 年度に私立大学理科等教育設備整備費補助金となった。さらに同補助金は 1970 年度に私立大学等新設理工系理科教育設備整備費と名称変更している。この年に設備費として計上されたのは新設の理工系大学・高専への補助のみであり，新設の理科教育設備に対する補助金へとその補助対象を変化させている。従来の理工系設備の補助や私立大学幼稚園教員養成課程設備費補助は私立大学経常費補助金に吸収された。項目の一部が経常費に再編されたことにより，1969 年度まで順調に増額してきた設備費補助金は 1970 年度に急激に減少している。

　以後金額は減少し続けたが，1990 年度より増加に転じる。増加の背景には経常費と同様に臨時教育審議会答申（以下，臨教審答申）の影響があるように考えられる。具体的には，私立学校の情報化や IT 化への対応のため，コンピューターなどの機器の購入に多くの予算が割かれたためと考えられる。

第1部　私学助成をめぐる制度的検討

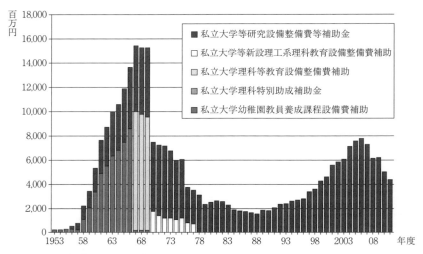

出所：財政調査会『補助金総覧』各年版より筆者作成。

図1-5　設備費補助の構成と金額の推移

　高等学校以下の私立学校への設備費補助としては，2002年度より私立大学等研究設備整備費補助金（私立高等学校等IT教育設備整備推進事業費）が新設され，教育用コンピューターやインターネットなどIT教育設備の整備に必要な経費の一部（最大50％）を補助するようになった。この補助金は学校法人への直接補助であり，補助金交付の決定は文部科学大臣が行い（交付要綱第5条），県の役割は各学校法人の書類の受付窓口であると同時に，補助事業完了時の実績審査の実施主体となった。

第3節　私立学校への貸付金

第1項　出資金と財政投融資

　戦後復興期の数年を除いて国から私立学校に対しては直接的な貸付は行っていない。1952年に成立した私立学校振興会を通じて各学校法人に対して貸付金が融資されている。

戦後，私立学校への融資が始まったきっかけは戦災からの復興需要である。戦争被害のほかにも，インフレによる内部資産価値の低下等経済的な悪条件の下で行われた学制改革（施設設備の拡充等）の結果として，私立学校の経営は悪化していった。戦災復興への国による資金投入は公立学校に対してのみ行われていた。私立学校への公的援助政策は，「ノーコントロール・ノーサポート」との意向を持つ GHQ が難色を示していた。

1947 年に私立学校法が成立し，私立学校への補助が法律で認められるようになった。戦災復興が行われるようになって，社会の安定とともに入学希望者が増加してきたため経営は安定してきた。しかし，年度間の収入が安定していないために，私立学校は高利の融資を受けていた。以上の問題点をふまえて，低利で短期融資を受けることができ，かつ私立学校教育振興のための助成業務を行う機関の設立が求められるようになった。

こうして 1952 年に私立学校への資金貸付業務等を行う私立学校振興会が設立され，私立学校振興会出資金が国から交付されるようになった。その内訳は私立学校の戦災復旧費と経常費補助のための貸付金であった。特に施設設備の復旧は急務であった。1958 年に私立学校振興会出資金が既定の出資計画額の 50 億円を満たしたため，1959 年度の予算においては計上されなかった。1960 年度に私学振興の要請により出資金が再計上され，それ以降は私立学校振興出資金が大幅に増額された。その理由は 2 点あり，第 1 に理工系学生および工業高等学校生増募のための施設整備費として，第 2 に 1937 年以降の高等学校生の増募のための施設整備費等の一部を貸し付けるために補助率がおよそ 45% から 67% に増加したことが挙げられる。

1963 年より私立学校振興会出資金に対して，従来の出資金に加えて財政投融資から融資がなされるようになった。背景としては，私立大学や私立高専における理工系学生の増募計画や私立高等学校生急増対策に応じた施設拡充などといった，私立学校振興会の貸付需要の増加が挙げられる。

1970 年に私立学校振興会は改組して日本私学振興財団となり，一切の権利および義務を承継した。それ以来私立学校への融資を行ってきているものの，国による出資金と財政投融資の総額自体は総じて低下している。その理由の一つには日本私学振興財団に財務的な体力がついてきていることもあるが，貸付

金の目的が主に施設を増築するところにあったせいだとも考えられる。貸付金が大幅に増えているのは，第1に戦後復興期の施設復旧，第2にベビーブーム期の施設拡充がその要因であり，施設整備のために多額の予算計上がアドホックに必要となったときの対応として貸付金が増加していたことを確認することができる。

第2項　国庫補助金と貸付金の関係

図1-6は国庫補助金総額（私学振興費の総額）と貸付金の総額（出資金と財政投融資の合計額）の推移をグラフ化したものである。補助金と貸付金の交付金額を比べてをみると1950年代から1960年代にかけては貸付金が補助金を上回っているが，1967年をピークに減少傾向に転じている。両者の比率が逆転するのが1971年であり，それ以降補助金総額は増加の一途をたどっている。この図によって私学助成政策は1970年代に貸付金中心の私学助成政策から補助金中心のそれにシフトしたと考えることができる。そのシフトの転機は，1965年に諮問され1966年に出された臨時私立学校振興方策調査会の答申にある。

1965年は大学志願者急増期における大学拡充の初年度に当たる。当時は大学教育において私立大学の果たす役割が大きいとして，私学に対する助成拡充方針が論点となっていた。この頃にはすでに経常費補助を求める動きになっていたため，臨時私立学校振興方策調査会が設けられて私学振興について諮問が行われた。諮問内容は主に補助金を交付する場合の対象と範囲についてである。特に施設設備等の臨時的経費，教職員給与費や教授研究費などの経常費などについて，どの程度補助をすべきであるのかについて諮問している。1965年においては国庫補助金を増やすのではなく，私立学校振興会の貸付金を大幅に増額させることで私学助成を強化していった。

翌1966年に出た臨時私立学校振興方策調査会の答申は，今後の私学振興方策については私学の意義，私学をとりまく社会状況の変化などから改善の必要性があると述べている。特に社会状況の変化は大きく，戦後インフレによる資産価値の減少，学生増加による施設費拡充とそれに伴う債務の増加[12]，教育・研究の高度化，人件費の増加など支出額は増加する一方で，収入源は大半が学費

第1章 国レベルの私学助成制度

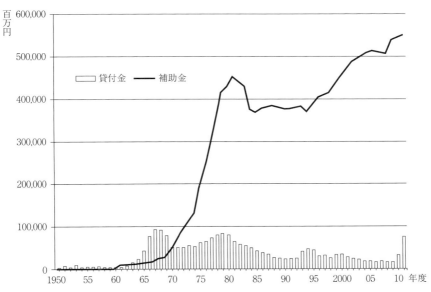

出所:財政調査会『補助金総覧』,財政調査会『國の予算』各年版より筆者作成。

図1-6 国庫補助金総額と貸付金の推移

収入によるところが依然として大きいため,補助金支出が必要であると言及している。[13]

　答申は大学,高等学校,その他私学に対する私学振興方策について言及している。大学に関しては,まず経常費助成の必要性について述べている。しかし,1965年時点では人件費に対する助成の是非についてはその必要性は認めつつも,意見が分かれたために保留となっている。[14]また,臨時的に助成を行う臨時費助成について,施設費助成と設備費補助の2点から述べられている。施設費に関しては私立学校振興会からの融資の枠を拡大し,融資期間の延長と利率の引き下げを大幅に行うなど融資条件を緩和することの必要性を述べている。設備費に関しては補助対象となる設備の範囲を拡大し,補助率を増加することによって設備拡充の際の負担軽減を目指すとしている。また,教職員の待遇についても言及されている。当時,退職手当制度が確立していなかったことを問題視し,私立大学教員の身分保障の強化と福利厚生の充実を図る必要性を述べて

51

高等学校に対してもまた，全高等学校生徒の約3割を私立学校が収容していることから，その教育における重要性を強調し，私立高等学校の振興を図るべきであるとしている。私立高等学校は生徒急増期の反動で生徒減少期を迎えており，生徒納付金に依存している収入構造では経営難になることが指摘されている。従来は各都道府県が地域の実情に即して独自に高等学校に対する経常費助成等を行っていた。しかし，その状態でもなお経営的に厳しい状態が続いているため私立大学に準じた方策を講ずる必要性があるとされ，私立学校振興会による融資の拡大など，国および都道府県の振興方策の一層の拡充に努めるべきであるとしている。

　この答申後，経常費補助が始まり，私立学校振興助成法の成立をもって本格的な私学助成が開始した。臨時私立学校振興方策調査会での諮問の際には経常費補助等補助金増加の要請に対して私立学校振興会への出資金の増額で対応したが，この答申以降は経常費補助が開始され，やがて補助金額が出資金と財政投融資の合計額を上回るようになる。

第4節　地方交付税の制度と措置額

第1項　地方交付税の制度的変遷

　本節では，私学に関係した地方交付税[15]について検討する。地方交付税は地方自治体間の財源調整を目的として財源不足団体に対して交付される補助金であり，財源不足額を基準額として交付する。財源不足額は「基準財政需要額－基準財政収入額」によって算出され，基準財政需要額が基準財政収入額を上回る自治体については地方交付税が交付されない（不交付団体）。

　基準財政需要額は以下のように算出される。

$$基準財政需要額 = 単位費用 \times 測定単位 \times 補正係数$$

　上記の式のうち，単位費用は測定単位1単位当たりの単価であり，以下の算

定式によって算出される。

$$単位費用 = \frac{標準団体の標準的な歳出 - そのうち国庫補助金等の特定財源}{標準団体の測定単位の数値}$$

　測定単位は標準的条件を備えた地方団体における人口等の数値である。地方交付税法第2条第6号では単位費用を「標準的条件を備えた地方団体が合理的，かつ妥当な水準において地方行政を行う場合（中略）に要する経費を基準」とするとされており，経費の総額から特定財源を引いた額を測定単位で除したものとなる。

　私学助成に関連する地方交付税は地方財政計画の一般行政経費に関わる地方単独事業（国庫補助を伴わないもの）に「私学助成費」として含まれている。前節で検討した国庫補助金の地方負担額ではなく，制度上はあくまで県の独立事業として位置づけられている。しかし，実際の運用面では国庫補助金と密接な関係を持っており，例えば1994年に国庫補助金が縮減された際には，「地方財政計画で決定された私学助成費に基づき，地方費に対する財政措置の充実を図った」と明記されている（『地方交付税制度解説（単位費用篇）』1994年度版：89）。

　高等学校以下を対象とする私学関係予算は戦後より地方交付税として措置されてきた。私学助成に関する地方交付税制度は時代とともに大きく変化している。第1に，費目の変化では，戦後当初の費目は教育費ではなく行政費の中の「その他諸費」であり，細目も「総務費」の中の細節「文書広報費」に「負担金補助金及び交付金」として計上されていた。1962年に初めて「総務費」の細節「私立学校関係費」として独立した。

　1970年度に地方交付税の基準財政需要額の算定式に人件費が含まれるようになると費目が「その他の教育費」の「総務調査費」の細節「私立学校関係費」に移行し，1971年の地方交付税法改正によって，「私立学校関係費」から「負担金・補助金及び交付金」の経費区分のみを分離して，新しく細節「私立学校助成費」として独立することになった。

　第2に，算定方法も変化している。1969年度までは基準財政需要額の算定

第 1 部　私学助成をめぐる制度的検討

表 1-1　私学関係の地方交付税の変遷

年度	費目	細目	細節	測定単位	算定方法
～1961	その他諸費	総務費	文書広報費	人口	
1962	その他諸費	総務費	私立学校関係費	人口	
1970	その他教育費	総務調査費	私立学校関係費	人口	人件費を含める
1971	その他教育費	総務調査費	私立学校助成費	人口	
1999	その他教育費		私立学校助成費	私立学校の幼児・児童および生徒の数	

出所：地方交付税制度研究会『地方交付税制度解説（単位費用篇）』各年版より筆者作成。

式に人件費が含まれてこなかったが，1970年の地方交付税法改正によって人件費が算定式に加わることになった。また，単位費用算出のための測定単位も変化しており，1999年度までは「人口」を測定単位としていたが，2000年度以降は「私立学校の幼児・児童及び生徒の数」が測定単位になった。これら費目の変化と算定方法の変化を表にしたものが表1-1である。

第 2 項　地方交付税額の推移

では，地方交付税の基準財政需要額はどのように変化してきたのか。私学助成に関する地方交付税措置額の推移をみると，措置額は1975年度以降一貫して増加傾向にあり，国の財政的な理由で1997年度や2008年度には一時的に減少するものの，その翌年には増加している。特に高等学校以下への私学助成が所轄庁である県の独自事務であることが，使途の自由な地方交付税による財源措置を増加させている根拠となっていると推測される。

第 5 節　小括

本章では国による私学助成制度を国庫補助金および地方交付税の2制度から検討した。本章の分析から次の4点が明らかになった。

第1に，国庫補助金の制度分析からは経常費助成費補助の算定式が県の私学助成額の決定に一定の影響を及ぼしている可能性を指摘することができる。例えば，算定式の中にランク制や最高限度額・最低限度額があることで，最低限

度額を下回った場合は補助金が交付されないし，最高限度額を上回っても限度額を超えた私学助成は県の持ち出し分となる。このような制度下では，県の設定する私学助成の金額が最低限度額と最高限度額の間に設定されることは容易に推測できる。しかしながら，私立大学助成と比較して特別補助額の増加が遅れ，かつその比率も低く抑えられていることから，高等学校以下に関しては県の私学助成への裁量が考慮されているともいえる。また，圧縮率の計算式も県私学助成の決定要因として挙げることができる。分母が県私学助成の総額であり，各県が助成額を増やせば増やすほど圧縮度が増して国庫補助単価が引き下げられる構造になっている。これは限られた国庫補助金の総額を私学助成実施県で奪い合うことを意味し，私学助成の大幅増額を制約する要因になりうると考えられる。

　第2に，国庫補助金の補助項目の一部を国が学校法人に直接交付していることで，県が補助金交付の意思決定に関われないことである。具体的には，施設・設備費補助や，国が直接学校法人に交付する形式に変更した一部の特別補助項目は，制度上県がその決定に関わることができず，原則として学校法人と文部科学大臣のやりとりに関する事務処理のみを遂行する役割を持っていたことである。従来は施設・設備費等のように県が扱うには額の大きな事業への助成のみを国が直接扱っていたが，2004年以降になって経常費助成費補助の特別補助項目の一部を国が直接助成するようになったことは，国による私立高等学校行政への関心が高まっていることを意味している。

　第3に，地方交付税制度と国庫補助金の関係性が示された。地方財政計画上では国庫補助金である私立高等学校等経常費助成費補助と一般行政経費に関わる地方単独事業費に含まれている私学助成費は独立した関係にあるが，実際の地方交付税の単位費用の算定には国庫補助金の縮減分が地方交付税の増額によって措置される旨が地方財政計画によって決められている。具体的には，国の財政難により補助金の削減が求められた影響で1994年度に大幅な減額がなされているが，国は別途県に対して地方交付税の増額措置をしているために実質的な予算措置額自体は変わっていない。むしろ，地方交付税額の推移をみると，費目の変更や算定式の変更によってその額は増額している。特に大きな影響を及ぼしたのは，1970年の地方交付税法改正によって算定式に人件費補助が導

入されたことである。この影響で1970年度以降の地方交付税措置額は大幅増となり，それ以降も大幅な増額が続いている。

　第4に，1971年度を転機として貸付金中心の私学助成から補助金中心の私学助成へのシフトがなされた。臨時私立学校振興方策調査会答申において私立大学や高等学校以下の私立学校に対する国庫補助金の増額が提言されたことで，経常費補助が新設されて額が増加していった。同時期に財政投融資と出資金という形での国の措置額が減ったことで，私学助成における補助金と貸付金の比率が逆転している。従来貸付金によって措置されていた施設費補助についても，臨調や臨教審の影響で補助額が増加しており，補助金と貸付金の比率の差をさらに大きなものとしている。

1) 『文部省年報』第79，1951年，42-43頁。
2) このことは文科省による私学振興の施策説明からも裏付けることができる。文科省は私立学校の財政措置を最も大きな施策として位置づけており，高等学校以下の私立学校について言及されているのは基本的に私学助成の部分のみであった（文部科学省 2007：40-41）。
3) なお，補助金には後述する4つ以外にも日本私立学校振興・共済事業団への補助があるが，目的が長期給付や基礎年金への補助であり，最終的に私立大学・小中高等学校に交付されないため，本章では扱わない。
4) 広域通信制高等学校への経常費補助は特別補助項目として1978年以降に実施されている。
5) 1975年は取扱要綱に，1976年以降は交付要綱第3条および別表に記載されている。
6) 例えば，長崎県が総務省および文部科学省に対して提出した長崎県『平成26年度政府施策に関する提案・要望書』の「27. 私学助成の充実強化について」（70頁）では，「私立高等学校等経常費助成費補助金の交付方法について」として圧縮率があることで自県の補助単価を増額させても国庫補助金の増額交付につながらないという問題点を指摘している。
7) 補助率の引き上げは表1-2のように進んだ。
8) 例えば，一般補助であっても「学生定員の管理状況」「教員組織の充実度」「学生納付金の教育研究経費への還元状況」など教育研究条件の整備状況に応じた傾斜配分が行われている。
9) 例えば，2003年度において特別補助は，特殊教育諸学校運営費，過疎高等学校特別経費，教育改革推進特別経費，農業経営者育成高等学校特別経費，広域通信制高等学校運営費，特色教育振興モデル事業費，授業料減免事業臨時特別経費の7つの項目によって構成されている。

表 1-2　私立大学への補助比率の推移

	1970年度	71年度	72年度	73年度	74年度	75年度
医歯系	1/3	4/10	5/10	5/10	5/10	5/10
理工系	1/5	3/10	4/10	5/10	5/10	5/10
その他	1/10	2/10	3/10	4/10	5/10	5/10

10）2003年度まで特別補助の項目であった「教育改革推進モデル事業」「特定教育方法支援事業」（特別教育支援，広域通信制課程支援，農業教育支援）に関する補助金は県経由の交付から，国から学校法人への直接交付となった。

11）「国が特に必要とする教育・研究を行う私立学校に対しては，その教育・研究の振興をはかるために，必要な経費について国は助成を行うこと」とされている。そのため，当時特に理科系の強化に力を入れていたために科学振興費関係の補助金が増加したと考えることができる。

12）特に当時，私立学校振興会からの融資だけでは足りない状況にあり，多くの私立学校は市中銀行などから融資を受けていた。市中銀行の融資は短期高利であったため，私立学校財務を逼迫していた。

13）答申で問題点として挙がっていたのは，これらの支出増加がすべて学生納付金の値上がりに直結してしまっている点であった。

14）「人件費は授業料でまかなうべき性格のものであり，したがって，これに対する助成は行うべきではない」という意見と「私立大学の公共性とその果たす役割にかんがみ，当然人件費の一部を助成すべきである」という意見が対立していた。

15）本書で扱う地方交付税交付金は普通交付税のことであるが，ここでは地方交付税と表記する。

第2章

県レベルの私学助成制度

　本章では，県レベルでの私学助成制度について検討する。前章までで検討したように，県は高等学校以下を対象とした私学助成の実施主体である。第1章で検討した国による私学助成制度を受けて，実施主体である県がどのような私学助成制度を構築していったのかについて検討する必要がある。本章では大きく分けて次の2つの観点から県私学助成制度を明らかにする。

　第1に私学担当部局に関する検討である。第1章で明らかにしたように，文部（科学）省には県私学助成を担当する部局はなく，基本的に国庫補助金を交付するための課が私立大学とともに私立高等学校等を担当する構造となっていた。事実上の私学助成を担当する部局は県知事が所轄庁となっていることから，原則として知事部局に設置されている。しかし，例外的に教育委員会が業務を補助執行する県も存在する。本章では，私学担当部局の業務の特徴について明らかにするために，私学担当部局を知事部局から移管して教育委員会に補助執行する県や，補助執行を廃止して知事部局に戻した県に着目した事例分析を行う（第1節）。第2に，県による私学助成の制度的検討である。第1章の検討から県は私学助成の中でも特に経常費助成に関して決定権を持っていることが示されたが，経常費助成を決定する制度について，特に予算積算と各学校への配分制度に着目して検討する。私学助成には算定式が存在し，それらを検討することで県私学助成に影響を与える要因の一部を明らかにすることとする。あわせて，県私学助成の金額の変遷についても国からの措置額とともに検討し，国からの私学助成の財源措置を受けてどのような予算編成を行ったのかについ

て明らかにする（第2節）。これらの分析から，県における私学助成制度の実態について明らかにするとともに，県レベルの私学助成の額をコントロールする要因となりうる点について総括する（第3節）。

第1節　県における私学担当部局

　本節では，私学助成政策を実施している県の私学担当部局について検討する。行政委員会である教育委員会に置かれている公立学校行政とは異なり，私学行政は原則として知事部局に担当課が置かれている。教育行政学では1986年の臨教審第2次答申において「教育委員会の活性化」について言及されたことで公立学校行政と私立学校行政の二元化が脚光を浴び，私立学校行政を所管する担当部局についての研究が蓄積された。例えば，公私立学校行政と生涯学習行政の二元化について検討した角替（1988）や，公私立学校行政の連携に関する研究が上田を中心とした研究グループによって行われ（上田1995），その研究成果が南部によって発表されている（南部1993，1995，2000）。南部は私学行政の担当部局のケーススタディーを行うことで県レベルでの私学行政の実態を明らかにするとともに，私学行政の担当部局を教育委員会内に補助執行という形で設置している県に注目して，それらの経緯について検討している。しかしながら，上田や南部らによる研究は地方分権改革以前のものであり，地方分権改革以降の私学担当部局の実態については検討されていない。そこで，本節では1990年代までの実態について先行研究を用いて概観した上で，2000年以降の私学担当部局が設置されている部局と業務内容について検討する。

第1項　私学担当部局の変容

　学校教育法第2条第2号で定められている公立学校と私立学校では学校に関する業務を所轄する行政部局が異なる。公立学校は教育委員会が所管しているのに対し，私立学校は都道府県知事を所轄庁として知事部局が所管しており，補助執行[1)]を行っている県では例外的に教育委員会所管となっている。例えば1993年時点での私学行政担当部局は，全都道府県のうち，41都県が総務部所管であり，総務部以外の知事部局所管であったのは神奈川県の県民部，大阪府

の生活文化部であった。教育庁への補助執行が行われていたのは、青森県、秋田県、茨城県、岐阜県の4県であった（南部 1993：98）。

地方分権改革以降、こうした情勢は大きく変化する。**表2-1**は私学担当部局の変遷を追ったものである。1993年度と1999年度では、私学担当部局に大きな変化は見られないが、地方分権改革が始まる直前の1999年度と2006年度では大きく変化している。

ここで、1993年度、1999年度、2006年度の3時点での比較を行うと、分権改革前後で私学担当部局が変化していることをみてとることができる。分権改革以前の1993年度では大半が総務部所轄であったのに対し、徐々に担当部局の名称が変化していることがわかる。総務部以外の知事部局の所管になっている都府県も1993年度では1府1県であったのに対し、1999年度では6都府県、2006年度では13都府県と大幅に増加している。また、補助執行に関しても継続的に行っている県はなく、13年間の間に廃止するところもあれば新たに導入するところもある。補助執行の廃止は1996年度の秋田県を嚆矢として1998年度に茨城県、1999年度に岐阜県、2000年度に青森県と相次いでいる。一方で、補助執行の導入も2002年度の秋田県、2004年度の長野県、2005年度の山形県と最近の10年の間に行われている。

以上から、私学担当部局移管の類型は大きく3つに分けることができる。第1の類型は知事部局内移管である。私学行政を担当する部局が変化しているものの、例えば東京都のような総務局から生活文化局への組織変更のように知事部局内で完結しているものであり、組織内再編の一環として扱うことができる。第2の類型は知事部局から教育委員会への移管、つまり補助執行の実施である。私学行政の業務全般を教育委員会が補助執行する形を取っている県のことを指し、この場合知事部局内に私学行政を担当する部局は存在しない。第3の類型は教育委員会から知事部局への移管、つまり補助執行の廃止である。教育委員会が補助執行していた私学行政担当業務を知事部局に戻した県のことを指す。

1993年度と1999年度の比較は南部がすでに実施しているので、ここではその概要を検討する。南部（1993）の研究は公立学校行政と私立学校行政の連携の視点から、1993年度時点での私立高等学校担当部局について分析を行い、補助執行が実施されて教育委員会で私学行政が一元化して行われている県にお

表 2-1　私学行政担当部局の比較

県名	1993年	1999年	2006年	県名	1993年	1999年	2006年
北海道	総務部	総務部	総務部	滋賀	総務部	総務部	総務部
青森	教育庁	教育庁	総務部	京都	総務部	総務部	総務部
岩手	総務部	総務部	総務部	大阪	生活文化部	生活文化部	生活文化部
宮城	総務部	総務部	総務部	兵庫	総務部	総務部	企画管理部
秋田	教育庁	企画調整部	教育庁	奈良	総務部	総務部	総務部
山形	総務部	文化環境部	教育庁	和歌山	総務部	総務部	総務部
福島	総務部	総務部	総務部	鳥取	総務部	総務部	総務部
茨城	教育庁	総務部	総務部	島根	総務部	総務部	総務部
栃木	総務部	総務部	総務部	岡山	総務部	総務部	総務部
群馬	総務部	総務部	総務局	広島	総務部	県民生活部	県民生活部
埼玉	総務部	総務部	総務部	山口	総務部	総務部	総務部
千葉	総務部	総務部	総務部	徳島	総務部	総務部	企画総務部
東京	総務部	総務局	生活文化局	香川	総務部	総務部	総務部
神奈川	県民部	県民部	県民部	愛媛	総務部	総務部	総務部
新潟	総務部	総務部	総務管理部	高知	総務部	総務部	企画振興部
富山	総務部	総務部	経営管理部	福岡	総務部	総務部	総務部
石川	総務部	総務部	総務部	佐賀	総務部	総務部	くらし環境本部
福井	総務部	総務部	総務部	長崎	総務部	総務部	総務部
山梨	総務部	総務部	総務部	熊本	総務部	総務部	総務部
長野	総務部	総務部	教育庁	大分	総務部	総務部	生活環境部
岐阜	教育庁	教育庁	環境生活部	宮崎	総務部	総務部	地域生活部
静岡	総務部	総務部	総務部	鹿児島	総務部	総務部	総務部
愛知	総務部	総務部	県民生活部	沖縄	総務部	総務部	総務部
三重	総務部	生活部	生活部				

注：太字は総務部以外，網掛表示部分は教育庁所轄。富山県の経営管理部と新潟県の総務管理部は総務部相当の部局である。
出所：文教協会『全国教育委員会一覧』各年版より筆者作成。

いても，実質的には知事部局が担当部局である他県と変わらない二元化行政が行われていることを指摘した。当時は教育委員会活性化を前提として教育に関係する業務をすべて教育委員会に一元化するべきであるという議論がなされていたが，南部はその議論に対して2点の課題を提示している。1つは，学校の設置や管理から市町村教育委員会の指導・助言等の権限を持つ都道府県教育委員会に私学行政に関わる業務が吸収・統合されることは公平さを欠いているという問題であり，もう1つは，私学の独自性という観点から，数量的に公立優勢の状況で教育委員会への一元化を行うことは私学のあり方への理解と配慮を欠いた方策ではないかという問題である。また，南部（2000）の研究では上記の知見に加えて教育委員会による私学行政の所管に関する議論を整理し，補助執行を廃止した秋田県と茨城県の事例を加えて公私連携について考察を行っている。

第1類型の知事部局内移管に関しては，部局内の移管であることもあって，議会等では大きな問題とされていないという特徴がある。基本的に行政改革に伴う組織改編の際に私学担当部局が総務部から他の部に移管されており，そこでは大きな問題は起こっていないものと推測される。しかし，第2類型の補助執行導入と第3類型の補助執行廃止をめぐっては議会においても議論の対象となっている。南部（1993，2000）の研究では，導入事例として岐阜県，廃止事例として秋田県と茨城県が検討されている。岐阜県では補助執行が導入されたが，その経緯は，県知事が，学校行政が総務部と教育委員会による二元化行政となっていることに疑問を呈し，教育行政を県教育委員会に一本化するために私学関係の諸アクターを説得したことが契機となっていた（南部1993）。また，秋田県では補助執行の廃止は行政機構改革の一環であるとされ，さらに知事部局が所管することで積極的に業務を推進することが目的であった。また，茨城県では教育委員会と知事部局の間で所管の問題を完全に一から見直すことを前提に協議がなされた。教育委員会が所轄することによって公立側が優勢になってしまうことへの危惧や助成の効率性などが移管の際の論点であった（南部2000）。

南部によれば，補助執行の導入，つまり私学行政の教育委員会所管についての議論は賛成，反対，慎重の3つの立場に分類できるという（南部2000：166-

168)。第1に，賛成論は，私立学校の有する公共性を強調し，学校教育内部に知事部局が関与していないことを問題として，教育委員会の関与を求める主張である。例えば週5日制の導入など，公私間の隔たりを教育委員会の調整によって縮小することに重点を置いている。これらの論を推進したアクターとしては，全国高等学校校長協会や日本PTA全国協議会が挙げられる。第2に，反対論は教育委員会が所管することによって「私立学校の公立化」が起こることを危惧するものである。教育委員会内に私立学校担当部課を置くという構想についても，教育委員会全体としては公立学校に主たる業務が割かれ，私立学校に関する取り扱いが片手間になる恐れがあるとしている。反対論を展開するメインのアクターは日本私立中学高等学校連合会である。第3に，慎重論は私立学校側の強い反対を見越して，公私間の関係の緊密化についての重要性を指摘しつつも，学習指導面を教育委員会が指導することについては「私立学校側のニーズの確認など十分な準備が必要」としている。私立学校独自の建学精神や教育内容を尊重して，「必要以上の介入にならないように配慮することが必要」とした。慎重論を展開する主要なアクターは全国都道府県教育委員会連合会や政令指定都市教育委員教育長協議会などである。

　上記から得られる知見として，組織改編が県の戦略の一部として行われていることが挙げられる。現状では大半の場合知事部局と教育委員会による二元化行政が行われ，かつ公私連携の形を模索していることから，県は慎重論に立った組織改編を行っていると考えることができる。県内部の組織の一つとして，組織効率や改革の推進を目標とした改編が行われているとみられる。

　南部の一連の議論の背景には，当時は教育委員会活性化議論がなされており，一元化の重要性が指摘されていた私立学校業務は機関委任事務として扱われていたということがある。地方分権改革以前は，①私立学校等の設置，廃止等の認可（私立学校法第5条），②学校法人の設立の認可に関する事務（私立学校法第31条），③助成を受けた学校法人等に対して，その業務もしくは会計の状況についての報告徴収，帳簿，書類その他の物件の検査等監督上必要な措置を講ずる事務（私立学校振興助成法第12条）が機関委任事務とされてきたが，地方分権改革によって機関委任事務が廃止されたことで，これらのうち①が自治事務，②③が法定受託事務とされるようになった（地方分権改革第2次勧告別表

表2-2 私学行政業務移管の類型

①	知事部局内移管（組織内再編）	東京都，愛知県，三重県，広島県，徳島県，佐賀県，大分県，兵庫県，宮崎県
②	知事部局から教育委員会への移管（補助執行の導入）	山形県，長野県，（秋田県）
③	教育委員会から知事部局への移管（補助執行の廃止）	青森県，茨城県，岐阜県，（秋田県）

注：31府県は移管していない。

2)。その他の業務は地方分権改革以前から自治事務として実施されており，特に大きな変化はない。法定受託事務，自治事務のいずれも地方公共団体の事務とされており，法定受託事務も国の事務を執行するのではなく，地方公共団体が自らの責任において処理するものであるとされている（田村2000）。しかしながら，地方分権改革によって私学担当部局の組織や業務に変化が現れたかどうかについては，南部（2000）の研究では地方分権改革の最中ということもあり，その後の改革の影響については触れられていない。

そこで分権改革前後の違いを検討するために，1993年度と2006年度時点での比較を行う。表2-2は1999年度から2006年度にかけての変化の類型を上述した私学担当部局移管タイプの3類型に基づいて分類したものである。次項では表2-2の①〜③が起こった経緯，そしてその結果として政策やそれに基づく業務の執行にどのような変化が生じたのかについて検討することで，私学担当部局の組織や業務について明らかにする。

第2項　私学担当部局の業務および役割に関する事例的検討

本項では県の事例を検討することによって，私学担当部局の持つ役割および業務の実態について明らかにする。特に補助執行の導入と廃止という制度の変化に着目し，その前後でどのようなことが議論されたのかについて検討することで私学担当部局の業務の特徴を示す。事例分析の対象とする県は補助執行を導入した秋田県と長野県，補助執行を廃止した茨城県と岐阜県である。使用する資料は県議会議事録に加え，必要に応じて県へのヒアリング調査やメールでの照会を行った。知事部局内移管に関しては前述したようにその是非についての議論が議会で行われていないため，移管が行われる際に議論が起こっている

第1部　私学助成をめぐる制度的検討

補助執行制度を対象とした。

1　補助執行導入県

(1)　秋田県

　秋田県は1955年度の補助執行から現在に至るまで，補助執行の廃止と再導入を行っている。**表2-3**は秋田県の私立高等学校担当部局の推移である。1955年度に補助執行が行われて教育庁学校教育課に移管されたが，これは県の赤字財政救済のための行政機構改革の一環として行われたものである。1996年度には県の行政改革大綱が出され，県の政策として実施する教育部門の一元化実施のために知事部局に移管された。1999年度には知事部局内の機構改革によって企画振興部学術振興課に移された。

　しかし，知事部局内に私立高等学校以下の学校の担当部局があることについては，批判もあった。秋田県議会2000年2月定例会の本会議において，冨樫博之議員は秋田県が私立学校問題に「それほど力を入れていない」と指摘し，その要因として，「公立高等学校は教育委員会が，私立高等学校は知事部局がそれぞれ所管している」ことによる公私間の意思疎通の欠如を挙げている[3]。

　2002年度には，以下の3点を目的として再び補助執行が行われた。①幼稚園から高等学校までの窓口一元化による県民サービスの向上，②教育庁の教育ノウハウの活用による私立学校教育への支援強化，③公私の相互協調による教育行政サービスの充実と本県教育全体の向上・発展である。私立高等学校が知事部局の所轄に置かれていた理由としては，担当部局が「経営に関与しない，建学精神に関与しないでお金だけ渡してやるというスタイルなので教育委員会に置く必要がな」かったことが挙げられる。しかし，秋田県では，「私立高等学校が5校しかないということ」に加えて，県民にとって「幼稚園から高等学校までは教育委員会の所管にしたほうがわかりやすい」という理由から「建学の精神を侵さない形でソフト事業を支援する」ことを前提として教育委員会で所管することになった[4]。

　2002年度の教育委員会移管の際には，私学団体より反対意見があったという。反対の一番の理由は，担当部局が教育庁に移管されることで，県立学校と同じような教育内容にするようにという規制が生じるのではないかという懸念

表 2-3 秋田県の私学担当部局の変遷

～1955 年 9 月 30 日	総務部地方課
1955 年 10 月 1 日	教育庁学校教育課（総務課私学助成担当）
1996 年 4 月 1 日	総務部学事文書課
1999 年 4 月 1 日	企画振興部学術振興課
2002 年 4 月 1 日	教育庁総務課

注：網掛表示部分は教育庁所管。
出所：秋田県教育庁総務課私学班へのヒアリング（2006 年 11 月 11 日）の際の配付資料。

であった。また，知事部局が担当の場合は部局のトップは知事であるが，それに対して教育委員会に移管された場合は教育長がトップとなる。部局のトップが知事ではなくなることで，私立学校への影響力の低下とそれに伴う私立学校への補助金などの面での待遇悪化を懸念していた。[5]

秋田県総務課私学班の業務は大きく分けて3つある。①私立学校の認可，②私学助成，③私学振興である。3つの業務の中でも主要な業務は私立学校および私学関係団体への補助金交付とその適正な執行がなされているかの確認作業である。基本的には事務的な事項のみであり，私立学校の教育内容や経営については関与していない。前述の教育長の発言からも明らかなように，知事部局から教育委員会に移管されても実際には業務上の変化はなかった。

私学班は3名より構成される。2名が知事部局からの出向，1名が教育委員会からの異動である。知事部局から出向している2名は行政職の人事異動によって総務課に配置された。教育委員会からの異動，知事部局からの異動にかかわらず，どのメンバーも基本的に業務に差はない。特に，私立学校法第5条が[6]あるので，教育内容についての指導・助言は基本的に行わない。

教育委員会に移管されたことによるメリットとして，連携の密度が高まったことが挙げられる。基本的に私学のみの業務では知事部局内でも教育委員会でも違いはないのだが，公私間の情報共有や公私合同の業務が必要となったときは，同一建物内にあるということで地理的に連絡・連携がしやすいという。

公私連携の場としては，公私立高等学校協議会（以下，公私協）と私学振興懇話会を挙げることができる。公私協は年2回開催され，私立高等学校5校，一般人，学識経験者によって構成される。主な協議内容は高等学校総合整備計

画，学級減，募集人員，合格者数等である[7]。私学振興懇話会は年1回開催される知事と私学関係者との間で開かれる協議会である。担当部局の移管によって権限が知事から教育長に移ったことの代償措置として設置された。

(2) 長野県

長野県は，2004年度の組織改正で，子どもの教育に関する施策を教育委員会による一元的所管の下に置くこととした。幼稚園と保育所の所管の一元化等，就学前児童を中心にした子どもの教育およびそれに関連する施策を一元的に所管し，新たに教育委員会内に「こども支援課」および「私学教育振興室」を設置した。

この2004年度の組織改正には，私学関係者からの反対意見もあったと推測される。2004年2月の長野県議会定例会本会議（3月2日）において教育長が，「私学というものは，公立高等学校を持っております県教育委員会が所管するということに対しましては，私学の独立ということで若干抵抗はあろうかと思います」と，教育委員会所管に対する反対意見の存在を認めていることからそれがうかがえる。

また，教育長は業務の変化についても，「いわゆる私学というものは設立趣旨に沿って独自の教育理念に基づき教育を行っているということでございまして，県が私学の教育内容に関与するということではない」と，所管が移っても担当部局は基本的に私学の教育内容に関与しない旨の発言をしている。さらに，教育委員会所管のメリットとして「スポーツを始めとする部活動の分野，あるいは学校間の交流，または公立と私立との共通する分野のさまざまな事務を迅速に対応するというふうなことにおきましては非常に大きなメリットがあり，県民にも非常にわかりやすいことであろうかと考えているところでございます」と，公私連携の強化がもたらす利点を提示している。

長野県私学教育課の業務は大きく分けて4つある。①私立高等学校・中学校・小学校・幼稚園・専修学校・各種学校設置の認可，②私立学校に関する助成，③学校法人（文部科学大臣所管を除く）の認可，指導監督，④教育関係公益法人の許認可，指導監督，である。

①の学校設置の認可に関しては，私立学校審議会における審議，答申を受け，

最終的に知事の判断によって決定される。②私立学校への助成は，各補助金の交付要綱および別途定められている補助金配分基準に基づいて行われる。③学校法人の指導監督に関しては，長野県教育委員会私学教育課が所管している幼稚園，小・中学校，高等学校，専修学校および各種学校223校のうち補助金を交付している学校に対しては「学校法人補助金等の現地調査要領」に基づいて2～3年ごとに現地調査を実施している。この調査は法人の管理運営および教育条件の現況を把握し，健全な私立学校経営のための指導助言を行うことを目的としている。

現地調査に関して，調査対象とされている項目は大きく分けて2つある。補助事業関係と管理運営等関係である。前者は学校法人補助金（経営費補助金）と授業料等軽減事業補助金の事業であり，後者は知事所轄学校法人の法人や学校の管理運営状況である。

前者の補助事業関係調査について，まず学校法人補助金で調査対象となるのは以下の5点である。①生徒数の確認，②対象教職員の確認，③給与支払額の確認，④対象物品の確認，⑤支払状況の確認である。また，授業料等軽減事業での調査内容は以下の4点である。①軽減区分の確認，②対象生徒の確認，③授業料単価の確認，④軽減方法の確認である。後者の管理運営等関係の調査内容は以下の8点である。①法人の管理運営状況，②納付金の状況，③諸規定の整備状況，④会計処理の状況，⑤生徒等の充足状況とその対策，⑥情報公開，⑦自己評価の実施状況，⑧設置基準との適合状況，⑨その他である。[8]

この調査は原則として法人の事務所において，当該法人の理事または職員の立ち会いのもとで行われる。調査結果については，調査立会者に対して概要を説明し，別途書面によっても報告を行う。その結果によって，改善が必要である場合は文書で法人の代表者に通知し，必要なら改善状況や改善計画について文書による報告を求める。

また，構成員の人事に関しては，私学教育課は6名より構成されるが，すべて行政職からの人事異動によって行われている。

2　補助執行廃止県

(1)　茨城県

　茨城県は1965年以来知事部局による教育庁への補助執行を行っていたが、1999年からはその中の私立学校関係の業務を知事部局の総務部総務課に戻した。「県の行財政改革を推進する観点とともに、教育におきます行政需要の増大に伴う所管事務事業の多様化、専門化に対応するため」に教育庁内の組織改編を行っているのことだが[9]、この組織改編は1999年に出された茨城県行財政改革大綱にも明記されており、多様化したニーズに対応するための組織・機構等の簡素・効率化を目指し事務分担の見直しが図られている[10]。

　補助執行廃止の理由としては、茨城県は1999年が生徒数減少期にあたり、知事部局に所管を移すことによって公私立の役割分担を図るとしている[11]。しかし、この組織改編も議会においては「私学にかかわる事項が、教育庁からいつの間にか総務部総務課に行っ」てしまったとみられており、「県会議員もわからないような機構改革がばんばん県で行われる」と批判され、私学行政を知事部局所管で行うとしたら、「教育の専門家が事（＝私学事務──筆者）に当たる」ことが必要であると指摘されている[12]。

(2)　岐阜県

　岐阜県は1967年度に補助執行を導入していた。しかし、1999年4月から私学関係部局が知事部局の生活文化部門の所管に移された。県が推進する教育改革の一環として、私学行政の知事部局への移管による私立学校と公立学校との「協働と競争」の推進や私学の独自性に基づく多様な教育の推進が目的とされていた[13]。

　また、議会においても、組織改編に伴う私学行政機能の知事部局への移管は問題となっており、公立学校も私立学校と同じ「教育」を行うので教育委員会の所管とすべきであるという議論が議員から提出されている[14]。一方、知事は私学行政を知事部局に移管することに対して「別にそのことにこだわっておるわけでは」ないとしつつも、教育委員会所轄であることの問題点として、「どうしても教育委員会が公立に偏るんで私立という立場が薄くなる」という意見があることを紹介している。

第 2 章　県レベルの私学助成制度

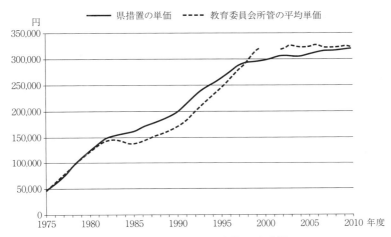

注：2001 年の教育委員会所管の平均単価はデータ欠損により空欄。
出所：日本私立中学高等学校連合会『都道府県私学助成状況調査報告書』2011 年度版，18-19 頁より筆者作成。

図 2-1　県措置単価平均値と教育委員会所管の私学助成単価平均値の推移

　こうして，1999 年 4 月から私学行政は知事部局である生活文化部に移管され，それに伴って教育振興課が部に新設された。知事部局と教育委員会との連携を図って教育改革を推進していくために知事公室には担当参事が配置された。

3　私学担当事務の所管の差異と私学助成単価

　事例分析からは，担当部局の補助執行の有無によって私学助成の額等に変化がある可能性が県議会から指摘されていたが，実際に私学担当事務の所管が知事部局か教育委員会かによって私学助成単価に差が出るのかについて検討したい。図 2-1 は県措置単価の平均値と教育委員会所管の私学助成単価の平均値の推移をグラフ化したものである。1982 年度までほぼ同額で推移していたが，1983〜1998 年度は県措置単価が教育委員会所管の平均単価をやや上回っている。1999 年度以降は教育委員会所管の平均単価が上回っているものの，基本的に両者の間に大きな差はなく，所管によって運用の差が出るとはいえない。
　以上の私学担当部局の分析から次の 2 点の事実が明らかになった。第 1 に，私学担当部局が教育委員会所管であることで生じる独自性は特になく，知事部

局所管と同様の業務が行われていたことである。第2に，両所轄ともに学校に対する業務は基本的に学校内部の経営には立ち入らずに，補助金交付およびその適正執行などの調査，学校の許認可のみとなっている。私立学校側の補助執行に関する要望が受け入れられた形となっているといえる。例えば秋田県も長野県も補助執行によって私学担当事務が教育委員会に移管されたが，政策やそれに基づく業務の執行は知事部局所管である神奈川県と変わらない。さらに補助執行を行っているのも知事部局から人事異動で配属された担当職員である。教育委員会が所管していても，教育委員会のオリジナリティーが付与された政策を実施してはおらず，知事部局所管時と同様の業態で業務を行っている。

　これらの事実から，私学担当部局の持つ2つの役割を考察することができる。第1に，個別政策領域としての私学行政の役割である。私学行政の業務は所管部局に左右されなかったが，そのこと自体が「私学行政」という個別政策領域の要請に応えたものなのである。私学行政は従前より私学の持つ建学の精神や独自性を尊重することが要請されてきた。私立高等学校の要請を尊重して行政活動を行っていくためには，知事部局で実施されていた業務を過不足なく教育委員会に移管することで，教育委員会が公立高等学校に対して持つような影響力が私立高等学校に対して及ばないことを示す必要があったと考えることができるのである。

　第2に，県の一組織としての私学担当部局の役割である。私学行政の業務移管に関しては，県がイニシアティブを握った組織戦略が強く働いていることが，事例分析から示唆される。組織改編が行われる際に私学担当部局の移管が数多く実施されていることから，私学行政の移管を伴う組織改編は県の「教育」に対する姿勢をアピールするための手段の一つとなりうるとも考えられるのである。それを可能にしているのは部局間に政策および業務の差異がないことである。仮に私学行政が教育委員会に移管され，私学政策に教育内容への助言など教育委員会としてのオリジナリティーが付与されたとしたら，私学の独自性への介入として私学関係者からの抵抗が予想され，組織改編が失敗するリスクを負ってしまう。私学業務が変わらないという事実は，私学の独自性を尊重した結果であると同時に，私学行政部局の移管を容易なものにしているとも考えられるのである。

本節では私学関係の事務が知事部局所管と教育委員会所管でどの程度異なりうるのかについて検討したが，基本的には両者に差異は存在しなかった。教育委員会に事務が移管されても教育長の影響力はなく，県内の私立学校の独自性を尊重するような形で事務が設定されていた。また，人事についても知事部局から異動してきた職員によって構成されており，制度上は補助執行の有無による差はなかった。さらに，所管の違いによる私学助成の運用の差異はほとんど発生しなかった。以上から，私学助成に関してはその担当事務をどこが所管するかはそのアウトプットにほとんど影響を及ぼさないことが示唆される。

第2節 県による私学助成の予算積算制度と配分制度

本節では，県における私学助成の予算積算制度と配分制度について検討する。前章での分析から国による県への財源措置の制度とその動態が明らかになったが，措置された財源をもとに県はどのように予算編成や補助金の配分を行うのかについて検討する。

第1項 予算積算の制度

まず，予算積算の制度について検討する。私学助成金の予算積算方法は県によって異なるが，その方法は大きく分けると次の3つの方式からなる。①単価方式，②補助対象経費方式，③標準運営費方式である。

1 単価方式

生徒単価を設定し，それに生徒の人数を乗ずることで算出される。国庫負担金も地方交付税の交付税単価も，生徒単価で出しているため，生徒単価の設定をすれば自動的に総額が決定するということから，事務処理が単純で少なくてすむというメリットを持つ。

生徒単価の算定式は，同方式を採用している岡山県を例に取ると，[15]

$$生徒単価 = 国庫補助単価 + 地方交付税単価 + 県単独嵩上げ$$

となる。国庫補助単価はその全額を私学助成金として使用しなければならないが，地方交付税単価と県単独嵩上げは都道府県の裁量によって決定する。それをもとに積算される予算の算定式は

$$補助金総額 = 生徒単価 \times 生徒数$$

となる。地方交付税単価に関しては，基準財政需要額を決定する際に算定基準があるので，基本的にはその額に準拠している場合が多い。また，県単独嵩上げ分は，都道府県が独自に加算している金額であり，その額は都道府県の状況によって異なる。

2 補助対象経費方式

私立高校の経常的経費支出のうち，県が定めた費目を補助対象経費とし，それらの費目に補助割合を乗じて予算額を積算する。補助割合を乗じる対象費目は県によって異なる。消費的支出は大きく分けると人件費と教育研究・管理経費である。前者の具体例としては，教員給与や職員給与，後者の例としては，消耗品費や光熱費などが挙げられる。決算の支出をもとに計算されるため，生徒数の増減が直接的に私学助成金額に影響することはない。仮に生徒数が減少しても，収入源が確保でき支出額に影響が出なければ，算出される私学助成金額は変わらないのである。

補助対象経費方式の利点は，前年度の決算をもとに金額を決定しているところにある。決算ベースとなっているため，積算根拠が明確になる。

しかしその一方で，費目ごとに計算する必要があるので，計算が煩雑となり，必然的に事務作業量が増えるという欠点を持つ。また，前年度の決算が直接的に影響するため，経費節減の成果としての支出減少であっても，生徒数減少で収入減の結果としての支出減少であっても，同様に翌年度の助成金額は減少してしまう。

補助対象経費方式は，前年度決算をもとに算出しているが，補助対象となる費目の設定も補助割合も各県によって異なる。私学助成金の積算額を増減させるための手段として，項目の増減や補助割合の増減が挙げられる。これらは各

県の裁量によって決められるため，各県の財政的な事情によって，金額が上下する可能性を持っていると考えられる。

3　標準運営費方式

公立高校の前年度決算をもとに私立学校の「標準運営費」を設定し，その一部（例えば半分など）を補助する方式である。公立高校の決算をもとに金額が決定されるため，私立高校に入学する生徒数の減少などに影響されない。

この方式の利点は，安定的に私学助成金額が予算設定される点にある。単価方式は生徒数の減少が金額に大きく反映され，補助対象経費方式は私立高校の前年度決算が金額に大きく反映される。そのため，私立高校の経営行動が翌年度の決算に対して大きな影響を与えうる。しかし，標準運営費方式においては生徒数の減少や決算額の減少が起こったとしても金額を維持できる。私立高校における支出の大半は教員に対する給与であるため，私学助成金額が安定的に交付されるということは，教員数や教員給与を安定的に維持できることにつながる。

一方で，標準運営費方式は，その金額の決定を外部的な要因（公立高校の運営費）に依存していることによって起こりうるリスクも秘めている。公立高校の運営費が下がると，私立高校側の事情にかかわらず私学助成金額も下がってしまう。公立学校の支出の大半は人件費である。公立学校の人件費がなんらかの形で減少すると，私学助成金額も同様に減少してしまう。このケースは，公務員給与改革で公立の教員給与が減少した際や，団塊の世代の教員が定年退職することで教員の平均給与が大幅に下がる際に，起こりうる。

以上，3つの方式について検討したが，すべての方式について共通するのは積算方式が私学助成額の最低金額を保障する制度となっている点である。単価方式であれば国庫補助単価と地方交付税単価を，補助対象経費方式であれば私立学校の前年度決算を，標準運営費方式であれば公立学校の運営費を参照している。これらの算定式によって積算された私学助成は結果的に前年度を大きく下回ることが少ないと考えられる。

第2項　経常費助成配分の制度

本項では私学助成を各私立高校に配分するプロセスについて検討する。その方法は県によって方式が異なる。配分方式は大きく分けて①区割方式，②補助対象経費方式，③単価方式，④標準運営費方式の4つである。以下，杉長（1993）の分類に従って4つの方式を検討する。

1　区割方式

補助金の配分にあたって，特定の要素（例えば生徒数割，教職員数割，学校割，調整割，その他）に着目して配分を行う。これらの要素は，それぞれの目的があって設定される。

様々な目的に基づいた要素があり，その中から各県が指定した区割要素に基づいた配分を行う。配分を行う際は，様々な区割要素を組み合わせて計算する。例えば，積算された予算のうち，15％を均等割にし，残りの40％を人件費割，35％を生徒数割，そして10％を教育向上割によって配分する県もある。その配分方法の組み合わせなどは県によって異なるため，一概に区割方式といっても，統一された方式であるとはいえない。

2　補助対象経費方式

補助対象経費方式は，基本的に予算積算方式における同名称の方式と同じである。経常的経費の中で，補助対象となる項目を県が指定し，その項目に対して一定の割合の補助金を交付するというシステムである。その項目は県によって違うが，基本的には消費支出と資本支出の設備関係支出から成る。決算額に基づいて配分されるため，「実績割」ともいわれる。

また，この方式もまた，いくつかの要素の組み合わせによって配分される場合がある。例えば，15％を均等割にして各学校に配分し，残りの85％を実績割として，人件費や教育管理費，設備費の前年度決算をもとに配分する方式がとられている。そのため，単価方式との組み合わせも可能である。区割方式よりは，事務作業の煩雑化は少ないといえる。

3　単価方式

本来の単価方式は，児童・生徒数に補助単価を乗じて配分額を算定する方式であるが，この方式は高校への配分では採用されていない。実際に採用されているのは，この方式の変形で，単価方式によって算出した額を諸要素によって調整して傾斜配分する。

傾斜配分の要素としては，例えば補助対象経費方式にあるような，人件費や教育管理費などが用いられる。

4　標準運営費方式

標準運営費方式も，予算積算方式での同名称の方式と内容は基本的に同じである。公立高校の標準的運営経費に基づいて私立高校の「標準運営費」を算出し，その一部を補助する方式である。

例えば，同方式を採用している神奈川県では，以下の算定式を用いている。[16]

(①教職員割＋②生徒割＋③学級割＋④学校割)×補助率×補正係数

第3項　県私学助成金の変遷

本項では，県私学助成金がどのような変遷をたどったのかについて，経常費補助に着目して検討する。第2節，第3節で述べたように，県による私学助成は国庫補助金と地方交付税によって財源措置がなされている。

図2-2は国によって措置された補助単価（国庫補助単価・地方交付税単価）と県が実際に措置した単価の変遷をグラフ化したものである。1975年および1976年は国庫補助額と県措置額がほぼ同じであったが，1977年以降は県措置額が国庫補助額を上回っている。この図から読み取れることは，県は私学助成において同年以降常に国庫補助金と地方交付税の単価として計上された額を上回る私学助成単価を設定しているということである。地方交付税単価はあくまで基準財政需要額を算出するために国が決めた仮の数値であり，実際にその額が満額県に対して交付されることはない。東京都のような不交付団体の場合は地方交付税はまったく交付されない。

第1部　私学助成をめぐる制度的検討

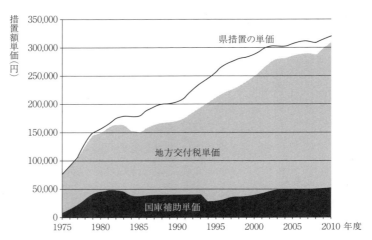

注：特別補助を含む。
出所：日本私立中学高等学校連合会『都道府県私学助成状況』各年版より筆者作成。

図2-2　国庫補助単価，地方交付税単価，県措置単価の推移

　このような状況下にもかかわらず，県は国庫補助金に地方交付税で設定された単価に加えて，さらに県が上乗せして私学助成単価を設定してきた。国からの措置額は地方交付税措置額の部分を増額する傾向にあり，例えば1994年に国庫補助金が大幅に減額された際にも，減った分は地方交付税の増額でまかなわれている。使途が自由な地方交付税の割合が増えていくとともに，県の助成額も増額している。2000年度以降になると国からの措置額への上乗せも減少傾向にあるが，地方交付税の単価を下回ることは基本的にはない。

　図2-2からは，国庫補助金制度と地方交付税制度の変化と県私学助成の動向は基本的に対応関係にあることが読み取れる。地方交付税の増加は1976年度から2010年度に至るまで継続していたが，県は基本的に地方交付税で算定の基礎となっている単位費用を参考にした助成単価の設定を実施していると考えることができる。さらにそれに加えて県が独自に上乗せして積算していると推測される。

第3節 小括

　本章では県の私学助成について私学担当部局の業務の実態と助成制度および助成額の分析を行った。次の３点が明らかになった。第１に、私学担当事務を所管する部局についての検討を行ったところ、知事部局所管か教育委員会が補助執行しているかで業務内容や組織の形態に大きな違いはなかった。さらに所管の違いによって私学助成の額に大きな差は出てこなかった。これらは、私学助成等の決定においてどのような組織形態に属しているかは大きな影響を及ぼさないということを意味しており、県による私学助成の行動の違いを検討する上で、私学担当部局が知事部局に設置されているのか、教育委員会に補助執行されているのかという組織的な要因よりも、時系列的な要因を検討することが重要であることを示唆している。第２に、予算積算方式の算定式の制度的影響力である。第１章で検討した国庫補助金の最低限度額が廃止された後も私学助成単価が大きく減少しなかった要因としては、予算積算方式の制度的制約が作用したと考えられる。具体的には、単価方式であれば国庫補助単価と地方交付税単価を算定式に組み込んでいるが、県私学助成額と国庫措置額との比較から、県私学助成は常に国庫補助金単価と地方交付税単価で措置された金額に県が自主財源から嵩上げ分を措置していることが示されている。2000年度以降は県単独嵩上げ分が減少して県私学助成の停滞が観察されるが、それでも国庫補助単価と地方交付税単価の和を下回らない。最低限度額が廃止されている状況下でも同様の現象が観察されるため、こうした予算積算方式が私学助成額の推移に影響を与えていたと推測できる。第３に、県が常に国の措置額を上回る形で私学助成を措置していることである。1977年度以降は常に国による措置額よりも県による措置額が上回っており、地方交付税の基準財政需要額で計上された額以上の予算を私学助成として交付している。これが最も顕著に現れたのは1994年度の国庫補助金の一時的な減額の際であった。国庫補助金の減額分が地方交付税の基準財政需要額に上乗せされた際でも、県は私学助成の額を減らすことはせずに前年度比増で対応していた。地方交付税の制度上の規定では増額された地方交付税分の使途は県の自由裁量となるが、基本的に私学助成に充

第1部　私学助成をめぐる制度的検討

当したと推測できる。制度的な側面からみると，国庫補助金の配分制度と県の予算積算制度の双方が私学助成額の減少を抑える装置として機能していたと考えられる。私学関係団体による要請も当然多かったが，前年度の助成実績が反映される国庫補助金の配分制度と，国庫補助金と地方交付税の単価の和を私学助成単価の最低額とする予算積算制度の下では，大幅な減額はできない。

　本章の分析では国・県の私学助成制度の制度分析と動態分析から県私学助成の規定要因を考察した。これらの分析結果は制度や助成額の推移から導かれる帰結であって，すべての県が同じような動向をたどるわけではない。そこで第2部では各県の実態に着目して私学助成額決定の規定要因を分析することとする。

1) 地方自治法第180条の2。
2) ヒアリング調査は2006年11月11日に秋田県教育庁総務課私学班に対して行った。メール照会は長野県教育委員会私学教育課に対して行い，2006年11月2日に回答をメールにて受け取った。
3) 秋田県議会2000年2月定例会本会議第3日（2000年3月7日），冨樫博之議員による質問。
4) 秋田県議会2003年12月定例会教育公安委員会第2日（2003年12月10日）における小野寺清教育長の発言。
5) 秋田県教育庁総務課私学班へのヒアリング（2006年11月11日）より。
6) 県知事による授業等の変更命令を規定した学校教育法第14条が適用されないため，教育内容については基本的には介入しないスタンスを取っている（秋田県総務課私学班へのヒアリング（2006年11月11日）より）。
7) 秋田県議会2001年12月定例会本会議第2日（2001年12月7日）における小野寺清教育長の発言。
8) 長野県教育委員会私学教育振興チーム「学校法人補助金等の現地調査要領」（2005年12月20日制定，2006年10月23日一部改正）による。
9) 茨城県議会1999年文教治安常任委員会（1999年1月20日）における川俣勝慶教育長の発言。
10) 平成11年度茨城県行財政改革大綱（1999年5月）。総務部は11課1室1局から8課室に変更された。
11) 「首長と教育委員会の関係に関する資料」（中央教育審議会教育制度分科会（2004年5月31日開催）配付資料③）URL：http://www.mext.go.jp/b_menu/shingi/chukyo/chukyo1/003/gijiroku/__icsFiles/afieldfile/2014/09/26/1265313_002.pdf（最終閲覧日2015年5月20日）。

12) 茨城県議会 2000 年文教治安常任委員会（2000 年 3 月 14 日）における荒井学議員の発言。
13) 岐阜県議会 2000 年 2 月定例会（第 1 回）（2000 年 2 月 29 日）における梶原拓知事の発言。
14) 例えば岐阜県議会 1998 年 9 月定例会（10 月 1 日）における近松武弘議員，野村保夫議員の発言。
15) 第 6 回岡山県私学助成制度検討委員会配付資料「岡山県私学助成制度のあり方に関する提言骨子（案）」URL：http://www.pref.okayama.jp/uploaded/life/79688_257165_misc.pdf（最終閲覧日 2015 年 5 月 20 日）。
16) 神奈川県，平成 15 年度包括外部監査に関する報告「私立学校教育の振興に係る事業の財務に関する事務の執行についての包括外部監査の結果に関する報告及びこれに添えて提出する意見」より。

第 2 部

国による制度変更と県の対応

第3章

生徒急増期が私学助成制度に与えたインパクト

　本章では国による私学助成が実施された契機としての生徒急増期に着目する。1965年をピークとする生徒急増期において，増加した生徒数の学校への収容が全国的に進んだが，その方法論は県によって大きく異なっていた。1960年代のベビーブームに対する県の対応の違いは高等学校の公私比率の差異を発生させたという（Pempel 1973, リード 1990）。

　結論を先取りして述べると，国は県からの要請により生徒急増に関連する予算措置を一時的に認めた。県は私学に対しても生徒収容の要請を行い，それに伴う補助措置を実施する。しかし，その後の生徒減少期に際して多くの私学が経営難に陥ったことで県は私学への助成を継続せざるをえない状況が発生した。

　では，生徒急増期になぜ私学助成は増加に至ったのか。本章では急増した生徒を収容するために国や県がどのような対応を取っていったのかについて検討する。従来高等学校教育政策は県によって執り行われており，県が高等学校教育に対して実施することについては，文部省は基本的に介入してこなかった（リード 1990）。

　高等学校生徒急増対策で県がとりうる政策は次の3つに分類される。1つは既存の公立高等学校の増築，2つ目は公立高等学校の新設，そして3つ目は私立高等学校への収容依頼である。

　県は高等学校の需要や予算，その他の制約のもとで公立高等学校の建設を政治的・行政的に判断すると考えられる。公立高等学校を新増設する際，施設設備費および教員の人件費は全額県が負担する必要がある。その一方で，私立高

等学校に収容を依頼した場合は施設設備の拡充に要した費用や人件費の一部を私学助成として措置すればいいため，財政的には公立高等学校を新増設するよりも安価であると考えられる。

　生徒急増期には，すべての県で例外なく私学の割合が増加していることから，[1]県が私立高等学校に対して収容を依頼したことは明らかである。しかし，どのような形で私立高等学校の収容を支援したのかについては県によって対応が分かれる。そこで，具体的なケースとして，北海道，山形県，および東京都を取り上げ，生徒数の変化と私学予算の項目と総額の推移について検討する。

　本章の構成は次の通りである。まず，第1節では国が生徒急増期にどのような対応をとったのかを行政的，財政的な側面から検討する。次に，第2節と第3節では，県レベルでどのような対応策をとってきたのかを検討し，具体的事例を検討する。最後に，第4節で国と県の関係についてまとめを行う。

第1節　生徒急増期における国の対応

第1項　行政的な対応

　急増した生徒の収容に対して文部省は行政的な措置として学校数の増加や学級の定員増加をもって対応した。1965年度をピークとする高校生の急増に際して文部省は1962年に生徒の増加率を試算している。この時期の生徒急増は団塊の世代が中学卒業を迎えたことと，進学率の上昇という2つの要因が影響している。文部省は1965年度時点での進学率を63％と見積もり，高等学校在学者数を公立高等学校309万人，私立高等学校136万人の合計425万人と推計した。これは過去の最高人数であった1960年度と比較すると，公立で80万人増，私立で43万人増となり，私立高等学校の収容割合が公立よりも多くなっている（木田1962）。

　これらの増加分をどのような形で収容するのかについても，文部省は1962年度時点で次のように試算している。公立では，既存の学校施設を増築して40万人収容するとともに，学校の新設で20万人の収容を計画している。一方で私立高等学校では，生徒増加分は既設学校の増築などによって39万人の収

容を想定しており，新設による収容はほとんど考えられていなかった（木田 1962：58）。

さらに，文部省は高等学校の定員増加による生徒急増対応を行う。特別措置として公立高等学校の定数法を改定し，学級編成を50人から55人に増加した。定員の増加は収容対策としては有効であったものの，「すし詰め」学級が増加したため，学習環境の質の低下という問題が発生した。

しかし，実際の進学率は文部省の推定よりも高くなっており，1963年度の高等学校入学者数は当初の予定よりも約10万人多かった。想定を超えた人数分は，公立高校が3万人，私立高校が7万人の臨時増募を行うことで収容されたため，中学浪人などを生むような収容不足にはならなかった。1年目から政府予測を大幅に上回ったことから，文部省は1963年度には生徒増加の推計値を80万人から90万人に変更して計画を立て直している。

第2項　財政的な措置

生徒急増対策として政府が実施した財政的な措置は，国庫補助金の活用，地方交付税の増額，地方債の起債がある。

まず，国庫補助金の項目とその額について検討する。生徒急増対策に関する費用は高等学校段階では都道府県の責務であるというのが当時の大蔵省の見解であり，生徒急増対策としての国庫補助金はほとんど措置されていない[3]。

例外的に，池田内閣の所得倍増計画などによってニーズが高まっていた工業系高等学校の拡充を志向した政府によって，産業教育振興費や理科教育振興費は国庫補助金として予算化されており，新増設した工業高等学校のための施設設備費に充当された[4]。この方針は生徒急増期のピークとなる1965年度まで続く。

また，私立学校助成費としては私立学校振興会に対する出資金を増額した。私立学校振興会は学校法人への融資を行う機関であり，文部省からの出資金などを原資として学校法人への低金利・長期間の融資を行っている。生徒急増期に対応するための施設設備の増設に対し国庫補助金が見込めなかったため，私立学校振興会からの融資は非常に重要であった。1963年度からは財政投融資による出資も実施されており，これが学校法人への融資の原資となった。

表 3-1　生徒急増対策に関連する国庫補助金の推移と文部省予算に占める比率

(単位:千円)

補助金項目	1962年度	1963年度	1964年度	1965年度
産業教育振興費	2,613,972	3,731,017	4,765,729	4,924,539
理科教育振興費	1,165,475	1,180,540	1,143,581	1,132,770
私立学校振興会出資金	1,200,000	1,200,000	1,500,000	1,000,000
財政投融資	0	2,000,000	4,000,000	10,000,000
合計	4,979,447	8,111,557	11,409,310	17,057,309
文部省予算に占める比率（%）	1.7	2.2	2.8	3.7

出所：『文部省年報』各年版より筆者作成。

表 3-1 は生徒急増対策に関連する国庫補助金の推移である。4年間で国庫補助の合計額が大幅に増加しているが、文部省予算の比率でみるとその構成割合は2％増にとどまっている。大幅増加の要因となっているのは産業教育振興費や財政投融資であり、理科教育振興費や私立学校振興会出資金は微増した年もあるが最終的に微減となっている。このように、生徒急増期には工業系高等学校以外への国庫補助は事実上行われておらず、学校法人への融資の原資となる財政投融資の割合を新設・増加させることで対応していることが読み取れる。

次に、地方交付税について検討する。前述したように高等学校教育は都道府県の責務であるため、高等学校急増対策にかかる費用は基本的に地方交付税によって措置する方針になっていた。

1962年1月に高等学校生徒急増対策が閣議で取り上げられ、政府計画の公立高等学校生徒急増対策の総事業費550億円のうち一般財源によってまかなわれる約91億円、および私立高等学校生徒急増対策として学校法人に交付された道府県助成金20億円のうち10億円を、地方交付税の基準財政需要額に算入する特別措置を講ずることを決定した。全日制公立高等学校および私立高等学校の1960年度の生徒数に対する1963年度の増加見込み人数をそれぞれ91億円、10億円で除した額（公立高等学校1万6,000円、私立高等学校3,600円）が、基準財政需要額に加算される単位費用として定められた。[5] この特別措置は1962年3月の地方交付税法改正（法律第59号）に明記され、1964年まで続いた。

時期を同じくして地方交付税の私学関係費も増額されている。1962年度以前は単位費用積算基礎の細則「総務費」の中の細節「文書広報費」の中の積

算内容の一つであったが，同年度より細節「私立学校関係費」として独立し，「その他諸費」の「総務費」の中に計上されるようになった。標準団体当たり金額が1960年度で300万円，1961年度で900万円であったのに対し，1962年度には1,500万円と増額され，その後も継続的に増加し，1965年度には3,300万円になっている。

　最後に，地方債による起債である。1962年1月26日の閣議で話し合われた高等学校急増対策では，約50億円の財源を地方債に充てている。しかし，都道府県が試算した高等学校生徒急増都道府県実施計画では費用が政府計画よりも280億円以上上回っていたため，全国知事会と教育長協議会は政府に対して政府計画の見直しとそれに伴う補正措置を強く求めていた。この差を解消すべく都道府県側と政府側で折衝が行われてきたが，最終的に文部省と自治省の間で臨時措置として58億円を適債事業分として補正予算に起債追加することを決定し，大蔵省との合意に達した。これにより，1962年度の起債額は108億円となり，翌年の閣議によって1963年度の起債額は約90億円となっている。

　政府が実施した財政措置の結果を予算総額の変遷でみると，文部省の教育予算のうち，義務教育費を除いた地方教育費補助は1961年度に約43億円（1県平均約9,300万円）であったのが1965年度には106億円（1県平均2億3,000万円）に増加しており，約2.4倍の増加率となっている。また，地方教育費の高等学校教育費の県当たり平均額は1961年度に全日制・定時制合わせて約22億円であったが1965年度には約48億円に増加しており，約2.2倍の増加率となっている。

第2節　都道府県の対応

第1項　行政的な対応

　国による定数増および学校増の施策を受けて県が実施した政策によって，学校数，生徒数がどう変化したかを公私別で検討する。学校数は1962年度に全国で公立高等学校3,558校，私立高等学校1,079校であったが，1965年度には公立高等学校3,657校，私立高等学校1,192校となり，私立高等学校は全国の

高等学校の24.6%を占めた。学校数は全体で212校増加しており、そのうちの113校は私立高等学校の新設である。また、全国の生徒数は1962年度には公立高等学校で約233万人、私立高等学校で約94万人、1965年度には公立高等学校で約341万人、私立高等学校で約166万人となっている。私立高等学校生徒数は全国の高等学校生の32.8%を占めている。

学校数と生徒数の増加率を都道府県ごとにみると、学校数の増加率は公立高等学校の方が私立よりも高い都府県が多いが、生徒数の増加率では私立が公立を上回る都道府県が大半である。児玉（2008）や相澤ほか（2009）の研究で示されているように、地域差がありながらも基本的に私立高等学校が急増した生徒を収容する受け皿となってきた。生徒収容の対策として、公立高等学校では学校の新設を実施したのに対して、私立高等学校では既存の学校の定員増によって対応していったのであり、進学者全体の3％ほどを私立高等学校が定員を1.17倍拡張して受け入れていた（相澤ほか 2009：66）。

当初の文部省の推計よりも1年当たり約10万人も入学者が増加した結果、都道府県と私立高等学校は臨時増募を実施することとなり、都道府県の大半は私立高等学校に依存した形で生徒収容策を実施していったのである。

第2項　財政的な措置

次に、県による私学関係予算について検討する。図3-1は1964年度時点での各県の高等学校生に占める私学生徒数比率と私学関係予算額の関係を散布図にしたものである[12]。大半の県が私立高等学校生徒比率20〜30％台に集中しており、私学関係予算額も大半が10億円以内におさまっている。私学関係予算が10億円を超えている県は東京都を含めて9県あり[13]、その多くは私立高等学校生徒数比率が40％を超えている。

このように、私立高等学校生徒数が多い県では生徒急増対策費に占める私立高等学校への助成費が高く、財政支出の観点から考えれば、これらの県では私立高等学校に多くの助成額を交付することで私立に依存した形での生徒収容が進んでいたといえる。

私立高等学校への助成に着目すると、すべての県で私学への補助を実施していた。各県はそれぞれの生徒収容計画に基づいて私立高等学校についての定員

第 3 章　生徒急増期が私学助成制度に与えたインパクト

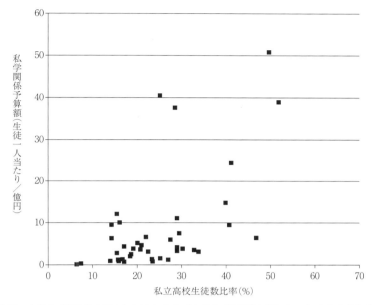

出所：文部省『学校基本調査』(1965) および文部省『文部省年報』(1965) より筆者作成。

図 3-1　1964 年度の私立高等学校生徒数比率および私学関係予算

増，校舎の増築，学校新設に対する財政的支援を実施してきた。財政的支援の例としては補助金交付だけではなく，貸付，銀行等民間金融機関からの融資に対する利子補給や債務保証が挙げられる。

　以上の分析から国レベルでは補助金としての措置はほとんどなされなかったことが明らかになった。また，地方交付税や起債での財源措置も当初は少なく，全国知事会や教育長協議会による再三の要請で初めて増額されている。文部省による教育費の増加率は 5 年間で約 2.4 倍であったが，県の高等学校教育費に占める割合は約 1% である。中央政府による予算措置と都道府県レベルの予算計画の乖離は依然として大きく，都道府県は地方交付税と起債による財源措置に加えて自主財源を用いることで高等学校生徒急増期を乗り切ることが求められた。このような条件下で都道府県は前述したように，公立高等学校の新増設と私立高等学校への収容依頼という道を選択していくこととなる。

都道府県の対応としては，全国共通して私立高等学校への収容依頼を行っており，結果的に私立高等学校の学校数および生徒数の増加をもたらしている。また，予算を県別に検討すると，生徒急増対策予算に占める私立高等学校関係予算の割合が大きい県の大半は大都市圏を含む都道府県であり，これらの県は私学収容率が高い。また，工業高等学校が多く設置されているが，その理由として，池田内閣による所得倍増計画で全国的に工業課程増加の要求が高まったためと工業高等学校への資金は国庫補助金として措置されているからという2つの要因があったと考えられる。

第3節　事例分析

　本節では生徒急増期における県による対応の違いから事例分析を行う。1960年代に急増した生徒を収容する上で県は私立高校を大幅に拡充するか，公立高校の定員増や高校数の増加を行うかの選択肢を迫られることになる。前節で述べたように，増加した生徒数は私立高校に負荷のかかる形で収容された。そのため，ほとんどの県で生徒増加率は私立が公立を上回っている。では，生徒増加率の違いによって県はどのような対応をとったのか。私立高等学校生徒増加率の高い山形県（2.56），増加率が中位の北海道（1.81），増加率の低い東京都（1.56）を事例として選択し，私立高等学校に対してどのような対応をとってきたのかについて分析を行う。[14]

第1項　北海道

　本項では北海道の対応策について検討する。北海道の高等学校入学者の増加は全国よりも2年遅れた1962年より始まった。

　1960年に団塊の世代が高校に入学し，同時期に市外の炭鉱の閉鎖が相次いだこともあいまって，札幌市には多くの生徒が流入した。札幌市では，他町村から寄留しても市内の高等学校を希望する傾向にあった。

　生徒急増への対処として，北海道教育委員会は私立学校の協力を得た。北海道は財政的に公立高等学校の新設が困難であったため，可能な限り既存の施設の活用を志向した。

第 3 章　生徒急増期が私学助成制度に与えたインパクト

　1961 年 5 月,「高等学校生徒急増対策に伴う基本方針」を北海道教育委員会が, 私学の担当課である北海道学事課とともに策定する。生徒数が平常に戻る 1970 年度に高等学校進学率が 72％になると予測した上で, それまでの応急的な措置として, 学級定数の 10％超過収容, 既設建物の転用, 学科・課程の変更, 公立・私立の収容割合を考慮した上での既設学校の学級の増加 (235 学級), 学級適正規模の 30 学級までの容認[15], 学区制・選抜方法の改善, 教職員定数の臨時措置, といった対策をとった。定員増加は全日制高等学校を原則とし, 政府が計画した公立 63％, 私立 37％の割合で収容することを計画した。しかし, 実態としては, 道による収容計画と実際の入学者にはずれが生じており, 当初の予定を大幅に上回る生徒数が入学していた[16]。当時は北海道には国立高等学校はなく, 公立と私立校が増加生徒数の収容を実施していた。公立高校生は 1961 年度時点では約 14 万 9,000 人, 私立高校生は 3 万 4,000 人であり, 私学比率は約 18.7％であった[17]。

　生徒収容にあたって, 道教育委員会は公立高等学校について次のような対策をとった。1961 年度以降 11 校の全日制公立高等学校を新設し, 定時制から 20 校を全日制に転換した。池田内閣の所得倍増計画や高度経済成長に伴う中堅技術者養成の需要が高まったことによって工業高等学校のニーズが高まり, かつ産業教育振興法で工業系高等学校の新設時には 2 分の 1 補助がなされるようになったこともあり, 県によって設置された工業課程の学科数が全国的に増加していた[18]。そのため, 北海道においても 20 校のうち 5 校は国庫補助金の補助対象となる工業高等学校であった。

　また, 1961 年度から 1965 年度にかけて 27 校が市町村立高等学校から道立に移管された。これらは定時制の市町村立高等学校を道立高等学校に移管し, 全日制高等学校や通常課程と定時課程の併置校に転換した例が多い (日本教育新聞社 1961：295)。当時は産業構造の変動から定時制課程よりも通常課程の全日制高等学校を志望する生徒が増加していたため, 定時制の市町村立高等学校を道立に移管し, 全日制に転換ないし全日制を併置して収容可能定員を増やすことで急増分の生徒を受け入れようと考えた。このような手法は既設の校舎を利用できるため, 高等学校を新設するよりも低コストで生徒収容を実現できた。

　私立高等学校側も北海道の急増対策に対応するため, 1961 年に北海道私学

協会，校長協会，学校法人理事長会の正副会長によって構成される私立高等学校急増対策委員会を設置している。その結果，1961年度に48校あった私立高等学校は1965年度には60校に増加し，生徒数も3万4,000人から7万1,000人と倍増した。全道の高等学校生徒数に占める私立高等学校生徒数の割合も5年間で18.7%から26.1%に増加するなど大幅な拡充となった（北海道立教育研究所 2005）。この増加率は公立よりも高く，北海道では私学に依存した急増対策が行われていたといえる。

このような私立高等学校の増加の要因として道による財政的な措置を挙げることができる。中央政府は私学振興会への出資金や財政投融資によって施設整備のための融資枠を拡大してきたが，北海道でもそれに加えて道内に設立された私学振興基金協会に対する出資および貸付による資金援助，施設整備資金の融資の促進，設備充実を主とする需用費補助の制度を設けて年々その増額を図っていた。

表3-2は北海道の私学関係予算の内訳の変遷を表したものである。生徒増の全国的なピークとなる1965年度とその前後の1年，および比較対象として生徒急増対策が行われていなかった1960年度の予算を挙げている。

1960年度時点では生徒急増対策に関連する予算項目自体が少なく，その額も合わせて1億円程度であったが，生徒急増期に入った1964年度になると項目も金額も大幅に増加する。この中で「私立高等学校産業教育振興費」と「私立高等学校理科教育振興費」は国庫補助金で措置されている項目であるが，その他の項目はすべて北海道の一般財源からの歳出である。特徴的であるのは施設設備の充実を目的とした「私立高等学校振興基金協会育成費」と「私立高等学校施設資金利子補給費」が1965年度以降減少しているのに対して，高等学校を経営していく上で必要な経常費などへの補助となる「私立高等学校教育振興費」や銀行など民間から融資を受けた際の債務対策としての「私立高等学校高利債務対策費」が1964年度以降増加していることである。生徒急増に向けた施設設備の新増築は1964年度で一段落しており，以後私立高等学校が直面するのは生徒急増対策によって増加した借入金の返済や雇用を増やした教員給与の支払いとなったことがうかがえる。1964年度当時は私立高等学校の経常費などに対する国庫補助は実施されておらず，私立高等学校側は国や県に対し

表 3-2　北海道の私学関係予算の推移

(単位：千円)

	1960年度	1964年度	1965年度	1966年度
私立高等学校振興基金協会育成費	100,000	264,000	238,000	168,000
私立高等学校設備費助成	4,600	0	0	0
私立高等学校施設資金利子補給費	0	11,000	4,799	1,400
私立高等学校産業教育振興費	0	4,610	15,000	15,000
私立高等学校理科教育振興費	0	6,300	8,000	8,000
私立高等学校教育振興費	0	58,000	90,000	122,000
私立高等学校急増対策費	0	200	0	0
私立高等学校高利債務対策費	0	0	0	211,000

出所：北海道立教育研究所（1997）より筆者作成。

て補助の新設や増額を求めるようになった。このような補助項目と金額の変化は，施設設備の充実を目的とした補助から教員給与への補助などに北海道が政策上の転換を実施したことの現れである。

第2項　山形県

　山形県では生徒数が1963年度から急速に増加し始めた。1961年時点に約4万3,000人であった生徒数は1965年には6万7,000人と，約1.5倍になっている。公私立別に増加した生徒数をみると，公立は1961年の3万8,000人から1965年の5万1,000人と1.3倍増，私立は1961年の5,000人から1万5,000人の約3倍増となっている。それとともに山形県内の高等学校生の私学比率は11.8％から23.4％にシェアを拡大していた。こうしたシェア拡大の背景には私立高等学校の新設があり，1960年から1968年の8年間で新規に8校が開校している。1960年時点では私立高等学校は7校であったため，生徒急増期に学校数が約2倍に増加したことになる。また，既存の学校についても，1校当たりの生徒数の増員や施設設備の拡充を実施するなどして，増加した生徒の収容を行っている[19]。

　この時期に山形県で新設された学校は普通科設置が5校，工業科を設置している学校が3校，商業科を設置している学校が3校であった[20]。山形県の既存の学校は女子校が多く，大半が家庭科のみを設置している学校であったため[21]，生徒急増期の新設によって設置学科の多様化が進んだといえる。

表3-3 山形県の私学助成額の変遷

(単位:千円)

年度	1960	1961	1962	1963	1964	1965	1966
一般補助	1,125	1,571	3,546	7,597	12,473	18,412	23,294
建設補助	1,254	3,454	12,163	12,762	26,998	24,604	19,075
融資利子補助		39	727	1,354	1,769	1,909	1,581
共済組合補助	469	561	735	1,012	1,449	2,021	2,637
高等学校生徒急増対策補助金		608	405	203			
私学団体研修費補助						200	200
合計	2,848	6,233	17,576	22,928	42,689	47,146	46,787

出所:山形県私立学校総連合会(1970)より筆者作成。

　次に,増加した生徒数を収容するために県が私立高等学校に対してどのような施策を実施したのかについて検討する。表3-3は山形県における私学助成額の各項目の変遷を示したものである。まず,「高等学校生徒急増対策補助金」は,1961～1963年度までの3年間実施された助成である。山形県の私学助成は主に「一般補助金」と「建設補助金」の2つによって構成されている。特に生徒急増期は建設補助が大きく増額されており,1961年に定められた「山形県学校法人等建設補助金交付規程」では,生徒急増に関連する建設費補助の補助率は25%とされている。[22]

　また,県が直接的に助成しているものではないが,山形県内の銀行に県が働きかける形での私立学校への融資斡旋を1961年度より実施している。県内の地方銀行である山形銀行と荘内銀行に対して,私立学校の施設設備の整備や敷地購入のために必要な資金を貸し付けた際に発生した損失を,県が補償し,貸付金の利子についても県が補助金として学校に対して助成することを明文化したことで,民間からの資金調達を後押ししていた。この融資斡旋は1965年度まで続いた。なお,表3-3の「融資利子補助」は銀行からの融資に対して発生した利子を返還するための補助金である。

第3項　東京都

　東京都の特徴は1960年代にすでに私立高等学校数が公立高等学校よりも多かったことである。東京都では1965年度を生徒数のピークと推定し,1961～

第3章　生徒急増期が私学助成制度に与えたインパクト

表 3-4　東京都の私学関係予算の推移

(単位：千円)

年度	1960	1961	1962	1963	1964	1965	1966
私立学校需用費補助	0	0	0	311,162	617,041	949,853	1,012,662
私立学校教職員待遇改善費補助	314,124	388,255	418,279	506,000	609,000	718,463	828,553
私立学校一般設備充実費補助	97,143	75,450	73,688	71,900	77,406	0	0
学校研究費補助	4,963	4,909	4,414	4,993	4,915	4,886	4,000
利子補助	4,546	13,231	14,772	13,910	13,692	43,071	36,904
産業教育充実費補助	16,790	17,140	17,930	27,932	52,553	59,532	72,512
理科教育充実費補助	2,670	7,315	5,007	6,189	3,256	2,763	9,505
定時制教育充実費補助	599	225	359	362	437	0	190
生徒急増対策補助	0	443,353	883,894	695,394	238,911	0	0
利子補助（急増対策）	0	2,468	10,119	24,615	31,427	0	0
私立学校退職手当補助	0	0	0	0	0	0	100,000

出所：東京都総務局『事業概要』各年版より筆者作成。

1964年度の4年間を生徒急増対策期として行政的・財政的な対応を実施している。高等学校生徒数は1961年度には国公私立合わせて約40万人であったが、その後1965年度には約58万人とおよそ1.7倍に増加している。増員した分は主に私立高等学校に収容されており、1961年度には58％であった私立高等学校シェアが1965年度には64％に上昇している。

では、増加した高等学校生を収容するために東京都はどのような施策を実施してきたのか。表3-4は東京都の私学関係予算の推移である。1961年度から1964年度にかけて生徒急増対策として「私立高等学校生徒急増対策補助4カ年計画」が立てられ、補助金と利子補助を実施している。補助金は私立高等学校が計画した普通教室の増設および普通教室に必要な付属校具の購入に関わる経費の2分の1を補助するものである。また、教室増設の建設資金を学校が調達するために東京都が債務を保証することで、富士銀行をはじめとする合計6銀行からの4年間で約12億円の融資を斡旋し、かつ学校の利子負担を軽減するために銀行の金利の一部を利子補助として交付していた（東京都総務局1965）。

これらの事業の結果として増加した補助教室数についてまとめたのが、表

表3-5　東京都私立学校による教室等増改築

	補助教室増設学校数（高校）	増設補助教室数（高校）	校地拡張・校舎増改築学校数（小中高）
1961年度	66	405	134
	26.2%		26.2%
1962年度	101	769	205
	39.8%		39.8%
1963年度	86	605	216
	33.5%		41.7%
1964年度	43	207	146
	16.5%		27.9%
合計	296	1,986	701

注：上段：学校・教室数。下段：都内私立学校に占めるパーセンテージ。
出所：東京都総務局『事業概要』各年版より筆者作成。

3-5である。のべ296校が補助教室を増設し、その数は約2,000教室に及んだ。また、同様に校地拡張や校舎の増改築も実施しており、小中学校も含めるとのべ701校が学校規模の拡大を行った。

　表3-4からは生徒急増対策以外の予算の拡大も確認できる。生徒数の増加に対応して教員も増員する必要がある。私立学校教員の給与の一部を負担する「私立学校教職員待遇改善費補助」も生徒数の増加とともに増額されており、1961年度には約3億1,000万円であった交付額が1966年度には8億3,000万円に増加している。また、私立高等学校の学費負担軽減を目的として1963年度に「私立学校需用費補助」が新設された。これは学校に対して補助相当額の授業料減額を行わせたものであり、1964年度からは全日制と定時制高等学校が対象となっている。私立高等学校生徒数が増加することで、授業料を負担することが経済的に困難となる家庭が増加したことが要因の一つであると考えられる。そのほかに1960年代に大幅に増加した私学関係予算項目としては、「産業教育充実費補助」が挙げられる。1960年度に約1億7,000万円措置されていたが1966年度には7億3,000万円に増額している。この補助は国庫補助金の産業教育振興助成金（3分の1補助）の交付を受けた学校が負担する3分の2の経費の一部を東京都が補助するものである。

第4項　事例分析の小括

　以上，具体的事例として北海道，山形県，東京都の生徒急増対策を検討した。北海道の事例からは，財政的に高等学校を新設することが厳しい状況下で，国庫補助金によって措置されている工業高等学校の新設や，市町村立高等学校の道立移管や定時制高等学校の全日制への転換によって公立高等学校を増加させた一方で，私立高等学校に対しても多くの生徒の収容を求めていったことが明らかになった。私立高等学校の新増設については道も自主財源で予算措置されており，私学振興会からの融資と道で予算措置された融資が存在した。[25] 山形県の事例からは，生徒急増期に数が倍増した私立高等学校の建築等に対応するための建設費補助が私学助成の半分以上を占めていたことが特徴的である。もともと私学比率が高くなかった県ではあるが，生徒数の急増に対応するために私立高等学校の収容力拡充に頼らざるえなかった状況が読み取れる。東京都の事例で特徴的なのは補助項目数の多さである。東京都は1960年代ですでに私立高等学校が公立高等学校よりも多かったため，私立高等学校への助成も，他県と比較するとそのニーズや額が多かったと考えられる。また，教員の人件費を助成する「私立学校教職員待遇改善費補助」を全国でも早い段階で実施しており，それと授業料軽減のための「私立学校需用費補助」が生徒急増期の私学助成の大半を占めているのが特徴である。

　3都道県に共通して観察されるのは，総じて私立高等学校への収容が増加したことで補助金の額も大幅に増加していることである。特に新規開校や施設設備の拡充整備，敷地の拡充など予算額が大きな事業への補助が目立っている。しかし，県による予算規模の限界もあることから，銀行への融資斡旋などを行うことで県からの支出を最低限に抑えるような施策を実施していた。これは当時財政的に比較的豊かであった東京都においても例外ではない。

第4節　小括

　本章の分析から次の3点が明らかになった。第1に，国は生徒急増期に直面しても，工業高等学校への補助となる産業教育振興費と理科教育振興費以外に

はほとんど補助金を措置しなかった点である。もともと自治省も大蔵省も生徒急増対策に増資することには反対の立場をとっていたが，最終的に自民党との政治的な折衝により地方交付税と地方債の起債増加による措置で決着した[26]。

　第2に，県レベルでの生徒急増対策として，工業高等学校の新増設があいついだことである。前述したような社会的背景により工業高等学校のニーズが高まり，文部省は産業教育振興費などを国庫補助金として措置していた。全国的に工業高等学校が増えたが，その要因として工業高等学校の新増設に国からの補助があったことが挙げられる。補助率が2分の1であるため，自己負担が発生するが，前述したような高いニーズがあることと，2分の1とはいえ国庫補助の対象となっていることが工業高等学校の増加を後押ししたといえる。

　第3に，上記のように補助金が措置されないにもかかわらず私立高等学校の新増設が全国的な傾向としてみられ，そのための予算措置が県独自の財源によって措置されていた点である。私立高等学校の新増設が全国で実施されたことは相澤ほか（2009）の研究などによってもすでに明らかにされてきているが，私立高等学校の新増設を促進した制度的な要因については，これまで触れられてこなかった。

　国庫補助金の措置がある項目の事業を県が積極的に実施する傾向は，1960年代にもみられた。しかし，私学政策に限っていえば，地方交付税での基準財政需要額としての算出や，私立学校振興助成法による国庫補助金の措置もなされておらず，基本的に県が独自の判断で政策決定を行っていく状況にある。このような条件下であっても，生徒急増対策に関しては，生徒数の公私別増加率をみる限り，大半の県は増加した生徒の収容の多くを私立高等学校に依頼するという政策決定を行っている。ただし，増加率の幅や新設した私立高等学校の数，増加生徒1人当たり私学関係予算の額には県によって差がみられる。

　例えば，北海道は増加した生徒数が多かったこともあり，公立高等学校の新設によってのみ生徒を収容することは，財政的にほぼ不可能であった。そのため，財政的なコスト削減という観点以外にも，柔軟に臨時の生徒募集を行える私立高等学校への依存が高まるのは，ある意味当然の帰結といえる。本来であれば国庫補助金で措置された項目に収斂していく現象がみられるはずの地方政府の政策行動であるが，国庫補助金で措置された金額や項目が少なかったこと

第3章　生徒急増期が私学助成制度に与えたインパクト

と，生徒急増期という全国的に公立学校と私立学校が協力した対応が求められる事態になったため，県は自主財源で私学に対して，教員給与などの経常費を含めた積極的な助成を実施し始めるようになる。生徒急増期以前には大半の県で私学への補助金はほとんど交付していなかったことを考えると，この生徒急増期にほぼすべての県で私学助成が増額されたことは，私学助成制度にとって一つのメルクマールとなったといえる。

上述のような，生徒急増期に県が私立学校に対してとった行政的，財政的対応は，それ以後の私学助成制度に影響を与えている。1960年代の生徒急増対策は施設拡充や教職員の増員などを私立高等学校に要請する形になり，結果として学校経営に大きな負担をもたらし，急増期直後の生徒減少期には私立高等学校の経営に悪影響を与えていく。そこで次章では生徒減少期という社会経済的背景のもとで経営難に陥る私立学校に対して，国がどのような施策を採用し，県の私学助成に対してどのような影響を与えたかについて検討する。

1) 児玉（2008），相澤ほか（2009）などによって，生徒急増期には全国で例外なく私立高等学校の割合が増加していることが明らかにされている。
2) 公立高等学校で3万人，私立高等学校で7万人の臨時増募を行うことによって増加分の生徒を収容した（『内外教育』第1444号，1963年4月26日）。
3) 菱村（1995：53）や全国知事会（1985）を参照。
4) 『内外教育』第1380号，1962年9月11日，4頁。
5) 文部省『文部省年報』第90，1962年，51頁。
6) 1965年当時の標準団体は人口170万人の道府県である。
7) 『内外教育』第1397号，1962年11月9日。
8) 『内外教育』第1408号，1962年12月18日。
9) 文部省『地方教育費調査報告書』昭和40年度，42頁より算出。国の教育費内訳の「地方教育費補助」から「義務教育費」を引いた額である。
10) 文部省『地方教育費調査報告書』各年版より算出。
11) 文部省『学校基本調査』各年版より算出。
12) 愛媛県と佐賀県は資料上の制約により私学予算が不明のため，集計からは除外している。また，東京都も値が大きいため（私学比率64.4%，予算額189億円），外れ値として本グラフからは除外している。
13) 北海道，埼玉県，神奈川県，東京都，愛知県，大阪府，兵庫県，広島県，長崎県。
14) 文部省『学校基本調査』より算出。
15) もともとは上限は18学級であった。

第 2 部　国による制度変更と県の対応

16) 具体的には，1961 年時点では約 6.3 万人であった。
17) 文部省『学校基本調査』より算出。
18) 1962 年に 774 あった工業課程の学科数は 1965 年には 925 に増加した。
19) 例えば 1 校当たり生徒数は 1961 年に 466 名であったが，1965 年には 1,120 名に増えている。
20) このうち 3 校は複数の科を設置している。
21) 既存 6 校のうち，普通科のみの学校は 1 校，普通科と家庭科を設置している学校が 1 校で，残り 4 校はすべて家庭科のみであった。
22) 通常の補助率は 5% である。
23) 富士銀行，住友銀行，第一銀行，三和銀行，三井銀行，三菱銀行の合計 6 行である（松井 1973）。
24) 銀行金利の日歩 2 銭 7 厘（年利換算すると 9 分 8 厘 5 毛 5 厘）と私立学校振興会による融資の年利 5 分 5 厘の差額の利子分を補助している。
25) 私立高等学校の新増設には中央政府と北海道によって融資された資金では足らず，銀行などから多額の融資を受けていた。民間からの融資は金利が高いため，その利子だけでも私学経営を圧迫するのに十分な金額であった。
26) 前掲『内外教育』第 1408 号。

第4章

人件費補助の制度化が県私学助成に与えた影響

　本章では，国が実施した地方交付税制度の変更によって経常費に人件費が計上されたことと，基準財政需要額算定基準の費目変更が県による高等学校以下に対する私学助成政策に与えた影響を明らかにする。前章では生徒急増によって県による私学助成の先鞭が付けられたことが指摘されたが，一時的な増加であった生徒数が減少することは必然であった。上記のような状況におかれた国は，私学に対して補助を行わないという従来の指針を変更することとなる。

　前章までで検討したように，高等学校以下を対象とした私学助成に国からは公的な補助金は措置されておらず，県が独自の配分基準のもとで私立高等学校等に助成を行っていた。そして1965年をピークとする第1次生徒急増期対応に伴う地方交付税法改正によって，私学助成の地方交付税措置額が上昇した。

　このように県の私学助成は1975年度の国庫補助制度開始以前から実施されていたものの，県私学助成研究は国庫補助制度開始以降に着目したものが多く，地方交付税のみによって県私学助成が行われていた時期は分析の対象にされていない[1]。私学助成に関する先行研究は国レベルでの政策に着目したものが多く，国による私学関係法の制定過程がもっぱら分析対象とされてきた[2]。

　現行の県私学助成政策は国庫補助金と地方交付税によって措置されている。地方自治体レベルでの教育政策決定において国庫補助金の影響を分析する研究はさかんだが，補助対象事業にのみ関心を示すことが多いとされる（白石2000）。

　しかし，これらは国庫補助金の存在を前提とした政策決定であり，1975年

度以前の私学助成のように国庫補助金という中央政府からの影響力行使の手段がない状態で地方自治体が行った政策決定については、研究がほとんどなされてこなかった。

そこで、本章では国庫補助金が交付されていない時期の私学助成に着目し、国による地方交付税制度の変更が県に対して与えた影響を分析する。使途が決まっている国庫補助金交付の有無が県の私学政策に対して影響を与えていることは先行研究によって明らかになっているが、使途が定められていない地方交付税制度の変更は県に対してどのような影響を与えるのか。地方交付税はその自由度の高さから交付する政策分野や交付方法に県の独自性が大きく反映されると考えられる。特に、地方交付税の基準財政需要額はあくまで算定式上の地方団体における標準的な財政需要にすぎないことには、留意が必要である。これは国が定めた標準的な額であり、制度上、県はこの額を参考にする必要はなく、自由に助成額を設定できる。さらに地方交付税としての交付額も基準財政需要額から基準財政収入額を引いたものであり、需要額の全額が国から措置されるわけではない。

以上から、本章で明らかにする課題は次の3点である。第1に、地方交付税のような強制力のない補助制度の変更も国庫補助金と同様に県への影響力を持つことができるのか。第2に、地方交付税制度の変更が県の助成政策にどのような影響を与えるのか。第3に、県による対応はそれによってどのように異なるのか。地方交付税制度の変更によって人件費補助を始めることになった自治体にとって、私学助成の増額は大きな負担となりうる。負担増をどのように受容したのかについて検討する。

分析対象とする時期は1970年度前後の私学助成である[3]。この時期に国は私学助成に関して大きな方向転換を実施した。1970年度に私立大学での人件費補助が開始され、それにあわせて高等学校以下の私立学校に対しても基準財政需要額の算定基準に人件費を算入した補助を行うようになり、結果として助成額が大幅に増額した。

使途が自由であるという本来の地方交付税の理念を考えれば、地方交付税制度上の変更に県が従わなくてはならない必要性は全くない。しかし、結論を先取りすると、実際に私学助成に関する地方交付税制度の変更が行われると、県

はその制度から大きな影響を受けることとなり，助成額の県間格差は大きく減少していくことになる。

　国による制度変更によって県の私学助成はどのように変化したのかを明らかにするために，具体的には，地方交付税における人件費補助制度導入前後の基準財政需要額と県による私学助成交付額の推移を検討する。第1節では国が地方交付税法改正に至った背景について検討した上で，地方交付税の基準財政需要額がどのように変化したのかを示す。第2節と第3節ではこうした法改正に対して県はどのような形で私学助成制度を変更したのかについて検討する。まず，私学助成の県措置率について各県での散らばりの変化を示した上で，1970年度以前より人件費補助を実施していた県，1970年度以降新規に人件費補助を実施した県をケーススタディーとして比較することで，国による制度改正が県に対して与えた影響を分析する。第4節では前2節の分析を踏まえて，地方交付税制度の変化が県私学助成に対して与えた影響についてまとめる。

<u>第1節　国による私学助成政策の転換</u>

第1項　社会経済的状況

　1970年度前後の私立高等学校をとりまく社会経済的状況としては，ベビーブームによる一時的な生徒急増およびその後の生徒減少，物価の高騰などが挙げられる。1965年度をピークとする生徒急増期は国による私学助成政策を大きく転換させる契機となった。団塊の世代の高等学校入学に伴って各県は高等学校の定員を大幅に増加させているが，増加分のすべてを公立高等学校で収容することは事実上不可能であった。そのため，すべての県において私立高等学校が1965年度前後で新設，ないしは定員増加を実施して増加した生徒を受け入れてきた。[4]

　定員増加や新設によって増加した生徒を受け入れた私立高等学校は，生徒数に応じた施設設備や教職員の雇用を実施してきたことで学校経営に必要な経費が増加した。特に生徒急増期の対応のために新規に施設設備の拡充を図った学校法人の中には，私立学校振興会からの融資では足らずに銀行等民間の金融機

関から融資を受けていたところも多数存在し，利子を含めた返済によって経営難が顕在化していった。[5]

また，新規に雇用した教職員の人件費増と当時の物価高騰に伴う人件費および物件費の額の大幅な増加が経営を圧迫しているという状況であった。[6] 一方で収入源としての授業料を支払う私立高等学校の生徒数は，生徒急増期のピークであった1965年度には166万人であったが，1970年度には128万人に減少している。これは5年間で40万人弱分の授業料収入が消えていったことを意味する。[7]

私立高等学校における本務教員の平均給与の推移および初年度納入金の推移を消費者物価指数で実質化してみると，教員の平均給与は，1968年度から1973年度の5年間で66万円から198万円と約3倍となっており，経費の中でも固定的な支出となる人件費が大幅に上昇していることがわかる。当時は毎年ベースアップがあったため，人件費は年度ごとに上昇を続けている。初年度納入金については，前述したように私立学校への補助金措置が少ない県が多いことから，大半の私立高等学校は学校経営のための費用を確保するために学費を上げる選択をするため，初年度納入金が9.4万円から20万円に上昇している。[8]

第2項　人件費補助の開始

国による私立高等学校への助成が国の政策議題として登場したのは，1965年の臨時私学振興方策調査会答申「私立学校振興方策の改善について」においてであった。そこでは，私立高等学校が生徒急増期に果たした役割を評価し，生徒減少期に予測される経営難への対策の必要性が指摘されている。経営難への対処策としては「債務負担の軽減，施設・設備費の拡充，教職員の退職手当制度の確立，共済制度の充実，経理の合理化・適正化」を挙げており，これらについては「国としてもそのための指導，援助等につとめる必要がある」と述べている。経常費助成については，すでに多くの県で実施している経常費の一部助成を全国的に行うと述べられている。人件費を経常費に含めるか否かについての言及はなされていないが，県による助成を肯定的に捉え，その拡大を求めているのである。

1969年には自由民主党政調文教制度調査会が「私学問題に関する小委員会」

吉田書店
図書目録
2018 II
2011.4–2018.10

日本政治史

明治史論集
書くことと読むこと
御厨貴著

名論文「大久保没後体制」をはじめとする単行本未収録作品で、御厨政治史学の原型を探る──。
巻末には、前田亮介氏による解題「明治史の未発の可能性」を掲載。

ISBN978-4-905497-50-9・四六判・596頁・**4200**円（2017.05刊）

戦後をつくる
追憶から希望への透視図
御厨貴著

"疾走する政治史家"による戦後史論集。
私たちはどんな時代をつくってきたのか。戦後70年を振り返ることで見えてくる日本の姿。

ISBN978-4-905497-42-4・四六判・414頁・**3200**円（2016.02刊）

日本政治史の新地平
坂本一登、五百旗頭薫編著
執筆＝坂本一登、五百旗頭薫、塩出浩之、西川誠、浅沼かおり、千葉功、清水唯一朗、村井良太、武田知己、村井哲也、黒澤良、河野康子、松本洋幸、中静未知、土田宏成、佐道明広

政治史の復権をめざして。気鋭の政治史家による16論文所収。明治から現代までを多様なテーマと視角で分析。

ISBN978-4-905497-10-3・A5判・638頁・**6000**円（2013.01刊）

日本政治史

御厨政治史学とは何か
東京大学先端科学技術研究センター御厨貴研究室企画・編集

2017年7月1日開催のシンポジウム「御厨政治史学とは何か」（明治史編＝坂本一登・前田亮介・佐々木雄一／戦後史編＝河野康子・金井利之・手塚洋輔、司会＝佐藤信）の記録などを掲載し、「御厨政治史学」の源流を探る大胆な試み。

ISBN978-4-905479-60-8・四六判・146頁・**1800**円（2017.12刊）

増補版 幣原喜重郎
外交と民主主義
服部龍二著

2006年に有斐閣より刊行された学術的評伝『幣原喜重郎と20世紀の日本』の待望の復刊。巻末に貴重な史料を加えた増補版！

ISBN978-4-905497-52-3・四六判・496頁・**4000**円（2017.04刊）

自民党政治の源流
事前審査制の史的検証
奥健太郎・河野康子編著
執筆＝奥健太郎、河野康子、黒澤良、矢野信幸、岡﨑加奈子、小宮京、武田知己

歴史にこそ自民党を理解するヒントがある。意思決定システムの核心は何か？　政治史家が多角的に分析。

ISBN978-4-905497-39-4・A5判・364頁・**3200**円（2015.09刊）

03

日本政治史

「平等」理念と政治
大正・昭和戦前期の税制改正と地域主義
佐藤健太郎 著

「平等」の理念は現実の政治過程にいかに関わったのか。戦前における政党政治の時代を中心に、個人、制度、地域のそれぞれのレベルに現れる「平等」の問題を、その理念と政治過程に着目しながら論じる。

ISBN978-4-905497-23-3・A5判・366頁・**3900**円（2014.08刊）

沖縄現代政治史
「自立」をめぐる攻防
佐道明広 著

「沖縄問題」とは何か？ 沖縄と本土の関係の本質はどこにあるのか？ 「負担の不公平」と「問題の先送り」の構造を、歴史的視点から検証する意欲作。10年以上にわたって沖縄に通い続ける安全保障問題の第一人者が多角的に分析！

ISBN978-4-905497-22-6・A5判・230頁・**2400**円（2014.03刊）

宇垣一成と戦間期の日本政治
デモクラシーと戦争の時代
髙杉洋平 著

宰相への道を封じられた軍人政治家・宇垣一成の政治・外交指導を多角的に分析。
宇垣の実像に新進気鋭の研究者が迫る！

ISBN978-4-905497-28-8・A5判・328頁・**3900**円（2015.02刊）

日本政治史

対話 沖縄の戦後
政治・歴史・思考
河野康子、平良好利編

戦後沖縄とは何だったのか、沖縄と本土の関係はどうだったのか。「オール沖縄」の源流を探る試み。
儀間文彰・仲本安一・比嘉幹郎・照屋義実・鳥山淳・黒柳保則・我部政男の七氏が語る沖縄「保守」と戦後沖縄研究。

ISBN978-4-905497-54-7・四六判・000頁・**2400**円（2017.06刊）

政治学・行政学

議会学
向大野新治著

国会のあるべき姿とは——。その仕組み・由来から諸外国との比較まで、現役の衆議院事務総長が詳述する。

ISBN978-4-905497-63-9・四六判・290頁・**2600**円（2018.04刊）

21世紀デモクラシーの課題
意思決定構造の比較分析

佐々木毅編
執筆＝成田憲彦、藤嶋亮、飯尾潤、池本大輔、安井宏樹、
　　　後房雄、野中尚人、廣瀬淳子

政治はどこへ向かうのか。日米欧の統治システムを学界の第一人者が多角的に分析。

ISBN978-4-905497-25-7・四六判・428頁・**3700**円（2015.01刊）

選挙と民主主義
岩崎正洋編著
執筆＝石上泰州、三竹直哉、柳瀬昇、飯田健、岩崎正洋、
　　　河村和徳、前嶋和弘、松田憲忠、西川賢、渡辺博明、
　　　荒井祐介、松本充豊、浜中新吾

選挙に関する根本的な疑問を解き明かしつつ、専門的な論点に至るまで、第一線で活躍する気鋭の研究者が多角的にアプローチ。

ISBN978-4-905497-15-8・A5判・296頁・**2800**円（2013.10刊）

政治学・行政学

都市再開発から世界都市建設へ
ロンドン・ドックランズ再開発史研究

川島佑介著　　　　　　　　　　　　第44回藤田賞受賞

都市における政府の役割とは何か──。
ロンドン・ドックランズの再開発史を多角的に分析。
中央政府と地方自治体の「政策選択」を歴史的視点で解明する意欲作。

ISBN978-4-905497-57-8・A5判・260頁・**3900**円（2017.12刊）

戦後地方自治と組織編成
「不確実」な制度と地方の「自己制約」

稲垣浩著　　　　2016年日本公共政策学会学会賞（奨励賞）受賞

政府間関係の歴史的な変遷と府県内部における編成過程の構造に着目して分析。
戦後の国・地方関係への新たな視座が得られる一冊。
「制度化されたルール」はいかに生まれ、定着したのか。

ISBN978-4-905497-29-5・A5判・294頁・**3500**円（2015.04刊）

暮らして見た普天間
沖縄米軍基地問題を考える

植村秀樹著

私たちは、問題を見誤っていないか？　沖縄とは、基地とは、政治とは、安全保障とは…。
安保専門家による普天間「見聞録」。「米軍基地のそばで暮らすとはどういうことなのか、身をもってそれを知り、そこから考えてみようと思った」

ISBN978-4-905497-34-9・四六判・256頁・**2000**円（2015.06刊）

政治学・行政学

消費が社会を滅ぼす?!
幼稚化する人びとと市民の運命

ベンジャミン・R・バーバー著　竹井隆人訳

幼稚化する消費者に未来はあるのか。「グローバル経済」の問題点を冷静に分析。9.11を予言した『ジハード対マックワールド』の著者が警鐘を鳴らす。

ISBN978-4-905497-24-0・四六判・602頁・**3900円**（2015.03刊）

回顧録・オーラルヒストリー

井出一太郎回顧録
保守リベラル政治家の歩み

井出一太郎著
井出亜夫、竹内桂、吉田龍太郎編

農林大臣、郵政大臣、内閣官房長官などを歴任した"自民党良識派"が語る戦後政治。巻末には、歌人としても名高かった著者の120首余りの歌も付す。

ISBN978-4-905497-64-6・四六判・400頁・**3600**円（2018.06刊）

三木武夫秘書回顧録
三角大福中時代を語る

岩野美代治著　竹内桂編

"バルカン政治家"三木武夫を秘書として支えた30年余。新たな証言記録による戦後政治の一断面。

ISBN978-4-905497-56-1・四六判・500頁・**4000**円（2017.11刊）

元国連事務次長
法眼健作回顧録

法眼健作著
加藤博章、服部龍二、竹内桂、村上友章編

カナダ大使、国連事務次長、中近東アフリカ局長など要職を歴任した外交官のオーラルヒストリー。「国連外交」「広報外交」「日本外交」を縦横無尽に語りつくした1冊。

ISBN978-4-905497-37-0・四六判・312頁・**2700**円（2015.10刊）

09

回顧録・オーラルヒストリー

回想
「経済大国」時代の日本外交
アメリカ・中国・インドネシア

國廣道彦 著　　**服部龍二、白鳥潤一郎** 解題

中国大使、インドネシア大使、外務審議官、初代内閣外政審議室長、外務省経済局長を歴任した外交官の回顧録。「経済大国」日本は国際社会をいかに歩んだか。

ISBN978-4-905497-45-5・四六判・490頁・**4000円**（2016.11刊）

国際政治

政治的一体性と政党間競合
20世紀初頭チェコ政党政治の展開と変容
中根一貴著

チェコ政治に議会制民主主義がいかに定着したかを丹念に考察する。民主化研究、比較政治研究への新たな貢献。

ISBN978-4-905497-62-2・A5判・260頁・**3900**円 （2018.03刊）

米国と日米安保条約改定
沖縄・基地・同盟
山本章子著　　第3回日本防衛学会猪木正道賞奨励賞受賞

アメリカは安保改定にどう向き合ったのか。
アイゼンハワー政権内で繰り広げられた議論を丹念に追いながら、日米交渉の論点を再検討する。

ISBN978-4-905497-53-0・四六判・268頁・**2400**円 （2017.04刊）

冷戦変容期イギリスの核政策
大西洋核戦力構想におけるウィルソン政権の相克
小川健一著

イギリスの核戦力を「国際化」することを主眼としたANF構想の起源や立案・決定過程をつぶさに観察しながら、ウィルソン政権が直面していた外交・防衛政策の課題をも浮かび上がらせる一冊。

ISBN978-4-905497-51-6・A5判・240頁・**3600**円 （2017.04刊）

国際政治

石油の呪い
国家の発展経路はいかに決定されるか

マイケル・L・ロス著　松尾昌樹、浜中新吾訳

中東地域ではなぜ民主化が進展しないのか――。
石油は政治、経済、社会にいかなる影響を及ぼすのか、その深刻さを計測し処方箋を提示する画期的な一冊。

ISBN978-4-905497-49-3・A5判・346頁・**3600円**（2017.02刊）

ミッテラン
カトリック少年から社会主義者の大統領へ

ミシェル・ヴィノック著　大嶋厚訳

2016年に生誕100年を迎えたミッテラン。
2期14年にわたってフランス大統領を務めた「国父」の生涯を、一級の歴史家が描いた1冊。

ISBN978-4-905497-43-1・四六判・522頁・**3900円**（2016.08刊）

黒いヨーロッパ
ドイツにおけるキリスト教保守派の「西洋（アーベントラント）」主義、1925〜1965年

板橋拓己著　　**2016年度日本ドイツ学会奨励賞受賞**

「西洋」と訳されてきたドイツ語Abendland。この「アーベントラント」がもつ政治的な意味は何か、そして、「アーベントラント運動」がいかなるヨーロッパ像を描き、現実の西ドイツのヨーロッパ政策と切り結んでいたかを、丹念に描く。

ISBN978-4-905497-44-8・四六判・262頁・**2300円**（2016.09刊）

国際政治

現代ドイツ政党政治の変容
社会民主党、緑の党、左翼党の挑戦

小野一著

現代政治において、アイデンティティを問われる事態に直面している"左翼"。左翼の再構築、グローバル経済へのオルタナティヴは可能かを展望。
ドイツ緑の党の変遷、3.11以後の動きも紹介!

ISBN978-4-905497-03-5・四六判・216頁・**1900**円 (2012.01刊)

フランス緑の党とニュー・ポリティクス
近代社会を超えて緑の社会へ

畑山敏夫著

政治的エコロジーとは何か。ニュー・ポリティクスとは何か。
「フランス緑の党」の起源から発展過程を、つぶさに観察。
ヨーロッパ各国のエコロジー政党にも随所で言及。

ISBN978-4-905497-04-2・A5判・250頁・**2400**円 (2012.04刊)

連邦国家 ベルギー
繰り返される分裂危機

松尾秀哉著

「ヨーロッパの縮図」ベルギー政治を多角的に分析。
政治危機の要因は何か——。2007年と2010〜11年の二度の政治危機の要因を検討しつつ、多民族・多言語国家であるベルギーにおける連邦制導入の意義を考察。

ISBN978-4-905497-33-2・四六判・218頁・**2000**円 (2015.05刊)

13

国際政治

カザルスと国際政治
カタルーニャの大地から世界へ
細田晴子著

"国際文化主義者"ともいえる、世界的チェリスト・カザルスを、彼が生きた国際社会とともに描く意欲作。音楽と政治をめぐる研究の新境地。

ISBN978-4-905497-13-4・四六判・262頁・**2400**円（2013.08刊）

サッチャーと日産英国工場
誘致交渉の歴史　1973-1986年
鈴木均著

「強い指導者」サッチャーが、日本に見せた顔は……。サッチャーへの手放しの礼賛から離れ、彼女のリーダーシップの是非や、財政切り詰めなどの国内改革と日系企業誘致政策の矛盾についても考察。欧州研究の新地平!

ISBN978-4-905497-40-0・四六判・244頁・**2200**円（2015.11刊）

平和構築へのアプローチ
ユーラシア紛争研究の最前線
伊東孝之監修　広瀬佳一・湯浅剛編

執筆＝小笠原高雪、古澤嘉朗、久保慶一、窪田悠一、江﨑智絵、山本哲史、林忠行、広瀬佳一、吉留公太、立山良司、岸田圭司、稲垣文昭、小山雅徳、安藤友香、山田裕史、東島雅昌、クロス京子、袴田茂樹、上杉勇司、湯浅剛

ISBN978-4-905497-18-9・A5判・436頁・**3800**円（2013.12刊）

歴史・思想（日本）

貴族院議長・徳川家達と明治立憲制

原口大輔著

徳川宗家第16代当主・徳川家達のあゆみ——。
明治憲法体制下において貴族院議長はいかなる役割を果たしたのか。各種史料を駆使してその実態を描き出す。

ISBN978-4-905497-68-4・A5判・302頁・**4000**円（2018.09刊）

近現代日本の都市形成と「デモクラシー」
20世紀前期／八王子市から考える

中村元著

都市における「デモクラシーと地域」のあり方を再考する試み。1930・40年代の都市の政治的・社会的変化を広く照射する。都市史研究、デモクラシー研究の新地平。

ISBN978-4-905497-58-5・A5判・370頁・**4200**円（2018.03刊）

近代天皇制から象徴天皇制へ
「象徴」への道程

河西秀哉著

「象徴」とは何だろうか。その歴史的意味は何か。象徴天皇制・天皇像の内実がいかに確立し変容し展開していくのかを、戦前にまで遡りながら、具体的な事象や構想の検討を積み重ねることを通して解明する。

ISBN978-4-905497-61-5・四六判・250頁・**2200**円（2018.02刊）

歴史・思想（日本）

丸山眞男への道案内
都築勉著

「戦後日本を代表する知識人」丸山眞男を今こそ読み直したい――。激動の20世紀を生き抜いた知識人・思想家の人、思想、学問を考察。丸山の「生涯」を辿り、「著作」をよみ、「現代的意義」を考える三部構成。

ISBN978-4-905497-14-1・四六判・284頁・**2500**円（2013.08刊）

自由民権運動史への招待
安在邦夫著

自由民権運動史研究の第一人者による入門書決定版!
民主主義の原点である自由民権運動から私たちは、いま何を学びとるか。民権運動史と研究史を鳥瞰する格好の一冊。

ISBN978-4-905497-06-6・四六判・242頁・**2000**円（2012.05刊）

戦後史のなかの象徴天皇制
河西秀哉編著
執筆＝河西秀哉、後藤致人、瀬畑源、冨永望、舟橋正真、楠谷遼、森暢平

戦後半世紀以上、私たちは象徴天皇制とどうかかわってきたのか。新進気鋭の研究者が多角的に論じる。
巻末には、宮内庁機構図、宮内庁歴代幹部リスト、関連年表、天皇家系図も掲載。

ISBN978-4-905497-16-5・A5判・282頁・**2700**円（2013.11刊）

歴史・思想（日本）

憲政自治と中間団体
一木喜徳郎の道義的共同体論

稲永祐介著

名望家から公民へと社会的行為主体の拡大を試みた内務官僚・一木喜徳郎。一木の思想をつぶさに分析し、日本の近代国家を社会的紐帯による「協働国家」として性格づける画期的論考。

ISBN978-4-905497-41-7・四六判・382頁・**4200**円（2016.01刊）

司祭平服と癩菌
岩下壮一の生涯と救癩思想

輪倉一広著

キリスト教思想史家でありハンセン病患者の福祉に尽力した、カトリック司祭・岩下壮一（1889-1940）の生涯と思想に多面的に迫る意欲作。

ISBN978-4-905497-30-1・四六判・440頁・**3100**円（2015.03刊）

読書三酔

水谷三公著

本を読むには三度の楽しみがある。読んでみたいと思ったそのとき、読んでいるとき、そして読後——。
政治学者が送る、本を肴にした一味違った書評集。計46本の書評を、4つの部に分け、巻末には人名索引も。

ISBN978-4-905497-09-7・四六判・284頁・**2200**円（2012.12刊）

歴史・思想（西洋）

フランス政治危機の100年
パリ・コミューンから1968年5月まで

ミシェル・ヴィノック著　大嶋厚訳

1871年のパリ・コミューンから、1968年の「五月革命」にいたる100年間に起こったフランスの八つの「政治危機」を取り上げ、フランス史を考察する。

ISBN978-4-905497-66-0・四六判・580頁・**4500**円（2018.10刊）

商業と異文化の接触
中世後期から近代におけるヨーロッパ国際商業の生成と発展

玉木俊明、川分圭子編著　執筆＝柏倉知秀、菊池雄太、井上光子、坂野健自、玉木俊明、谷澤毅、小山内孝夫、水井万里子、西川杉子、雪村加世子、一柳峻夫、伏見岳志、薩摩真介、川分圭子、坂野正則、君塚弘恭、大峰真理、野村啓介、齊藤寛海、亀長洋子、鴨野洋一郎、諸沢由佳、宮﨑和夫、澤井一彰、堀井優、髙松洋一、塩谷昌史、島田竜登、野澤丈二、西山喬貴、松井真子

ISBN978-4-905497-55-4・A5判・913頁・**13500**円（2017.07刊）

イギリス近世・近代史と議会制統治

青木康編著

執筆＝青木康、仲丸英起、松園伸、辻本諭、薩摩真介、一柳峻夫、金澤周作、川分圭子、水井万里子、君塚直隆、ジョナサン・バリー

15世紀末から19世紀前半の英議会の動きを専門家が多角的に分析。

ISBN978-4-905497-38-7・A5判・330頁・**4000**円（2015.11刊）

歴史・思想（西洋）

ジャン・ジョレス 1859-1914
正義と平和を求めたフランスの社会主義者

ヴァンサン・デュクレール著　大嶋厚訳

ドレフュスを擁護し、第一次世界大戦開戦阻止のために奔走するなかで暗殺された「フランス社会主義の父」の生涯と死後の運命を丹念に追う労作。
貴重な写真を口絵32頁にわたって掲載。

ISBN978-4-905497-36-3・四六判・376頁・**3900**円（2015.10刊）

太陽王時代の
メモワール作者たち
政治・文学・歴史記述

嶋中博章著

ルイ14世時代の政治と文化の交錯を、回想録（メモワール）を読み解きながら考察。歴史と文学の新たな関係の構築を目指す意欲作!

ISBN978-4-905497-20-2・四六判・338頁・**3700**円（2014.02刊）

フランスの肖像
歴史・政治・思想

ミシェル・ヴィノック著　大嶋厚訳

フランス政治史、政治思想史の泰斗による格好のフランス入門書！　ユニークな国〈フランス〉を歴史から読み解く！
平易な叙述の全30章から構成。
ナポレオン、ド・ゴール、ジャンヌ・ダルク、ヴォルテール、ヴィクトル・ユゴー、ミッテラン……

ISBN978-4-905497-21-9・四六判・432頁・**3200**円（2014.03刊）

歴史・思想(西洋)

グラッドストン
政治における使命感
神川信彦著　君塚直隆解題

1967年毎日出版文化賞受賞作が今ここに蘇る！ 四度にわたって首相を務めた英国の政治家グラッドストン(1809-1898)の生涯を、格調高い筆致で描き出した名著。
気鋭の英国史家の解題を付して復刊。

ISBN978-4-905497-02-8・四六判・508頁・**4000**円（2011.10刊）

ヨーロッパとはどこか
統合思想から読む2000年の歴史
中嶋洋平著

若き俊英が壮大に描くヨーロッパ統合の夢と現実——。
ヨーロッパはどう生まれどこへ向かうのか？
「統合」のあり方を人間、出来事、ヴィジョン、そして思想の関係という観点から検討する。

ISBN978-4-905497-27-1・四六判・334頁・**2400**円（2015.03刊）

拷問をめぐる正義論
民主国家とテロリズム
ミシェル・テレスチェンコ著　林昌宏訳

民主的な社会において拷問は許されるのか。
9.11後のアメリカで議論が重ねられてきた「強制尋問」をめぐるさまざまな言説を詳細に検討し、「人間らしく暮らせる」世界のありかたを探る。

ISBN978-4-905497-65-3・四六判・290頁・**2800**円（2018.07刊）

歴史・思想（西洋）

世界正義の時代
格差削減をあきらめない

マリー・ドゥリュ＝ベラ著　林昌宏訳

解題執筆者＝井上彰

今こそ、世界正義について語ろう！　格差の何が問題なのか、極貧、世界格差、環境破壊にどう立ち向かうべきか、「正義」を軸に考察する。巻末には、気鋭の政治哲学者・井上彰氏による解題を付す。

ISBN978-4-905497-46-2・四六判・200頁・**2300**円（2017.03刊）

国家の歴史社会学〈再訂訳版〉

B・バディ／P・ビルンボーム著

小山勉、中野裕二訳

1990年刊行の訳書刊行から25年を経て、訳文全体を再検討。原著者2人による補論2本を加えて刊行。
Étatとは何か。歴史学と社会学の絶えざる対話の成果──。

ISBN978-4-905497-32-5・四六判・326頁・**2700**円（2015.04刊）

国民国家　構築と正統化
政治的なものの歴史社会学のために

イヴ・デロワ著　中野裕二監訳

稲永祐介、小山晶子訳

歴史学と社会学の断絶から交差へと至る過程を理論的に跡づけ、近代国家形成、国民構築、投票の意味変化について分析。フランスにおける政治社会学の理論的展開を理解するのに最適の1冊。

ISBN978-4-905497-11-0・四六判・224頁・**2200**円（2013.03刊）

歴史・思想（西洋）

ニコス・プーランザス 力の位相論
グローバル資本主義における国家の理論に向けて
柏崎正憲著

忘れ去られたマルクス主義者・プーランザス（1936-79）の議論を、大胆に読み解く！
国家とは何か——衰退それとも強化? 分解それとも再編?

ISBN978-4-905497-35-6・A5判・516頁・**5800**円（2015.06刊）

憎むのでもなく、許すのでもなく
ユダヤ人一斉検挙の夜
ボリス・シリュルニク著　林昌宏訳

ナチスから逃れた6歳の少年は、トラウマをはねのけて長い戦後を生き延びた。40年間語ることができなかった自らの壮絶な過去を綴った1冊。精神科医の立場から、トラウマをともなう記憶から逃れる方法を分析。
『夜と霧』『アンネの日記』をしのぐ、21世紀のベストセラー!

ISBN978-4-905497-19-6・四六判・350頁・**2300**円（2014.03刊）

心のレジリエンス
物語としての告白
ボリス・シリュルニク著　林昌宏訳

1944年、ユダヤ人一斉検挙の夜、ボルドーで逮捕された6歳の少年は、ひそかに脱出し生き延びた……。精神科医となった著者が、逃亡後を過した村を訪ねながら、封印された感情をよみがえらせる。
『憎むのでもなく、許すのでもなく』の第2弾!

ISBN978-4-905497-26-4・四六判・134頁・**1500**円（2014.12刊）

社会

「外国人の人権」の社会学
外国人へのまなざしと偽装査証、少年非行、LGBT、そしてヘイト

丹野清人著

外国人に「人権」はあるのか——。
在留特別許可の発付をめぐる事件を分析し、国家としての日本が、外国人にいかなるまなざしを向けているのかを考察。

ISBN978-4-905497-59-2・四六判・260頁・**3500円**（2018.02刊）

指導者(リーダー)はこうして育つ
フランスの高等教育：グラン・ゼコール

柏倉康夫著

フランスではどんな教育が行われているのか。社会はリーダーをどう育てるか。フランスにおける教育制度やその背景を歴史的視点で理解するための格好の書。バカロレアについても詳説。

ISBN978-4-905497-01-1・四六判・246頁・**1900円**（2011.09刊）

離島エコツーリズムの社会学
隠岐・西表・小笠原・南大東の日常生活から

古村学著

「自然」「素朴」「ゆっくり」「楽園」…、「不便」「僻地」…
島の人々のすがたから、わたしたちは何を見出すのか。

ISBN978-4-905497-31-8・四六判・294頁・**2500円**（2015.04刊）

23

社会

国籍の境界を考える 【品切れ】
日本人、日系人、在日外国人を隔てる法と社会の壁
丹野清人著

国籍や外国人労働の問題を丹念に追ってきた著者が、社会学の立場から、国籍法違憲判決を分析し、労働や雇用問題についても詳説。

ISBN978-4-905497-12-7・四六判・300頁・**2600**円（2013.03刊）

夕張は何を語るか 【品切れ】
炭鉱の歴史と人々の暮らし
田巻松雄編

石炭の街の歴史から、私たちは何を学ぶのか。
助け合いながら共に生きた人々の営みを掘り起こす！

ISBN978-4-905497-17-2・A5判・224頁・**2400**円（2013.11刊）

文芸

GRIHL（グリール）
文学の使い方をめぐる日仏の対話

文芸事象の歴史研究会編

野呂康、中畑寛之、嶋中博章、杉浦順子、辻川慶子、森本淳生

歴史が書かれるものである以上、歴史記述と文学を隔てるものはない。歴史家は文学を参照・借用しつつ歴史を記述する。虚構とみなされる文学も、それ自体時代の証言となる……

ISBN978-4-905497-48-6・A5判・396頁・**6000**円（2017.02刊）

ノーベル文学賞【増補新装版】
「文芸共和国」をめざして

柏倉康夫著

2012年刊行の前著刊行以降の受賞者、莫言、マンロー、モディアノ、アレクシエーヴィッチ、そしてボブ・ディランについて加筆した増補決定版！文学の歴史に名を刻む巨人とその時代を辿る！　格好の"世界文学ガイド"

ISBN978-4-905497-47-9・四六判・399頁・**2300**円（2016.12刊）

庭園の五人の子どもたち
アントワーヌ・ド・サン＝テグジュペリとその家族のふるさと

シモーヌ・ド・サン＝テグジュペリ著
谷合裕香子訳

『星の王子さま』の作者アントワーヌ・ド・サン＝テグジュペリのルーツを知ることができる貴重な一冊！
実姉シモーヌによる回想録。

ISBN978-4-905497-05-9・四六判・284頁・**2400**円（2012.04刊）

文芸

石坂洋次郎「若い人」をよむ
妖しの娘・江波恵子
柏倉康夫著

長篇小説『若い人』のヒロイン江波恵子の〝魅力〟をストーリーに沿って明かす。北国の女学校を舞台に繰り広げられる教師と女学生の物語は、われわれをどこへ誘うか。

ISBN978-4-905497-07-3・四六判・266頁・**1800**円（2012.07刊）

【書店様へ】
当社契約取次店はJRC（人文・社会科学流通センター）、八木書店、大学図書です。
トーハン・日販・大阪屋などの帳合書店様にも、上記取次店を通じ納品できます。

【ご注文について】
小社の書籍がお近くの書店にない場合は、店頭でもご注文いただけます。
お急ぎの方は、小社に直接ご注文ください。送料無料にて、迅速にお届けします。
下記のいずれかの方法でご注文を承っております。

- ご注文フォームによるご注文……ホームページのご注文フォームに必要事項を正確にご記入の上、送信してください。
- メールによるご注文……order@yoshidapublishing.com宛に送信してください。
- FAXによるご注文……書名（商品名）、部数、お名前、ご住所、電話番号、FAX番号をご記入の上、03-6272-9173宛に送信してください。
- お電話によるご注文……03-6272-9172までお電話ください。

ご注文をお受けした後、郵便振替用紙を同封の上商品を発送いたします。商品のご確認後、2週間以内に郵便局よりお支払いください。

吉田書店
〒102-0072
東京都千代田区飯田橋2-9-6
東西館ビル本館32
電話:03-6272-9172　FAX:03-6272-9173
info@yoshidapublishing.com
www.yoshidapublishing.com

第4章　人件費補助の制度化が県私学助成に与えた影響

を設置し,「私学振興に関する基本方針（案）」を発表した。そこには高等学校以下の私立学校に対する助成措置として「私立の高等学校，中学校，小学校に対する助成は，人件費を含め，地方交付税の増額によって措置するものとする」と明記されている[9]。

1970年は2つの点で私学助成の大きな転機となった年である。1つは日本私学振興財団法（以下，財団法）の成立である。財団法の成立過程で人件費を補助対象とする議論が行われ，私立大学への人件費補助が「私立大学等経常費補助」として開始されるようになった（荒井英2008b：200）。財団法の成立により私立学校法および同法施行令・施行規則も改正され，条文に「経常的経費」という文言が初めて登場した[10]。

もう1つは自治省による人件費を含めた助成の地方交付税措置への転換である。当時は高等学校以下の私立学校については「別途地方交付税の増額によって解決することに方針を決定した[11]」とされていた。国庫補助金による措置はなされておらず，県にとっては地方交付税が主要な財源となっていた。1970年度以前は高等学校以下の私立学校への国庫補助金は交付されておらず，県による補助が私学助成の大半を占めていた。生徒減少期に対する私学助成の拡充についても，自民党・文部省・私学団体ともに最大の関心事は私立大学への人件費補助の導入と制度化であり，私立高等学校の人件費補助は私学団体レベルでは「ヒモ付き」補助金としての人件費補助の実施が提唱されていたものの[12][13]，その優先順位は大学と比較すると低く，最低限の着地点として地方交付税での対応を当面の目標として設定していたと考えられる。

第3項　地方交付税の費目変更と額の推移

前述のように，高等学校以下の私立学校に対する国からの補助の大半は地方交付税であった。もともと私学助成の地方交付税措置は団塊の世代が高等学校に入学する生徒急増期対応のための臨時的な対策費としての位置づけが強かった。例えば1962年度当時は「教育費」ではなく「その他諸費」の細則「総務費」に計上されていた[14]。しかもこの時点では算定基準に人件費は含まれていない[15]。

交付税の経費の内訳は1970年の地方交付税法改正で大きく変化する。私学

107

助成が「教育費」の「その他の教育費」にある細目「総務調査費」に計上されるようになった。補助金の積算内容も従来の「私立学校教職員共済組合補助」「私立学校教職員退職金社団給付財源補助」に加えて「私立学校運営費補助」「私立学校施設設備費補助」の項目が加えられた。この理由としては，地方交付税の算定方法が改正され，基準財政需要額に人件費を含む運営費補助の財源措置が認められるようになり，私立学校運営費の助成にかかる経費を算入することが決定したことが挙げられる。

1970年に続く1971年の地方交付税法改正では，それまでは細目「総務調査費」の下に細節として存在していた「私立学校関係費」から補助金のみを分離して，新しく細節「私立学校助成費」として独立させた。さらに算定方法が改正され，大学や短大への経常費補助の拡大という国の措置に準じて私立学校運営費の助成額が増額された。

1970年度に私学助成に関連する地方交付税の費目が「その他諸費」から「その他の教育費」になったことで，基準財政需要額の計算方法も変化した。「その他諸費」の項目では標準人口を基準として計算していたのに対し，「その他の教育費」に移行してからは，人口や児童生徒数は必ずしも一致しないということから児童，生徒数で県ごとに補正を行うようになった（私学時報1971）。

次に，地方交付税で措置された額について検討する。地方交付税制度研究会『地方交付税制度解説（単位費用篇）』によると，私学関係の地方交付税の単位費用[16]は1968年度や1969年度には約4,000万円〜5,000万円の間で措置されていたが，1970年の地方交付税法改正を機に大幅に上昇した。1970年度には8,500万円が単位費用として措置されていたが，1971年度には約1.6億円とほぼ倍増している。その後も増額を続けており，1973年度には約4.6億円になっている。

第2節　国の制度変更に対する都道府県の対応

1970年度以前に人件費補助を実施していた県は1都10県，人件費を含む経常費助成を実施していた県は8県であった（杉長1993：223）。人件費補助は1970年度以降増え，1973年時点ではすべての県において人件費補助が実施されている。

第 4 章　人件費補助の制度化が県私学助成に与えた影響

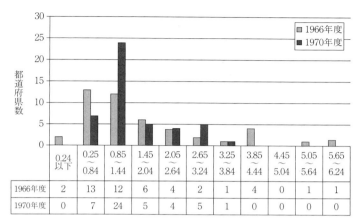

私学助成県支出額／基準財政需要額

出所：私学振興調査会 (1971) 8 頁より筆者作成。

図 4-1　1966 年度と 1970 年度の県私学助成支出額と基準財政需要額の比率

次に各県での私学助成の交付額について検討する。図 4-1 は県私学助成支出額を基準財政需要額で除した数値を 1966 年度と 1970 年度の 2 時点で比較したものである。数値が 1.0 であれば基準財政需要額と県私学助成支出額が同額であることを意味し，1.0 を下回っていれば基準財政需要額よりも少ない金額が県から交付されていることを，1.0 を上回っていれば基準財政需要額に加えて県の独自財源からさらに持ち出しをしていることを，意味する。

1966 年度時点では県の助成額が基準財政需要額よりも低い県と高い県が幅広く分散しており，県間でその額に大きな格差が発生していたことが読み取れる。1970 年度になると地方交付税の額自体が増加したこともあり，基準財政需要額に大幅に上乗せした助成をする県は少なくなった。その一方で，基準財政需要額よりも少ない額を交付している県も 1966 年度当時と比較すると減少していることから，県レベルでの私学助成の総額そのものが増加しており，私学助成の県間格差が縮小していることが読み取れる。

このように，1966 年度当時と比較して 1970 年度時点での県私学助成は拡充しており，基準財政需要額の増加が総体として県全体の私学助成の底上げにつながったといえる。前述したように，地方交付税は用途が定められていないの

で県は基準財政需要額が増額されても私学助成を増額しないという選択肢も存在するのだが，大半の県が基準財政需要額に対応した形での助成を行っている。このことからも，1970年の地方交付税法改正は県の私学助成に大きな影響を与えたと考えることができる。そして基準財政需要額の増加は1970年度以降増加し続け，それに対応するように多くの県の私学助成が増額している[17]。

第3節 事例分析

本節では事例分析として，人件費補助を1970年度より前から実施していた県と地方交付税法改正を機に新規に人件費補助を実施した県の2類型に分け，両者を比較検討する。分析対象となるのは，東京都，兵庫県，福岡県，千葉県，静岡県，北海道である。東京都および千葉県は1970年度より前から人件費補助を実施しており，北海道，兵庫県，福岡県，静岡県は1970年度より新規に人件費補助を実施している。比較にあたって，私学予算全体における経常費補助の位置づけを明らかにするために私学予算を経常費補助，その他補助金，貸付金に分類し，それぞれの構成割合についてグラフ化する。また，同時期（1968～1974年度）の私立高等学校の生徒数，教員数，授業料，教員給与がどのように変化しているかについてもあわせて検討する。これらから国による人件費補助の制度化が県に与えた影響を明らかにする。

第1項 東京都

東京都は地方交付税の不交付団体である。東京都は全国の中でも私立高等学校が歴史的に多い自治体であり，地方交付税措置がなされる以前より都独自の私学助成が行われてきていた。特に人件費補助については1951年度より「待遇改善費」という名目で教職員に対する直接交付型の助成が行われてきており，公立学校と私立学校の教職員給与の格差を縮小して「教職員の資質向上をはかる」[18]ことを目的としてきた。物価自体が上昇していることもあって交付額[19]は基本的に右肩上がりで増加していた。

生徒急増期に大幅な生徒収容を行った私立高等学校[20]は，東京都からの補助のもと施設の増築や教職員の新規雇用を積極的に行ってきた。しかし，東京都か

第 4 章　人件費補助の制度化が県私学助成に与えた影響

らの補助は 2 分の 1 であったため，必要経費の残りを私学振興会や民間金融機関から調達していた。生徒漸減期に入ると私立高等学校は授業料収入が減少する一方で民間金融機関への債務返済が求められることとなり，経営難に陥る私立高等学校が増加した。[21]

　地方交付税の基準財政需要額に人件費補助が算入された 1970 年度には美濃部亮吉知事の議会での発言を受けて学識経験者，私学関係者，都議会議員で構成される東京都私立学校助成方策協議会（以下，協議会）が設置され，協議会による「意見書」も都の私学助成に対して影響を及ぼすようになる。

　これは地方交付税による措置の時期と重なり，東京都には交付税が交付されないにせよ「都民子弟の公教育の場を確保するため，何らかの措置を講ずべき時期にある」[22]という協議会の認識があり，当時行われていた待遇改善費とは別に人件費・物件費として弾力的に使用できる学校運営費補助を考慮すべきとの意見が出された。最終的に美濃部知事に提出された意見書も地方交付税による基準財政需要額を意識したものとなっている。

　結果として東京都の待遇改善費補助金は 1970 年度以降大幅な増加がみられ，1965 年度には 7 億 2,000 万円であった補助金が 1970 年度には 12 億 4,000 万円，1972 年度には 19 億 4,000 万円にまで増加した。また，学校運営費補助は 1971 年度に新設されて 4 億 9,000 万円が措置され，翌年度には 8 億 6,000 万円に増額された。[23]

　図 4-2 は東京都の私学助成の費目別の内訳と私学予算の総額をグラフ化したものである。私学予算の総額は右肩上がりで推移しており，1968 年度より一貫して補助金が大部分を占めている。1973 年度は前年より 60 億円増加して約 140 億円となっているが，これは 1972 年 12 月に出された「第二次東京都私立学校助成方策協議会答申」に沿った形で新規に補助金項目を設置し，従来の私立高等学校需用費補助や運営費補助の拡充・強化を図ったことによる（東京都総務局 1973）。

　また，費目の内訳においては 7 年間一貫して補助金の割合が 99％前後で推移していることから，東京都の私学助成は基本的に補助金のみによって実施されていると考えることができる。

　次に，東京都における私立高等学校の状況について検討する。全日制私立高

第 2 部　国による制度変更と県の対応

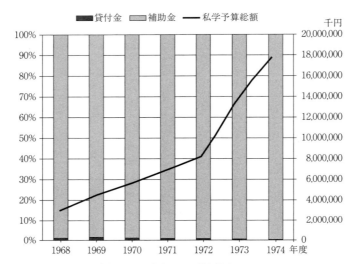

出所：東京都総務局『事業概要』各年版より筆者作成。

図 4-2　東京都の私学助成費目別内訳と私学予算総額の推移

等学校の学校数，生徒数，本務教員数および授業料の平均額[24]，本務教員給与の平均額[25]の推移をみると，生徒数は 1968 年度以降減少しており，約 25 万人いた生徒数は 1971 年度には 23 万人に減少する。しかし，1972 年度以降増加に転じ，1974 年度には再び 24 万人にまで増加している。教員数も同様の傾向で推移しており，1968 年度の 8,992 人から 1971 年度には 8,275 人に減ったが 1972 年度以降増加に転じて 1974 年度には 8,459 人になっている[26]。

授業料と本務教員給与はともに 7 年間継続的に増加しており，授業料は 1968 年度に生徒 1 人当たり年間 4 万 3,000 円であったのが 1974 年度には 9 万 1,000 円になっている。本務教員給与も 1968 年度の 1 人当たり年間 92 万円が大幅に上昇して 1974 年度には 350 万円になっている[27]。人件費の大幅な上昇はこの時期の物価高騰を背景としており，学校財政を圧迫したと推測される。東京都は待遇改善費の増額等，私学予算を 1972 年度以降大幅に増やしているが，それでも教員給与への充当が足りずに授業料の増額に踏み切った学校が多いことが読み取れる。

112

第2項　兵庫県

　兵庫県は地方交付税の交付団体である。1955年度より8年間にわたり赤字県として「地方公共団体財政法」（以下，地財法）の適用を受けており，その際方針化された「団体補助の中止」の影響が1967年度まで続いた関係で，1968年度になってその方針が撤回されるまでは私学助成の大幅な増額はされてこなかった。そのため，兵庫県私立学校総連合会は地財法の適用がなくなった1969年度以降に経常費助成の増加，特に人件費に関する助成を求めるようになった。

　図4-3は兵庫県の私学助成の予算額とその構成要素の変遷をグラフ化したものである。1970年の地方交付税法改正で私学への人件費助成が計上されるようになると，兵庫県は1970年度に予算案として「教職員給与補助金」を設置し，初めて人件費補助を正式に打ち出した。1970年度時点では中学，高等学校あわせて約5億円が措置されている[28]。その後地方交付税の増加とともに助成額も増加し，1973年度には約240億円に増額されており，実質的に教職員給与の5割近くを助成金によって措置することとなった（兵庫県私学総連合会1975）。

　また，1970年度より新しく設置された項目として「私立高等学校生徒授業料軽減補助」と「私立高等学校入学金貸付金」が挙げられる。これらは私立高等学校生の就学支援的な意味合いが強く，1970年度当初は両者あわせて約4,000万円措置されていたのが1973年度には1億3,000万円に増額している。

　総額の推移を検討すると，1970年度には約9.3億円であったのが，1973年度には30億円と大幅な増加となっている。特に総額の増加の多くを担ったのは地方交付税の基準財政需要額として計上されている部分を含んだ「私学振興費補助」であった（全国知事会1985）。

　このように，地方交付税の基準財政需要額措置後に私学助成の総額および生徒1人当たりの金額が大幅に増加しており，特に兵庫県の助成額は一般会計の伸び率を大幅に上回っていた[29]。しかし，継続的に続いている物価高騰に加え民間企業や地方公務員の大幅な賃金上昇の影響を考えると，県財政のみによる負担は限界であり，国による補助を県の私学担当部局側は求めていた。

第 2 部　国による制度変更と県の対応

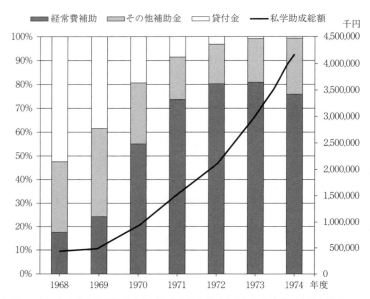

出所：日本私立中学高等学校連合会『都道府県私学助成状況』各年版より筆者作成。

図 4-3　兵庫県の私学助成額と構成の変遷

　ここで兵庫県の私立学校の状況について検討する。全日制私立高等学校の学校数、生徒数、本務教員数および授業料の平均額、本務教員給与の平均額の推移をみると、学校数および生徒数は大きな変動もなく推移している。本務教員数は 1968 年度の 1,779 人から 1971 年度の 1,662 人にまで減少したが、1972 年度以降は増加に転じて 1974 年度には 1,860 人になっている[30]。

　授業料と本務教員給与をみると、授業料は 1969 年度に一度ピークを迎え生徒 1 人当たり年間 4 万 6,000 円となり、1970 年度と 1971 年度は減少した。しかし、1972 年度以降再び増加に転じ、1974 年度には 5 万 6,000 円と、1968 年度と比較すると 1.2 倍になっている。教員給与は 7 年間を通じて増加傾向にあった。1968 年度時点で教員 1 人当たり年間 88 万円であった給与は 1974 年度には 276 万円になっており、約 3 倍増となっている[31]。

　1970 年度に人件費補助が措置されるようになって以来、私学予算総額は大きく上昇していったが、本務教員給与も同様に増額傾向で推移している。人件

費補助が項目として設定されることで学校への交付額が増加し、教員給与の増額が初めて可能となったといえる。

第3項　福岡県

　福岡県は地方交付税の交付団体である。1965年に生徒数がピークに達したが、増加した生徒の収容のために1960年から5年間で私立高等学校は新規に6校開校され、既存の学校でも施設設備の増設や教職員の拡充が実施された。1966年より生徒数は漸減しており、生徒急増期に拡大した施設や教職員の人件費が学校財務を圧迫していた。

　図4-4は福岡県の私学助成額とその構成の変遷をグラフ化したものである。1970年に初めて人件費を含んだ補助が始まり、名称が「一般助成」から「私立高等学校振興特別交付金」となり、金額も1970年度の5億円から1974年度には30億円と6倍に増加した。1970年度以降は地方交付税措置額の増加とともに額が増加し、1974年度には222億円が交付された。人件費導入以前の1969年度と比較すると約40倍の大幅増となっている。このグラフからも明らかなように、福岡県の私学助成に占める経常費補助等の割合は人件費補助の実施以降増え続けて、1972年度には約8割を超えるが、1973年度に貸付金が新設されたことで助成全体の中でのシェアは7割前後に下がっている。しかし、補助金のみでみると増加の大半を経常費補助等の増加分が担っており、福岡県は私学助成の増額に関しては経常費補助等の充実に最も力を入れていたことが、図4-4からも読み取れる。

　貸付金は1973年度に初めて実施され、「高利債弁済資金」として35億円が計上された。翌1974年度には「筑豊地域振興特別補助」として5億円、「施設設備整備補助」として10億円が計上され、貸付金のみで約50億円が予算措置されている。人件費補助の実施以降も、生徒数の漸減は私学財務を圧迫し、福岡市周辺地域では生徒数は増加したものの、それ以外の地区では生徒の過疎化が大きな問題となっていた。なかでも最も過疎化が著しかった筑豊地域に対して貸付金が予算として措置されることになった。

　次に、福岡県の私立学校の状況について検討する。全日制私立高等学校の学校数、生徒数、本務教員数および授業料の平均額、本務教員給与の平均額の推

第 2 部　国による制度変更と県の対応

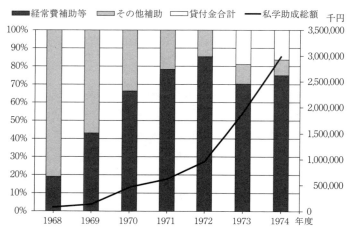

出所：福岡県私学協会（1976）より筆者作成。

図 4-4　福岡県の私学助成額と構成の変遷

移をみると，学校数は大きく変わらないが，生徒数と教員数は 1968 年度から 1973 年度までは減少傾向になる。生徒数は 1968 年度の 7 万 6,000 人から 1973 年度には 6 万 1,000 人に減少しており，教員数もそれに応じて 2,600 人から 2,300 人に減少している。ただし 1974 年度には，わずかではあるが生徒数，教員数ともに増加している[32]。

授業料と教員給与の推移をみると，授業料は 1968 年度から 1970 年度までは生徒 1 人当たり年間 3 万 8,000 円を軸にプラスマイナス 1,000 円前後で推移していた。しかし，1971 年度以降になると増加し始め，1974 年度には約 7 万 5,000 円に増加している。一方，教員給与は 1968 年度から 7 年間増額し続けており，1968 年度の教員 1 人当たり年間 66 万円が 1974 年度には 200 万円になるなど，約 3 倍増となっている[33]。

第 4 項　千葉県

千葉県は地方交付税の不交付団体である。図 4-5 は千葉県の私学助成額とその構成の変遷をグラフ化したものである。1968 年度時点で千葉県ではすでに「学校法人補助金」の名目で私学教職員の待遇改善費補助が実施されてい

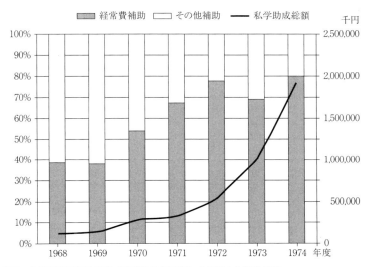

出所：千葉県総務部学事課『千葉県私学要覧』各年版より筆者作成。

図4-5　千葉県の私学助成額と構成の変遷

た。しかし，人件費の高騰などによる学校財務の支出面の増加が学校経営を圧迫していたため，1972年度に「私立高等学校経常費補助金」を新設するとともにその額を前年度の2億1,000万円から4億1,000万円に増額させた。経常費補助はその後も伸び続け，1974年度時点では15億2,000万円を計上している。経常費補助の割合も1972年度以降は70～80％で推移しており，千葉県私学助成増額分はほぼ経常費補助の増額によってまかなわれていることが読み取れる。

　1973年度に経常費比率が70％以下まで低下しているが，この年に複数の補助項目が新設され，かつ私立高校の施設設備の拡充のための補助金が増額されたことがその理由である。具体的には，生徒への就学援助の一環である「私立高等学校生徒就学費補助」，私立高等学校新設促進のための定額補助である「私立高等学校設置費補助」が新設され，私立高等学校の施設整備費補助が1972年度の2億6,000万円から10億3,000万円に増額されている。施設整備費の伸び幅が経常費補助の私学予算シェアを奪う形となった。1974年度も施設整備費は前年度より漸増して予算措置されていたが，経常費補助の措置額が

前年度比で約 2.2 倍に増えたことで私学予算の経常費補助シェアを 80％まで伸ばすこととなった。

次に，千葉県の私立学校の状況について検討する。全日制私立高等学校の学校数，生徒数，本務教員数および授業料の平均額，本務教員給与の平均額の推移をみると，学校数は 1968 年度から 1974 年度で 4 校増加している。生徒数も 1970 年度にやや減少するものの，基本的に増加の傾向をたどっており，1968 年度の 3 万人が 1974 年度には 3 万 7,000 人になっている。また，それに対応するように教員数も 1,100 人（1968 年度）から 1,400 人（1974 年度）に増えている。[34]

生徒 1 人当たり年間授業料は 1970 年度に 3 万 7,000 円でいったんピークを迎えると 1971 年度に 3 万 1,000 円まで減少する。しかし，その後は反転して増額し始め，1974 年度には 5 万 1,000 円になっている。教員 1 人当たり年間給与は 1970 年度まで増額して 91 万円になってから 1971 年度に減少する。翌 1972 年度以降は再び増額していき，1974 年度には 175 万円となっている。最も低い 1968 年度と比較すると約 2.8 倍に上昇したことになる。[35]

第 5 項　静岡県

静岡県は地方交付税の不交付団体である。1962 年度にピークに達してからは生徒数が減少し，漸減期における学校経営への圧迫が 1960 年代から危惧されていた。図 4-6 は静岡県における私学助成額とその構成の変遷をグラフ化したものである。人件費を含む経常費補助が交付されるようになったのは 1970 年度以降であり，それ以前は私立高校への助成は，設備費や学校への貸付を行う県私学振興会への補助金によって行われていた。1970 年度の学校経常費補助の開始以降，静岡県の私学助成額全体は大幅に増加している。1968 年度には約 7,000 万円であった合計額が 1970 年度には 2 億 2,000 万円と 3 倍近くに増額され，1974 年度には 17 億 4,000 万円になっている。助成の構成をみると，当初は私学助成総額の 60％弱であった経常費補助の割合が 1974 年度には 90％以上にまで上昇しており，増額の多くを担っていたのは学校経常費補助であることが読み取れる。

当時の静岡県では県による直接の貸付は実施されておらず，県私学振興会からの貸付金の原資の一部を補助金で措置する形式での助成となっている。

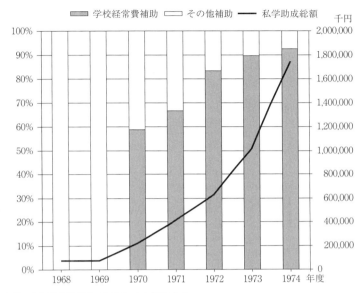

出所:静岡県私学協会(1990)より筆者作成。

図 4-6　静岡県の私学助成額と構成の変遷

　次に，静岡県の私立学校の状況について検討する。全日制私立高等学校の学校数，生徒数，本務教員数および授業料の平均額，本務教員給与の平均額の推移をみると，1968〜1974年度の間に学校数は2校増加している。生徒数と教員数は1968年度から1970年度にかけて減少し，1971年度以降再び増加している。生徒数は1968年度の4万人から1974年度には4万3,000人，教員数は1968年度の約1,400人から1972年度の1,600人と200人増加している。[36]

　授業料は1971年度に微減がみられるものの1968〜1974年度を通じて増加傾向にあり，1968年度に約4万円であった生徒1人当たり年間授業料が1974年度には7万円になっている。また，教員給与も同様に1971年度に微減しているものの，全体としては右肩上がりに増加している。1968年度に76万円であった教員1人当たり年間平均給与が1974年度には192万円となっていて，約2.5倍増となっている。[37]

第6項　北海道

　北海道が初めて私立高校への人件費補助を実施したのは1970年度である。それ以前は私立高等学校教育振興費補助金（以下，振興費）という項目で需用費補助として，主に校具・教材費，教員の研究や研修事業費補助が行われてきた。振興費は1969年度で終了し，1970年度に私立高等学校管理運営対策費（以下，対策費）として初めて人件費を含んだ経常費の補助を行ったが，人件費補助のみの交付は1970年度および1971年度のみであった。1972年度より補助金の割合を抑えて人件費を含む経常費の貸付助成にシフトし，人件費補助は元利補給補助としての交付となった。

　図4-7は北海道の私立高等学校経常費補助と私学予算に占める比率の時系列推移をグラフ化したものである。1969年度までは需用費補助であった振興費の額，1970年度以降は対策費の額で計算している。対策費は1970年度に約49億円，1971年度に約113億円が措置された。1972年度以降は対策費の内訳に貸付金が加わり，例えば1973年度は約230億円計上された予算のうち約163億円が貸付金となっており，対策費の約7割を占めていた。

　このように，人件費を含む経常費補助が導入されたものの，貸付金をベースにした助成が北海道では展開されていくことになるが，この補助形態は北海道私学助成の大きな特徴でもあった。図4-8は1968年度から1974年度の私学関係予算の費目別内訳である。私学関係予算自体は1968年度より右肩上がりで増加しているが，費目の構成には大きな変化がみられない。北海道予算書には貸付金は年度内償還が原則であり，その原資は貸付金の償還費（財源別にみると諸収入）である。補助金は原則として国庫補助金，地方交付税や県の独自財源を原資としているが，この時期は私学助成への国庫補助は実施されていないため，ほぼすべてが一般財源である。

　つまり，北海道の私学助成全体は増加しているものの，その内訳は7割近くが貸付金となっており，実際に学校に給付となる補助金の割合は減少していることがわかる。地方交付税法改正によって人件費補助が強制力を持たないとはいえ，事実上制度化されたことで北海道が人件費補助に踏み切ったと考えられるが，その額の増加に対応していくために補助金ベースから貸付金ベースの補

第4章　人件費補助の制度化が県私学助成に与えた影響

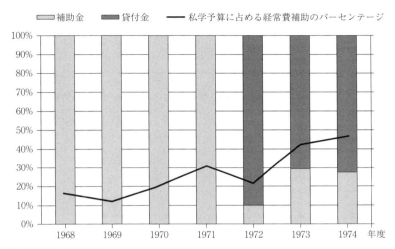

図 4-7　北海道の私立高等学校経常費補助と私学予算に占める比率の時系列推移

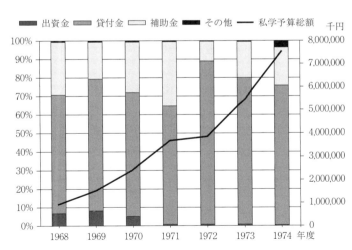

図 4-8　北海道の私学助成費目別内訳と私学予算総額の推移

助金に転換せざるをえなかったことが推測できる。

　1970年および1971年の地方交付税法改正により国レベルでの私学関係予算の単位費用は増加し、結果として1973年度以降の補助金は増加傾向にあるが、私学関係予算の増加が貸付金に大きく依存していることが読み取れる。

　次に、北海道の私立高等学校の生徒数と授業料の推移および教員数と教員給与の推移について検討する。生徒数は1968年度以降大きく減少しており、1968年度時点で6万7,000人であった生徒数が1974年度には5万2,000人と、約20％の減少となっている。本務教員数は1968年度で約2,400人であったが1974年度には2,100人とおよそ10％の減少となっている。1クラス当たり生徒数が40人と考えると、減少した1万5,000人の生徒数に対する教員数は375人であり、約300人の教員数減少はやや少ないものの、私立学校は減少した生徒数の分だけ教員数を減らしていたものと推測される。[38]

　生徒1人当たり年間授業料は1968年度の4万円から1969年度の4万4,000円へと増額した後、1972年度までは大きな上昇がみられなかった。しかし、1973年度に5万円、1974年度に6万2,000円と大幅な増加がみられた。また、本務教員の1人当たり年間給与は1968年度の80万円から増加し続けて、1974年度には237万円になっており、約3倍の増加がなされたことがわかる。[39]

第4節　小括

　以上の分析結果から次の3点が知見として導かれる。1点目は使途の限定されていない地方交付税によって私学助成のスタンダードが作られた点である。地方交付税の制度変更の結果、県ごとの私学助成予算額のばらつきは縮小したが、これは全国的に最低額の底上げが図られたからであると考えられ、地方交付税の単位費用の提示が一つのスタンダードとして機能したことを意味する。具体的には、人件費補助が算定式に算入されてからの私学団体発行誌には、基準財政需要額との比較を行う例が増えている。[40] 序章で述べたように、基準財政需要額はあくまで標準的な財政需要という位置づけであり、実際の交付額も需要額より少ない。そして私学助成総額の決定権は県にある。しかし、全国的な動向をみると私学団体は基準財政需要額に近い額の補助を求め、県もその要請

第4章　人件費補助の制度化が県私学助成に与えた影響

に応えている傾向にある。事実，本章でケーススタディーとして扱ったすべての県において1970年度以降，私学予算は増加している。この傾向は地方交付税の交付団体，不交付団体に関係なくみられる。全国的に基準財政需要額に定められた金額に近い予算額への収斂がみられるということは，基準財政需要額の分は最低でも私学助成交付分として県が財源を確保しなくてはならないという「ルール」が，このときに作られた可能性があることを示している。基準財政需要額はあくまで国が定めた尺度であり，この額を満額交付しなくてはならないということを意味しない。そして，県の財政状況に応じて交付されることから，満額交付される県は極めて少ない。しかし，私学団体はこの地方交付税の基準財政需要額を最低限の基準として位置づけ，県側にそれ以上の助成を求めるようになったのである[41]。

　2点目は地方交付税としての標準化の限界である。総額自体は増加していたものの，東京都ではその多くが補助金として交付されていたのに対し，北海道では私学予算の増加分の多くを貸付金として交付していた。地方交付税は使途を限定していないため，給付型の補助を実施する県と貸付型の補助を実施する県に分かれる可能性がある制度であった。給付型の補助を実施するか，貸付型の補助を実施するかは県の財政力にも依存すると考えられる。特に財政力が乏しい県では年度内償還を義務づけた貸付金の割合を増やすことで県の持ち出し予算を抑えて私学助成を実施することが可能となる。

　このように，国による地方交付税制度の変更は県に対して人件費補助の実施や金額の増加という影響を与えたが，その内訳をみると北海道のように貸付金の増加率が高いケースも存在する。使途が自由であることから国の制度変更によってゆるやかな強制力が発揮されたと考えることができる。

　3点目は授業料と教員給与の推移と県私学助成の対応関係である。前述したように物価の高騰に伴う教員給与の大幅な増額は私学経営を行う上で常に問題とされてきた。特に前章で検討した生徒急増期対応で教員数や施設設備を拡充した私立高等学校にとって，このような社会経済的要因は財政を圧迫してしまう。物価高騰と人件費の設定は連動していると考えれば，最初に給与が上昇するはずである。しかし，1970年度以前は全国的に給与の大幅な上昇はみられていない。給与の大幅な上昇は共通して1973年度以降に観察されており，そ

の増加率は消費者物価指数の増加率を上回っている[42]。1970年の地方交付税法改正によって算定式に人件費が算入されたことで各県の助成額が増加したため，学校は収入が増加し，その分を給与に振り分けたと推測することができる。授業料も増加しているものの，消費者物価指数の上昇率が1968年度から1972年度で約1.8倍であることを考えると，そこまで大きな上昇率ではない。しかし，給与については大半の県で約3倍増，東京都は約4倍増となっていることから，地方交付税措置された私学助成が原資となっていることは推測できる。県は地方交付税措置された基準財政需要額に近い金額を交付することで県内の私立高校の授業料上昇を抑制した，という見方もできるのである。

このように本章では，使途については一切制限のない地方交付税を人件費補助にあてる方式の制度化が県私学助成に対して与えた影響について検討した。使途が自由な地方交付税でもゆるやかな標準化が起こっていたことがわかるが，1975年度の国庫補助金制度導入によって国が補助金を措置するようになると，その標準化機能はどのように変化するのだろうか。その点について，次章で検討する。

1) 例外的に国庫補助制度開始以前は特定の県を分析事例とした現状紹介の研究は存在する。例えば松井（1973）。
2) 例えば荒井英治郎（2011）は私立学校法，日本私学振興財団法，私立学校振興助成法の政策形成過程について分析している。
3) なお，1975年度からは国庫補助金措置が行われるので，その影響を排除すべく1974年度までの時期を対象とする。
4) 生徒急増期の県別の高等学校定員の公私比較については児玉（2008）や相澤ほか（2009）を参照。
5) 私立学校振興会では学校法人の債務に関する調査を実施しており，1968年度時点で高等学校の融資額の65％が私立学校振興会以外からの融資であったことが明らかになっている（『私学振興』第18巻第6号，1969年）。
6) 物価高騰が学校経営に与える影響は2点あり，1つはそれに伴う給与増額の要請，もう1つは教材，教具等の消耗品および施設設備関係の支出が増加する点である。
7) 文部省『学校基本調査』各年版。
8) 文部省『私立学校の財務状況に関する調査報告書』各年版。
9) 同基本方針（案）全文は『私学振興』第18巻第6号，1969年，12頁を参照。
10) 私立学校法の具体的な条項については松坂（2011）を参照。

第 4 章　人件費補助の制度化が県私学助成に与えた影響

11)『私学振興』第 19 巻第 12 号，1970 年，24 頁。
12)『月刊私学』第 7 巻，1970 年。
13) 例えば，日本私立中学高等学校連合会は私学教員の本務者の人件費を対象に，大学・短大・高専は 2 分の 1，高等学校，幼稚園は国と地方公共団体が 4 分の 1 ずつ，小中学校には義務教育国庫負担法を適用して 2 分の 1 の国庫負担を行うべきであるという要望を提出している（日本教育新聞社 1969：233）。
14) それ以前は細則「総務費」の中の細節「文書広報費」の中の積算内容の一つであった。
15) 積算内容は私立学校審議会に必要な経費では「旅費」「需用費」「役務費」等であり，補助金等の経費は「私立学校その他奨学助成補助金等」であり，内訳は「私立学校教職員共済組合補助」「私立学校教職員退職金社団給付財源補助」「同事務費補助」「その他」となっている。
16) 単位費用は基準財政需要額を算定するための 1 単位当たりの費用であり，これに測定単位と補正係数を乗じたものが基準財政需要額となる。
17)『私学年鑑』(1973) などのデータから，基本的に前年度比プラスで私学助成が措置されていることが読み取れる。例えば，1 県当たりの平均でみると 1972 年には生徒 1 人当たり 718,409 円であったのが，1973 年には生徒 1 人当たり 1,041,186 円となっており，平均増加率が 44.9％となっている。
18) 都議会における東龍太郎知事の答弁（『私学振興』第 16 巻第 2 号，1967 年，13 頁）。
19) 当時の私立高等学校の教員 1 人当たり給与は月額 4.5 万円，公立高等学校は 5.6 万円であった。
20) 1962 ～ 1965 年にかけて私立高等学校は 144,330 人の生徒を収容した。同時期の公立高等学校が収容した生徒数は 48,806 人であった。
21) 例えば 1969 年度の東京都私立高等学校の債務償還費は支出総額の約 16％を占めている。
22) 東京都私立学校助成方策協議会の意見書より（東京私立学校教職員組合連合公費助成対策部 1970）。
23) 東京都総務局『事業概要』各年版より。
24) 授業料は資料の制約から以下の計算によって類推した。文部省『私立学校の財務状況調査結果報告』各年版の「高等学校の科目別収入額　全日制」の「A（一般収入――筆者）の学生・生徒納付金のうち授業料（再掲）」の額を学校基本調査における全日制私立高等学校生徒数で除したものである。これは全日制私立高等学校生徒 1 人当たりの授業料収入であるが，生徒が学校に対して支払う授業料と同義であり，授業料の県平均額の代替変数として用いた。以下本章の授業料はすべて同様に算出している。
25) 授業料と同様に，本務教員の給与平均額も資料の制約から以下の計算によって類推した。文部省『私立学校の財務状況調査結果報告』各年版の「高等学校の科目別支出額　全日制」の「A（消費的支出――筆者）の人件費のうち本務教員給与（再掲）」の額を学校基本調査における全日制私立高等学校本務教員数で除したものである。これは全日制私立高等学校教員 1 人当たりの人件費支出であるが，学校が教員に対して支払う給与と同義であり，本務教員給与の県平均額の代替変数として用いた。以下本章の本務教員給与はすべて同様に算出している。

26）文部省『学校基本調査』各年版。
27）文部省『私立学校の財務状況に関する調査報告書』各年版。
28）前年度は教職員給与に関連する助成項目は約1億円であった。
29）1970年度から1975年度にかけての兵庫県の一般会計の伸び率が約2.6倍であるのに対して、私学関係予算の伸び率は7.2倍となっている。
30）文部省『学校基本調査』各年版。
31）文部省『私立学校の財務状況に関する調査報告書』各年版。
32）文部省『学校基本調査』各年版。
33）文部省『私立学校の財務状況に関する調査報告書』各年版。
34）文部省『学校基本調査』各年版。
35）文部省『私立学校の財務状況に関する調査報告書』各年版。
36）文部省『学校基本調査』各年版。
37）文部省『私立学校の財務状況に関する調査報告書』各年版。
38）文部省『学校基本調査』各年版。
39）文部省『私立学校の財務状況に関する調査報告書』各年版。
40）例えば私学振興調査会（1971，1975）では、基準財政需要額と実際の交付額を比較して最低でも基準財政需要額分の交付を行うことを求めている。
41）例えば、日本私立中学高等学校連合会副理事長であった松本武雄は「地方財政の基準財政需要額算定の基準になったというだけで、地方自治体に対し法的に私学に対する助成を義務づけるものでないにしても道徳的乃至は条理的に私学に対し無関心ではいられないことになる」と述べており、私学関係団体が基準財政需要額を一つの基準として県側に求めていたことがうかがえる（日本私立中学高等学校連合会1967）。
42）1973年を100とした場合の消費者物価指数は、1968年は55.7，1969年は59.2，1970年は63.6，1971年は67.1，1972年は70.7，1973年は81.9である。

第5章

私立学校振興助成法の成立による
国庫補助金の導入

　本章は，1975年の私立学校振興助成法の成立によって引き起こされた国の私学助成制度変更が，県が行う私立高等学校への助成に対して及ぼした影響を明らかにする。

　第4章までで確認してきたように，私立高等学校への助成制度は従来県の事務とされてきており，私立学校振興助成法成立以前は県による私学助成は地方交付税によってのみ措置されていた。地方交付税による措置額も当初は少なかったが，1970年の地方交付税法改正によって費目が「その他諸費」から「その他の教育費」に変更されたこと，および人件費が単価に組み込まれたことで，増加した（地方交付税制度研究会1969-1971）。地方交付税単価に人件費が計上されたことで，一部の県が個別に行っていた経常費助成が全国規模で実施されることとなった。経常費は人件費や光熱費など学校運営を行う上で経常的に必要な経費であり，私学経営の中でも大きな割合を占める支出である（杉長1993）。

　第4章で検討したように，人件費を含む経常費助成は地方交付税制度の変更で全国規模で実現したが，使途が定められていない地方交付税を財源とするという性格上，県による私学予算の格差が発生していた。さらに，第1次生徒急増期以降の生徒数減少による収入減や物価高騰による人件費支出等の増加は，私立高等学校に経営難をもたらし，経常費助成の一部を国庫補助金として措置することへの要求は私学団体や県からも上がっていた。

　私立学校振興助成法は，私学助成の県間格差の解消とともに最低基準を担保

することで私学経営の健全化を図ることを目的としていた。これにより県が私立高等学校に対して実施している経常費助成の一部が国庫補助金（私立高等学校等経常費助成費補助）として措置されることになった。

序章でも述べたように，経常費助成費補助は私立学校振興助成法第9条の「学校法人に対し，当該学校における教育に係る経常的経費について補助する場合には，国は，都道府県に対し，政令で定めるところにより，その一部を補助することができる」という文言から読み取れるように，奨励的性格の強いものである。しかし結論を先取りすると，すべての県で経常費助成が実施されることになり，国から経常費助成費補助が交付された。

このように，私立学校振興助成法の成立に伴う国庫補助金制度の導入は県私学助成にとって非常に大きな意味を持つ。しかし，当時の私立学校振興助成法は主に私立大学を念頭に置いたものであり，私立高等学校等については依然として所轄庁としての県の政策決定を尊重する立場にあったためか，私立高等学校等への経常費助成に関しては先行研究が少ない。数少ないものとして国立教育研究所（1987）の研究が挙げられるが，これは同法成立以降の私学助成の実態解明を目的としており，同法成立以前の県私学助成との比較がなされていない。

私立学校振興助成法の制定過程については様々な研究がなされているが（例えば荒井英 2006, 2008 など），これらは主に中央政府での政策決定過程を追ったものであり，中央政府が実施した「国庫補助金制度の導入」という制度変化が県レベルの私学助成制度に対してどのような影響を及ぼしたのかについては分析の対象外であった。しかし，前述したように私立高等学校への助成は県が所轄庁として実施していることから，県が国の政策をどのように受容したのかについて検討し，県による差異を明らかにする必要がある。例えば，第3章では，国庫補助金制度導入以前の県私学助成において，地方交付税法の改正によって，多少のばらつきがありながらも私学助成の額が全国的に増加し，その県間差が縮小していることを明らかにした。

以下では，地方交付税によって措置されていた時期と国庫補助金制度導入以降の県私学助成単価を比較検討することによって，国庫補助金制度が県にもたらした影響について分析する。具体的には，制度変化のきっかけとなった私立

第5章 私立学校振興助成法の成立による国庫補助金の導入

学校振興助成法についての成立経緯と，それが各県に与えた影響について分析を行った（第1節）。次に，地方交付税のみによって措置されていた時期である1972年度から国庫補助金制度が導入された後の1979年度までを対象とし，1975年度の国庫補助金制度の導入前後の県私学助成単価を比較することで，国庫補助金による県への影響を分析する。補助単価に着目する理由は，各県の私立高等学校生徒数の差異を統制するためである（第2節）。さらに，分析をするにあたり特徴的な県を3県選択し，それぞれの県での私学予算の変化を検討することで経常費助成の位置づけの違いについて明らかにする（第3節）。最後に，前2節の内容をまとめ，国庫補助金の導入が県に与えた影響についてまとめる（第4節）。

<u>第1節　私立学校振興助成法の成立と国による私学助成制度の変更</u>

　1975年に私立学校振興助成法が成立した。同法は私立学校を対象とする，人件費を含む経常費への補助に関して規定した法律である。同法の成立過程については序章で触れたように多くの分析がなされているが，その主要なものは私立大学に対する人件費補助を分析対象としたものであった。

　同法の主要な条文は，私立大学の学費値上げに対する大学紛争への対応が主要目的であったことも関係し，主に私立大学を対象としたものとなっている。特に私学助成の大半を占める経常費補助については，私立大学と高等専門学校に対しては，第4条において「国は，大学又は高等専門学校を設置する学校法人に対し，当該学校における教育又は研究に係る経常的経費について，その2分の1以内を補助することができる」と具体的な割合まで示しているのに対し，高等学校以下に対する助成に関しては，第9条で「経常的経費について補助する場合には，国は，都道府県に対し，政令で定めるところにより，その一部を補助することができる」と言及するにとどまっている。

　高等学校以下の私学に対する経常費助成の政策過程については橋野（2016）の研究に詳しい。高等学校への助成については前章で述べたように1970年と1971年の地方交付税法改正以降，地方交付税のみで人件費が措置されていたが，県による助成額の差が大きな問題となっていた。

第 2 部　国による制度変更と県の対応

　法案成立に先立つ 1975 年度の文部省予算の折衝では，高等学校以下の私立学校に対する 170 億円の国庫補助が焦点となっていた。当初は大蔵省によってゼロ査定が下ったが，文部省と文教族議員が復活折衝を行い，最終的には 80 億円で決着している（荒井英 2006，橋野 2016）。この予算措置で決定した 80 億円はあくまで予算補助にすぎず，制度上は恒常的なものではない。私立学校振興助成法の枠に組み込むことで法律補助としての性格を持たせ，さらには補助義務を課すことで恒常的な補助が担保されることとなった。

　しかし，国の財政負担の観点から，高校以下の私立学校には都道府県が補助をすべきであると主張する大蔵省の強い反対にあい，最終的には高校以下の私立学校に助成を行う都道府県への補助は第 9 条の「その一部を補助することができる」という表現にあるように，義務規定はなくなり，あくまで国による奨励的な要素を打ち出すことで決着した。

　このようにして制定された私立学校振興助成法のもとで県による私学助成はどのように変化したのか。その前提として，国による私学助成制度としての地方交付税と国庫補助金の違いを整理しておきたい。地方交付税は 1962 年度以降「その他諸費」に計上されていたが，1970 年の地方交付税法改正により，人件費が地方交付税単価の算定式に含まれることになる。これによって初めて経常費が地方交付税によって措置されることとなった。1972 年度から 1979 年度までの地方交付税単価は一貫して増額されており，1975 年度以降でもこの傾向に変化はなかった[1]。

　これに対し，国庫補助金は 1975 年の私立学校振興助成法の成立により開始されたものだが，県の経常費助成に対して国が補助金を交付することが可能となった。当初は県による自主的な助成という制度の基本を変えることなく，これを促進するための当面の誘導措置として設けられたものであり，一定水準の助成実績のある県に対し，これをさらに促進するに資することを目的としていた。1978 年度予算までは「国の奨励措置をさらに強化」することを目的とした単価の増額を行っており（財政調査会 1975-1978），県による私学助成の底上げを図ろうとしていた。

　では，県の私学助成額の底上げを目的とした国庫補助金制度は，現実にはどのように県の助成を促進させたのだろうか。各県への配分制度からこの点を検

討してみると、私立学校振興助成法が成立した1975年度より国庫補助金が予算計上され、次のような各県への配分基準が設定された。

まず、国庫補助金の標準額（生徒1人当たり単価）を定め、県による助成単価と標準額との差によって配分単価を決定する。配分単価は単価基準との差からAランク、Bランク、Cランクに分けられ、ランクごとに県に配分される国庫補助金の単価が異なる。県助成金がCランクに設定されている単価を下回った場合、国庫補助金は配分されない。

それぞれのランクを分けるのは標準額との差であるが、1975年度ではAランクが標準額の100％以上、Bランクが標準額の85％以上、Cランクが標準額の70％以上と設定されているのに対して、1979年度では最も低いCランクで標準額の88％を満たしている必要がある。国庫補助金が交付されるための基準がより厳しくなっていることがわかる。

私学助成を実施せざるをえない状況下において、財政難の県が助成額をより多く確保するためには、国庫補助金の配分を受けざるをえないが、そのためには国庫補助金単価の標準額を最低限でも措置しなければならないというメカニズムがここから発生する。また、ランクが上がることによって配分される単価が増加することから、財政難の県であるほど少しでも標準額に近づける、ないしはそれを上回ることで、より多くの国庫補助金を得ようとすることが考えられる。

第2節　国の制度変更に対する都道府県の対応

国による私学助成制度の制度変更は、国庫補助金の新設と地方交付税の増額に現れている。では県による私学助成はこの変更によってどのような影響を受けたのか。

まず、全国平均の推移について検討する。図5-1は1972～1979年度までの県助成単価、地方交付税単価、国庫補助単価の推移をグラフ化したものである。1974年度までは地方交付税単価と県助成単価が同時に上昇していることから、県助成単価が地方交付税単価に準じた形で設定されていると推測することができる。国庫補助金が導入された1975年度以降も各単価は増加傾向にあ

第2部　国による制度変更と県の対応

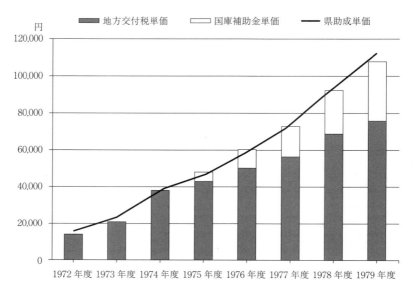

出所：日本私立中学高等学校連合会『都道府県私学助成状況』各年版より筆者作成。

図 5-1　県助成単価，地方交付税単価，国庫補助金単価の推移

り，県助成単価も国庫補助単価と地方交付税単価の和とほぼ同額で推移している。前述したように，国庫補助金交付の前提となる標準額の設定が，県助成単価が地方交付税単価を下回るのを妨げたと推測される。このように全国的な平均値の推移からも，国庫補助金制度の導入による県助成単価の増額の影響を観察することができる。

　次に県がとった対応について，各県の助成単価から検討する。国からの措置額の増加に伴い全国平均値は増加したが，各県の助成単価のばらつきを検討することで国からの措置額が県の助成単価に対して与えた影響を明らかにする。第1に，国からの措置額と県による交付額の関係である。国からの措置額が増加し，さらに国庫補助金の配分基準額が定められたことで，最低額の上昇が起こると考えられる。すなわち，大半の県が標準額以上の助成単価を設定すると推測されるのである。

　図 5-2 は 1972 年度，1976 年度，1979 年度の地方交付税単価および国庫補助単価（国措置額）と県助成単価（県措置額）の関係を「県措置額／国措置

第 5 章　私立学校振興助成法の成立による国庫補助金の導入

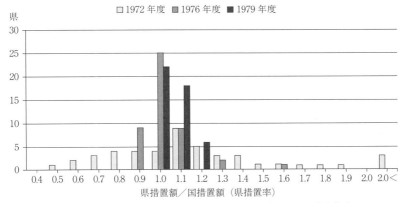

出所：日本私立中学高等学校連合会『都道府県私学助成状況』各年版より筆者作成。

図 5-2　県措置率（県措置額／国措置額）の分布

額」（県措置率）としてグラフ化したものである。1975 年に国庫補助金制度が導入されたため，国措置額は 1972 年度は地方交付税単価のみ，1976 年度および 1979 年度は「地方交付税単価＋国庫補助単価」として計算している。1972 年度時点では変動係数が 0.39 であり，その分布に大きなばらつきがみられる。単価の低い県では国措置額の約 50％を助成単価として設定し，単価の高い県では国措置額の 2 倍以上の助成単価を設定している。1975 年度に国庫補助金制度が導入されると，その傾向は変化し，1976 年度時点では変動係数は 0.11 となり，ばらつきが減少した。措置率 1 から 1.1 には 34 県が該当し，大半が国措置額に近い値での推移となっている。最も助成単価が低い県であっても国措置額の 9 割以上を単価として設定している一方で，国措置額を大幅に上回った単価設定を行う県も措置率 1.6 が 1 県のみであり，大きく減少している。その傾向は 1979 年度になるとさらに顕著になり，各県の措置率が 1 から 1.2 の間におさまっており，変動係数も 0.04 と県間のばらつきが大きく減少した。

　県措置率の最頻値が 1 となり，その変動係数も国庫補助制度の導入以降も継続的に縮小していることは，国庫補助金制度の導入によって単価の低い県が国からの措置額に近づけるように単価の底上げを行った一方で，単価の高い県も大きな増額をせずに国からの措置額に近づける傾向があったことを示している。

これは全体として県の分布が国措置額に収斂していく状態になっているといえる。

第2に，助成単価そのものの推移である。国庫補助金制度の導入によって低い単価の底上げが図られたが，1972年度時点での県助成単価の高低は，国庫補助金制度導入後の助成単価にどのような変化をもたらしたのかについて検討する。

図5-3は1972年度の県私学助成単価と1979年度の県私学助成単価の関係を示した散布図である。1972年度の県私学助成単価は変動係数が0.39とばらつきが大きいのに対して，1979年度は変動係数が0.05となっている。これは1979年度には私学助成単価を標準額である10万8,140円付近に設定している県が16県あるためであり，かつ最小値が10万8,100円，最大値が12万8,290円となっているためである。1972年度に高い単価を措置していた県が1979年度には基準額に近似した額を単価として設定していることがわかる。

図5-4は1972年度時点の県措置額と国措置額の比率と1972年度から1979年度にかけての県助成単価の増加率を散布図にしたものである。散布図の形状は反比例に近い曲線を描いており，1972年度時点で比率が低い県の増加率が高く，比率が高い県の増加率は低く抑えられていることが読み取れる。

このように，地方交付税時代の助成単価が低かった県は国庫補助配分を受けるために標準額に近づける増額を図った一方で，単価がすでに高かった県は，国庫補助金制度の導入以降はその増加率を抑えている。1979年度は多くの県が国庫補助標準額である10万8,140円を助成単価として設定しており，標準額を参考にした単価設定を行っている。

以上，国の私学助成制度の変更と県の対応についての検討からは次の2点が明らかになった。第1に，国庫補助金制度の導入の目的の一つには県私学助成の向上を図ることがあったが，その目的は全国平均としては達成されたことである。第2に，個別の県ごとに検討すると，標準額規制がなかった時期に低い単価を設定していた県は標準額まで増額させた一方で単価の高かった県は増加率を下げ，標準額に近似した額を設定したことである。国が設定した標準額とランク制という制度は，各県に私学助成のスタンダードを与えたといえる。結

第 5 章　私立学校振興助成法の成立による国庫補助金の導入

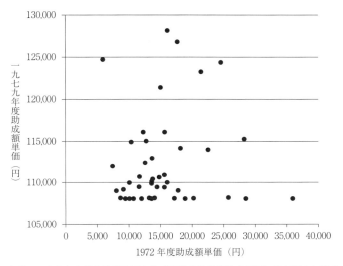

出所：日本私立中学高等学校連合会『都道府県私学助成状況』各年版より筆者作成。

図 5-3　1972 年度助成額単価と 1979 年度助成額単価の散布図

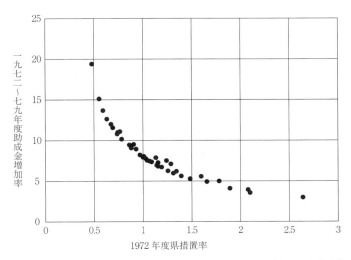

出所：日本私立中学高等学校連合会『都道府県私学助成状況』各年版より筆者作成。

図 5-4　1972 年度県措置率と 1972 〜 1979 年度助成金増加率の散布図

果として，単価設定が標準額に収斂したと考えることができる。

第3節　事例分析

本節では私学予算全体の中での経常費補助金の位置づけの変化について事例分析を行う。前節では経常費補助金の増減にのみ着目して分析を行ったが，経常費補助金の変化を他の私学予算の項目との関係から明らかにすることが重要である。経常費補助金に加えて，私学予算総額や幼稚園から高等学校を対象とした私学関係補助金の変化を明らかにするために，それぞれの事例において私学予算の総額とその構成要素の推移を検討する。具体的には各県の私学予算を5つの構成要素（経常費補助金，経常費貸付金，その他補助金，貸付金，出資金）に分類し，それぞれの比率および金額を時系列的に分析する。

ケースとして選択したのは，①北海道，②千葉県，③広島県，④東京都，⑤愛知県である。①北海道は前節の分析において1972年度からの県措置率（県措置額／国措置額）の上昇率が最も高かった事例，②千葉県および③広島県は1972年度と1979年度時点での県措置率がほぼ変わらなかった事例，④東京都および⑤愛知県は1972年度からの県措置率の上昇率が最も低かった事例である[2]。それぞれのケースを分析することによって，国による措置額の変化が県の私学助成に対して与えた影響を明らかにする。

第1項　北海道

図5-5は北海道の私学予算額とその構成要素の推移をグラフ化したものである。北海道は1972年度から1976年度にかけて私学助成の総額が右肩上がりで上昇しているが，その内訳をみると貸付金比率と経常費貸付金比率の割合が高いことが特徴的である。例えば1971年度に人件費が地方交付税の算定基準として計上されることで北海道の経常費は増加しているが（詳しくは第4章参照），その半分以上を貸付金によって実施していた。1975年度の国庫補助金制度の導入によって経常費補助金の比率が増加し，経常費貸付金の割合は減少して1979年には廃止された。経常費補助金の比率は1972年度時点と比較すると4倍近くに増加しており，国庫補助金制度の導入が北海道の経常費助成に対し

第5章　私立学校振興助成法の成立による国庫補助金の導入

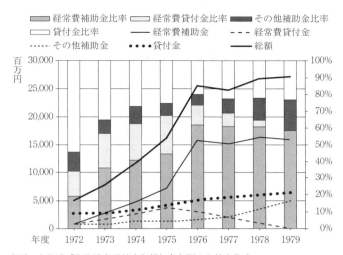

出所：北海道『北海道私学教育年報』各年版より筆者作成。

図 5-5　北海道の私学予算額とその構成要素の推移

て大きな影響を与えていることが読み取れる。しかし，経常費補助金の額自体は 1976 年度以降大きな増加をみせておらず，1976 年度には前年より倍増したが，それ以降は 157 億～160 億円で推移している。また，1976 年度以降経常費補助金と同様に増加しているその他補助金は 1977 年度以降に特殊教育対策補助金などが新設されたことから大きな影響を受けている。

　北海道の全日制私立高等学校の学校数，生徒数，本務教員数，授業料および本務教員給与の推移をみると，学校数は 1972 年度をピークとして減少しており，1979 年度までに 6 校減少して 52 校となっている。学校数の減少と対応して生徒数も減少しており，1972 年度には 5 万 7,000 人いた生徒数が 1979 年度には約 5 万人になっている。一方で本務教員数は微増と微減を繰り替えしており，1972～1979 年度には 2,000～2,200 人の間で推移している。授業料と本務教員給与はともに大幅な増額となっており，生徒 1 人当たり年間授業料は 1972 年度の 4 万 4,000 円から 1979 年度の 12 万円に，本務教員 1 人当たり年間給与は 1972 年度の 140 万円から 1979 年度の 444 万円になっている。両者ともに 8 年間で約 3 倍増となっている。

第2部　国による制度変更と県の対応

第2項　千葉県

　図5-6は千葉県の私学予算総額とその構成要素の推移をグラフ化したものである。千葉県では1972年度から1979年度にかけて右肩上がりで助成総額が上昇している。貸付金の比率は低く，基本的に給付型の補助金で措置しているのが特徴である。1975年度以前は，施設整備事業費補助などのハード面への補助金や私立幼稚園への補助金の比率が相対的に高かったため，その他補助金が全体の20～30％を占めていた。1975年の国庫補助金制度の導入以降は経常費補助金の比率が県私学予算の80％以上を占めており，私学予算総額は基本的に経常費補助金の増額によってまかなわれていたことが読み取れる。

　次に，千葉県の全日制私立高等学校の1972～1979年度当時の学校数，生徒数，本務教員数，授業料と本務教員給与の推移をみると[4]，学校数，生徒数，教員数はすべて増加しており，学校数は1972年度には32校であったのに対し，1979年度には42校に増加している。生徒数は1972年度の3万5,000人から1979年度には4万1,000人に増加し，本務教員数は1972年度の1,300人から1979年の1,690人に増加している。生徒1人当たり年間授業料と本務教員1人当たり年間給与も8年間で大幅に増加しており，授業料は1972年度の3万3,000円から1979年度の11万9,000円と約3.5倍，本務教員給与は1972年度の87万円から1979年度の409万円と4.6倍になっている。

第3項　広島県

　図5-7は広島県の私学予算額とその構成要素の推移をグラフ化したものである。1972年度から1979年度にかけて継続的に増加している。この図の「経常費補助金」には人件費や管理経費等経常費のほかに設備費も含まれている。経常費補助の増え方と総額の増え方がほぼ同じであり，1972年度に約6億円が措置されていた経常費補助が1979年度には約50億円に増加している。私学予算に占める経常費補助金比率も経常費補助の増額とともに上昇しており，1972年度には約60％であった比率が国庫補助金制度導入後の1975年度以降は80％になっている。

　その他補助金については8年間を通じて微増しているが，その大半を占める

第 5 章　私立学校振興助成法の成立による国庫補助金の導入

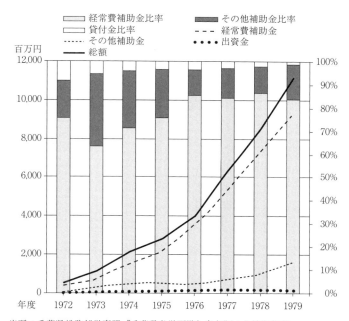

出所：千葉県総務部学事課『千葉県私学要覧』各年版より筆者作成。

図 5-6　千葉県の私学予算額とその構成要素の推移

のは「私学団体補助」や「私学共済組合補助」など教員の福利厚生に関わる補助と 1975 年に新設された「高等学校授業料軽減補助」である。後者については 1975 年度の開始時点では 2,700 万円が計上されていたが，1979 年度には約 8,000 万円が計上されている。

また，広島県の場合，国庫補助金制度導入以前の貸付金比率が 20 ～ 30 ％ と比較的高い水準で推移しているのが特徴的である。貸付金は基本的に施設設備の整備に関連する事業に対して行われてきた。貸付金の額は 1972 年度から 1974 年度にかけては 3 億 2,000 万円から 6 億 5,000 万円に増額されるなど大幅に拡充され，1975 年度以降も 5 億円台で推移していたが，経常費補助金が増えたため，相対的に貸付金比率が減少することとなった。

次に，広島県の全日制私立高等学校の 1972 ～ 1979 年度当時の学校数，生徒数，本務教員数，授業料と本務教員給与の推移をまとめると[5)]，学校数，生徒数，

第2部 国による制度変更と県の対応

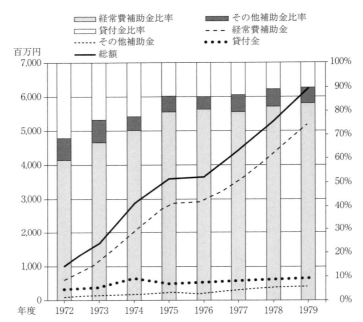

出所：日本私立中学高等学校連合会『都道府県私学助成状況』各年版より筆者作成。

図5-7　広島県の私学予算額とその構成要素の推移

本務教員数はすべて減少傾向にあった。学校数は8年間で3校減って1979年度には33校となり、生徒数は1972年度には3万5,000人であったのが1979年度には2万8,000人となった。授業料と本務教員給与は増加傾向にあり、生徒1人当たり年間授業料は1972年度の6万6,000円から1979年度の20万円と約3倍に増加しており、本務教員1人当たり年間給与も1972年度の141万円から1979年度の313万円へと約2.2倍に増額している。

第4項　東京都

図5-8は東京都の私学予算額とその構成要素の推移をグラフ化したものである。東京都では1972年度から1979年度にかけて右肩上がりで助成総額が増加している。千葉県と同様にその内訳は基本的に給付型の補助金となっており、貸付金の比率は1％にも満たない。1973年度から1978年度にかけては、その

第 5 章　私立学校振興助成法の成立による国庫補助金の導入

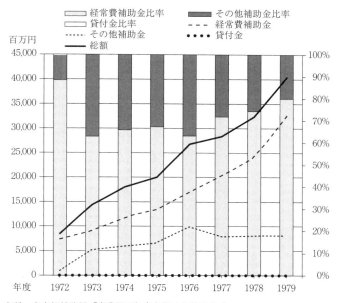

出所：東京都総務局『事業概要』各年版より筆者作成。

図 5-8　東京都の私学予算額とその構成要素の推移

他補助金の割合が全体の 30 ～ 40％近くを占めており，他県の事例と比較すると国庫補助金制度の導入によって経常費補助金の私学予算のシェアが大きく増加したとはいえない。その他補助金の項目には私立高等学校特別奨学金補助など家庭の授業料等の負担軽減を目的とした補助金が 1970 年代に多数新設されている。これらが 1970 年代を通じて多く措置されており，これがその他補助金の割合を高めている。

次に，東京都の全日制私立高等学校の 1972 ～ 1979 年度当時の学校数，生徒数，本務教員数，授業料と本務教員給与の推移をまとめると[6]，学校数は 8 年間で 3 校減少し 241 校に微減しているものの，生徒数と本務教員数は微増している。生徒数は 1972 年度の 23 万人から 1979 年度の 25 万人になり，教員数も 8,400 人から 9,300 人に増えている。授業料と本務教員給与は増加傾向にあり，生徒 1 人当たり年間授業料は 1972 年度の 6 万 3,000 円から 1979 年度には 20 万円と約 3.2 倍増になっている。本務教員 1 人当たり年間給与も 1972 年度

には200万円であったが，1979年度には500万円に増額しており，約2.4倍増となっている。

第5項　愛知県

　図5-9は愛知県の私学予算額とその構成要素の推移をグラフ化したものである[7]。愛知県でも他県と同様に1972年度から1978年度にかけて右肩上がりで助成金総額が増加している。その内訳は基本的に給付型の補助金であり，貸付金は全体の2％前後で推移している。貸付金の主な用途は父母負担軽減を目的とした授業料や入学金に対する補助である。1977年度に前年度比3倍以上の増額している。経常費補助については，1968年度に人件費が初めて補助対象として計上されて以来増加し続けており，その傾向は1972年度以降も継続している。1972年度時点では18億円の経常費補助が措置されていたが，1978年度には125億円に増加している[8]。

　愛知県はその他補助金率が継続的に高いことが特徴であるが，その他補助金の大半を占めているのが「私立高等学校授業料軽減補助金」である。当該補助金は一定の所得基準を下回る家庭，または，定時制課程に学ぶ勤労生徒に対して学校が実施した授業料軽減措置に対して，県がその軽減額の一部を学校に対して補助する制度である。軽減額は年々増加し，1978年度時点では全生徒数の半数以上が軽減対象者となっていた。1972年度には3億5,000万円が措置されていたが，1974年度に14億6,000万円と約4倍増となり，1978年度には17億4,000万円が措置されるようになった。経常費補助の国庫補助金制度が開始する1975年度以前は経常費補助の伸び率も高くなかったため，その他補助金比率が増加していった。

　また，図5-9には含まれていないが，愛知県では県によって「施設整備資金融資斡旋」が行われていた。私立学校が施設整備を行う際に市内銀行から融資を受けやすくするために県が債務保証と利子補給をした。これによって1973年度から1978年度で合計約61億円の融資斡旋が行われた[9]。

　次に，愛知県の全日制私立高等学校の1972～1978年度当時の学校数，生徒数，本務教員数，授業料と本務教員給与の推移をまとめると[10]，学校数，生徒数，本務教員数は8年間でわずかではあるが増加している。学校数は1校増の47校，

第5章　私立学校振興助成法の成立による国庫補助金の導入

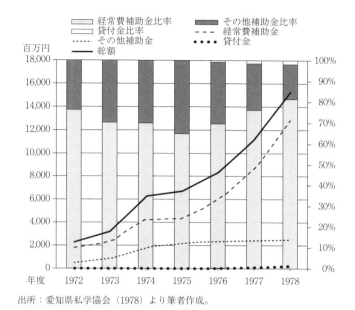

出所：愛知県私学協会（1978）より筆者作成。

図5-9　愛知県の私学予算総額とその構成要素の推移

生徒数は7万4,000人から7万7,000人に，教員数は2,600人から2,800人に増加している。

授業料と本務教員給与も8年間で大幅に増加しており，生徒1人当たり年間授業料は1972年度の6万円から1979年度には16万円に増えており，2.7倍増となっている。また，本務教員1人当たり年間給与は1972年度の186万円から1979年度には498万円に増えており，2.7倍増となっている。

第6項　事例分析の小括

以上の事例分析から多様な私学予算編成が明らかになった。県措置率（県措置額／国措置額）が最も上昇した北海道は財政難であったこともあり，私学助成の一部を貸付金によって行っていた。国庫補助金の導入によって最低限の補助額が設定されたことで初めて補助金の交付額が大幅に増加したが，財政難自体は解消されていないため，依然として貸付金が項目に残っているのが特徴で

ある。千葉県や広島県は，国庫補助金制度導入前後で県措置率は大きく変化していないことから，国の措置額の上昇に合わせて県の措置額を上昇させていたといえる。また，その他の補助金比率も1976年度以降は減少傾向にあったことから，国庫補助金制度の導入によって県の私学助成政策が経常費補助金の措置へと大きくシフトしたことが推測できる。県措置率の上昇率が低かった東京都や愛知県では，経常費補助金以外のその他補助金の比率の高さが特徴的である。国庫補助金制度の導入直後にも大きな上昇はみられず，国による制度変更の影響が他県と比較して小さい。むしろ，私立幼稚園から高等学校までの就学援助や奨学金などの補助金を1970年代に新設していることから，愛知県や東京都では学校への経常費補助金の措置以外にも私立学校に子弟を通わせる家庭の負担の軽減を意識した私学助成政策を打ち出していたことが読み取れる。

また，それぞれの県における生徒数や教員数，授業料，本務教員給与の比較からは，北海道と広島県が生徒数や教員数が微減していたのに対し，千葉県，東京都，愛知県の3県では微増していたことがわかる。また，授業料と本務教員給与との比較からはいずれも例外なく授業料と給与が大幅に増加していたことが確認される。

第4節　小括

以上の分析から次のことが明らかになった。第1に，国庫補助金制度の導入が各県の私学助成の増額をもたらし，それが全国的に一つの「基準」を作り出したことである。経常費助成費補助は奨励的補助金としての側面が強いものの，私学助成の実施に際しては例外なくすべての県が標準額を超えた助成単価を設定している。地方交付税のみによって私学助成が措置されていた時期には，県は独自に助成単価を設定しており，地方交付税単価を大幅に下回る単価設定を実施した県も多数存在していた。このことから，国庫補助金制度は，地方交付税で基準財政需要額として措置されていた私学助成単価を私学助成金として可能な限り高い額で予算計上させる制度としての機能を果たしているといえる。また，助成単価の低い県に対して増額を奨励する目的で導入されたランク制であるが，従来は助成単価が高かった県の行動にも影響を与えている。標準額と

第 5 章　私立学校振興助成法の成立による国庫補助金の導入

いう基準ができたことによって，従来高い単価を設定していた県は基準額近くまで下げてしまう傾向を示し，助成単価の均一化が発生した。国庫補助金制度が一つのスタンダードとして県による私学助成の底上げに影響を与えた一方で，地方交付税時代に多額の助成を措置していた県は基準額や国の措置額に近い額での推移となり，結果的に他県と比べて増加率が抑制されることになった。

　私学助成は県の事務として県独自の基準で行われてきたものであった。地方交付税制度による措置は所轄庁としての県の裁量を尊重したものであり，国庫補助金が奨励的補助金として設定されたのも，最低基準を定めつつも原則的に県の私学助成単価に依存する単価設定とすることで，県による私学助成制度設計の自主性を担保させる目的があったと考えられる。しかし，結果として国庫補助金制度の導入は当初の目的通りの底上げを達成する一方で，大半の県が国庫補助金が定めた標準額に収斂するような行動をとる要因になったと考えることができ，その意味では国による制度変更は意図せざる機能を持ったともいえる。

　第 2 に，私学予算全体の中での経常費補助金の位置づけの県間差である。県措置率の上昇度合いの違いによって県の私学予算の内訳は大きく異なっている。北海道のように大幅に単価を増額させた県では財政的な事情もあって，依然として貸付金を多く措置している上に補助金の大幅な増額は行われない。一方で東京都のように経常費単価の上昇が低い県では，授業料軽減補助など経常費以外の補助金の増加率が高くなっている。東京都は私立学校に通う児童生徒数が全国で最も多いことから，授業料負担の軽減が他県よりも大きな課題として浮上しやすかったことがその要因と考えられる。このように本章の分析から県による私学助成政策の優先順位の違いが明らかにみてとれる。

---

1)　例えば地方交付税単価は 1972 年度には 1 万 3,600 円だったのに対し，1979 年度には 7 万 6,100 円となっており，約 6 倍の増加となっている。
2)　北海道は 1972 年度の「県措置額／国措置額」が 0.47，1979 年度が 1.13 である。千葉県は 1972 年度が 0.85，1979 年度が 1.00 である。広島県は 1972 年度が 1.12，1979 年度が 1.10 である。東京都は 1972 年度が 2.09，1979 年度が 0.98 である。愛知県は 1972 年度が 1.59，1979 年度が 1.12 である。

第 2 部　国による制度変更と県の対応

3) 学校数，生徒数，本務教員数は文部省『学校基本調査』各年版による。授業料および本務教員給与は文部省『私立学校の財務状況に関する調査報告書』による。
4) 同上。
5) 同上。
6) 同上。
7) 資料上の制約により，愛知県のみ 1972 年度から 1978 年度までとなっている。
8) 1972 年 11 月に愛知県私立学校審議会が「私学助成金の大幅増額について」という建議を知事に提出して人件費補助等の拡充を要請するなど，私学助成増額のための動きも活発であった。
9) 愛知県私学協会（1978），84 頁。
10) 学校数，生徒数，本務教員数は文部省『学校基本調査』各年版による。授業料および本務教員給与は文部省『私立学校の財務状況に関する調査報告書』による。

第6章

財政難・生徒減少期の私学助成

　本章は1990年代以降の県私学助成制度の実態について検討する。前章では国庫補助金制度の開始によって県私学助成にどのような変化が現れたのかについて検討した。第1章で検討したように，国庫補助金制度はその後特別補助の導入など様々に変化してきている。

　1990年代はバブル崩壊後の景気低迷によって，中央政府も地方政府ともに負債残高が上昇して財源不足となった。財政難への対応策として，国庫補助負担金の整理合理化や補助負担率の引き下げが議論されるようになり，1994年度に国庫補助金である私立高等学校経常費助成費補助が減額され，その分が地方交付税によって措置された。2000年度前後になっても財政難は継続し，財政支出の削減対象として私学助成も例外ではなくなっていった。行政的な背景としては地方分権改革が挙げられる。財政難によって国と地方財政は逼迫しており，毎年の予算編成においてシーリングが求められるようになった。一方で，地方分権改革によって地方自治体の権限が増大したことで，県が独自性のある施策を実行することができる素地ができあがった。

　社会的な背景としては1990年代から生徒減少期が始まったことが挙げられる。生徒数は1990年代から断続的に減少しており，2000年度以降になるとその減少幅がさらに大きくなる。生徒数の減少は県の私学政策に対して様々な影響を与えたものと推測され，この時期の私学助成を検討する上で重要な変数となる。

　本章が対象とする時期における私学助成に関連した大きな制度変化は，地方

交付税の算定基準の変更である。1999年度以降，測定単位が「人口」から「私立学校の児童数・生徒数」に変更された。この制度変更によって基準財政需要額を児童・生徒数に即した形で算定することが可能となった。

　本章では，上記のような私学助成制度や国の制度変化によって県の私学助成はどのような影響を受けるのかについて検討する。第1節で国による県私学助成に関する制度的な変化の動向を確認した上で，第2節では国の制度変化を県がどのように受容したのかを分析するために県全体の傾向を追う。具体的には，これまでの章で検討してきた国庫補助単価と地方交付税単価，県私学助成単価の比較や県措置率の分布から県私学助成の相対的な動向を検討する。また，国庫補助金の特別補助制度が県によってどのように受容されているのか，特別補助項目を私学助成項目として設定している県の数を分析する。第3節では県レベルでの詳細な行動を検討するためにケーススタディーを行う。財政力と私立学校比率という2つの軸から山形県，千葉県，宮城県，長野県の4県を抽出し，さらに外れ値として北海道と東京都を取り上げ，これら合計6県の県私学助成の実態を分析する。それらの分析から得られた知見をもとに，第4節で本章のまとめを行う。

第1節　2000年前後の国の動向

第1項　国庫補助項目・金額の変遷

　まず，国庫補助項目とその金額の変遷について検討する。表6-1は1993年度から2006年度までの国庫補助金費目の私立学校助成費に計上された，私立高等学校に関係する補助項目の変遷を追ったものである。網掛けになっている部分は該当年度にその補助項目が存在したことを示す。太字部分は法律補助である。経常費助成費補助（一般補助，特別補助）[1]は私立高等学校に対して経常費助成を実施している県への奨励的補助金であり，私立学校振興助成法を根拠としている。また，産業教育施設整備費等に代表される補助項目は，産業教育振興法などの法律を根拠としている奨励的補助金である[2]。

　1993年度から2006年度までの期間に新設されたり統廃合された項目として，

表 6-1　私立高等学校関係の国庫補助項目の変遷

補助項目／年度（1993～2006年度）	93	94	95	96	97	98	99	00	01	02	03	04	05	06
私立高等学校等経常費助成費補助金（一般補助）	■	■	■	■	■	■	■	■	■	■	■	■	■	■
過疎高等学校特別経費（特別補助）	■	■	■	■	■	■	■	■	■	■	■	■	■	■
私立高等学校産業教育施設整備費	■	■	■	■	■	■	■	■	■	■	■			
私立学校教育研究装置等施設整備費	■	■	■	■	■	■	■	■	■	■	■			
私立高等学校体育等諸施設整備費	■	■	■	■	■	■	■	■	■	■	■			
農業経営者育成高等学校特別経費（特別補助）	■	■	■	■	■	■	■	■	■	■	■			
特殊教育諸学校等運営費（特別補助）	■	■	■	■	■	■	■	■	■	■	■			
広域通信制高等学校運営費（特別補助）	■	■	■	■	■	■	■	■	■	■	■			
特色教育振興モデル事業費（特別補助）					■	■	■	■	■	■	■			
教育改革推進特別経費（特別補助）					■	■	■	■	■	■	■			
私立学校施設高度化推進事業費補助金					■	■	■	■	■	■	■	■	■	■
授業料減免事業臨時特別経費（特別補助）								■	■	■	■	■	■	■
私立高等学校経常費補助												■	■	■

注：太字は法律補助。
出所：財政調査会『補助金総覧』各年版より筆者作成。

まず経常費助成費補助の特別補助項目を挙げることができる。1997年度に特別補助項目として特色教育振興モデル事業費と教育改革推進特別経費が新設された。2000年度には授業料減免事業臨時特別経費が新設され，2003年度には特色教育振興モデル事業費等4つの補助項目が廃止され，2004年度に国から直接学校法人に補助する私立高等学校経常費補助に移行した。施設整備関係の補助金では，1997年度に私立学校施設高度化推進事業費補助金が設置された。

図6-1は私立高等学校関係の国庫補助金額の変遷である。内訳は，経常費助成費補助（一般補助），経常費助成費補助（特別補助），その他国庫補助（施設・設備補助等），学校法人に対して直接交付する経常費助成費補助（直接補助）である。

国庫補助金の措置額全体の推移をまとめると，1993年度時点では922億円措置されていたが，1994年に行われた経常費助成費補助（一般補助）の減額に影響される形で，この年は723億円に減少した。その後は増額傾向にあり，2004年度には121億円が措置されたが2005年度からは再び逓減して2006年度には118億円になっている。内訳をみると，第1に経常費助成費補助（一般

第2部　国による制度変更と県の対応

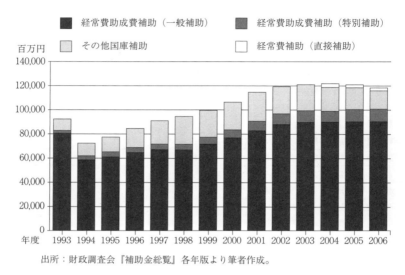

図6-1　国庫補助金額の推移

補助）は，1993年度に806億円措置されていたが，1994年度には585億円になっており，約27％の減少となった。しかしながら，その後は増加傾向に転じ2006年度には約904億円に増額している。第2に，経常費助成費補助（特別補助）は一般補助と異なり，1994年の国庫補助金削減の影響を受けていない。そのため，1993年度以降一貫して増加傾向にあり，1993年度に22億円であった措置額が2006年度には104億円になっている。前年度比増加率は一般補助よりも高く，この時期に文部（科学）省が重視した補助金が特別補助であったことが読み取れる。第3に，2004年度に開始された学校法人への経常費助成費補助の直接補助は，2004年度に30億円が措置されたが，その後は逓減しており2006年度には23億円となっている。最後に，その他の国庫補助は2001年度まで増加傾向にあり，ピーク時は239億円が措置されていた。しかしその後は減少しており，2006年度には151億円が措置されている。

第2項　地方交付税の動向

本項では地方交付税の動向を検討する。1990年代以降で地方交付税に関す

る大きな変化は2つある。第1に，1994年度における国庫補助金の大幅削減に伴って起きた地方交付税措置分の増加である。第2に，1999年度における細目と測定単位の変更である。費目は従来通り「その他の教育費」に含まれているが，細目が総務調査費から私立学校助成費として独立し，単位費用を算出するための測定単位が「人口」から「私立の学校の幼児・児童及び生徒の数」に変更された。標準団体の行政規模は3万人である。

1993年度から2006年度までの私学予算における地方交付税措置額の変遷を検討すると，1993年度には3,954億円措置されていた地方交付税は1994年度には4,469億円となり，その後も増額している。測定単位が変わった1999年度以降であっても，例えば2000年度時点で5,024億円の措置になっており，措置額自体に大幅な増加はみられない。2006年度には5,187億円が措置された。地方交付税措置額の推移の特徴は増加率の変動である。1994年度には前年比約13％増，1995年度には約3.3％増となっていたが，それ以降の増加率は低くなっており，2001年度までは毎年1～2％増で推移している。そして，2002年度以降になると前年比1％未満となりほぼ横ばいの額となる（日本私立中学高等学校連合会2011：6-7）。

第2節　国の制度変更に対する都道府県の対応

本節では，1993年度以降の全国的な県私学助成の動向について検討する。前節で検討したように，経常費助成費補助は国庫補助金として措置された額および地方交付税として措置された生徒1人当たり単価としては基本的に増額傾向にあった。また，国庫補助金の特別補助の項目が多様化し，特別補助の総額自体も増加傾向にあった。このような国による私学助成の制度変化を受けて県はどのような対応をとったのかについて検討する。第1項では県による私学助成額全体の変化を県措置率の変遷を分析することによって明らかにする。第2項では県ごとの特別補助項目の導入状況を経年的に分析することで，選択可能な補助項目である特別補助を県がどのように受容してきたのかについて明らかにする。

第2部　国による制度変更と県の対応

第1項　県における私学助成額の変化

1　県私学助成額の変化と国措置額

　図6-2は，経常費に関する県私学助成と国庫補助金，地方交付税それぞれの生徒1人当たり単価の推移についてグラフ化したものである。1993年度から2006年度までの14年間，国庫補助単価，地方交付税単価，県私学助成単価ともに増額していることが読み取れる。1994年度に国庫補助単価が減額されて地方交付税単価が増額したが，県私学助成の単価は前年度比増で推移している。1999年度に経常費補助の地方交付税の測定単位が「人口」から「私立の学校の幼児・児童及び生徒の数」に変更されたが，地方交付税単価や県私学助成単価に変化は生じていない。県私学助成単価は14年間で漸増しており，1994年度の約24万円から2006年度には約31万円に増額されている。

　次に，国措置額（国庫補助単価＋地方交付税単価）と県私学助成単価の差について検討する。前章においても国措置額と県私学助成単価の差について検討したが，国措置額に対して県単独で大幅な財源措置をする事例は多くなかった。しかし，1994年度には国措置額に対して平均約4万円の県単独での財源措置をしており，この間一貫して国措置額を上回る私学助成単価を設定している。この間一貫して国措置額単価を県私学助成単価が上回っているものの，県単独での財源措置単価は減少しており，1997年度時点での5万円をピークに以後は逓減している。特にそれは2000年度以降に顕著で，同年度に3万円台になり，2006年度には約2万円となっている。

　このように，県私学助成単価のみをみれば14年間継続的に漸増していたのは国庫補助単価と地方交付税単価が漸増傾向にあったことが背景にあった。その一方で県独の財源措置額が減少していることで，国措置額の増加分に対して県私学助成単価の増加分が少なくなっている。

2　県措置率の変遷

　国庫措置単価に対して県助成単価が減少していることが確認されたが，ここでは具体的に県措置率の県ごとの分散がどのように変化してきたのかを検討する。図6-3は県措置率を1976年度，1981年度，1990年度，2000年度，2010

第6章　財政難・生徒減少期の私学助成

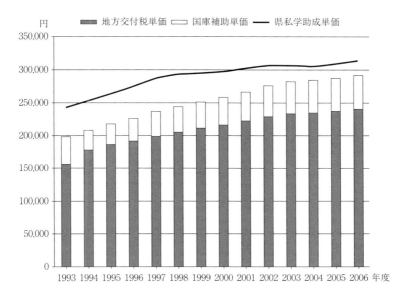

出所：日本私立中学高等学校連合会『都道府県私学助成状況調査報告書』各年版より筆者作成。

図6-2　県の私学助成単価と国庫補助単価・地方交付税単価の変遷

年度に分け，措置率の県ごとの分布の変化をグラフ化したものであり，**表6-2**はその記述統計量である。

前章で検討したように，1976年度に国庫補助金が導入された時点で，すでに県措置額と国措置額はほぼ均衡している状態にあった。一方で，国による措置額を下回る県も一定程度（9県）存在し，かつ措置率1.3の県や1.6の県が存在するなど，県による措置率に差が出ていた。1980年度にランクに基づいた国庫補助単価決定から県実績に応じた単価決定に制度が変更したことで分散が縮小し，大半の県が措置率1.1に収斂し，最も高い措置率が1.2となった（7県）。

1990年度以降になると，分散が再び拡大する。1990年度は最頻値が措置率1.2となり，1.4や1.5の措置率の県もみられるようになった。この傾向は2000年度まで続いており，2000年度には措置率の分布の最小値が1.0（1県）となり，残りの県は最大で1.4までの措置率分布となっている。このように，2000年度までは総体としての措置率の平均値は上昇し，同時に高い措置率の県が増加し

第 2 部　国による制度変更と県の対応

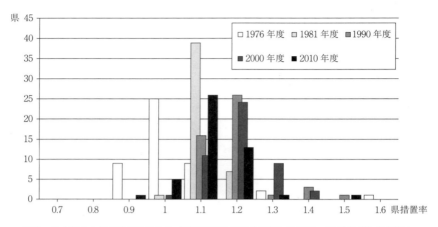

出所：日本私立中学高等学校連合会『都道府県私学助成状況』各年版、『内外教育』各年版より筆者作成。

図 6-3　県措置率（県措置額／国庫措置額）10 年ごとの推移

表 6-2　県措置率の記述統計量

	1976 年度	1981 年度	1990 年度	2000 年度	2010 年度
平均	0.977	1.042	1.133	1.155	1.071
分散	0.013	0.001	0.008	0.006	0.007
最小	0.809	0.994	1.014	0.983	0.859
最大	1.505	1.145	1.492	1.371	1.448
標本数	46	47	47	47	47

たことで分散も拡大していることがわかる。

　この傾向は 2010 年度になると変化する。県措置率の平均値が小さくなり 1.0 台となる。最大値は 2000 年度時点よりも高くなっているが、最頻値が 1.1 となったのは、2000 年度までのように措置率 1.3 以上の県が数県しか存在しないことがその要因となっている。2000 年度から 2010 年度にかけては国・地方ともに財政難であり、県が実施する行政改革に私学助成単価の削減を明記するようになるなど、知事の意向が私学助成に反映されていると考えることができる。[3]

第2項　特別補助導入状況の変化

　前節でも述べたように，2000年度以降になると特別補助項目の増加が確認される。特別補助項目は文部科学省が指定した政策への補助に対する補助金であるため，当該政策の導入の意思決定は県が持っている。では，特別補助項目に該当する私学助成項目を設定した県の私学助成は，どのように変化していったのか。

　特別補助項目の動向が県の私学助成にどのように反映されているのかについて実施県の数から分析を行う。その際，過疎特別補助は過疎地域の学校への補助であり，県の政策とは無関係に配分される補助金であるため，本分析から除外している。教育改革推進特別経費は2000年度時点では45県が実施していたが，2012年になると実施県が35県と大幅に減少した。また，授業料軽減補助は1990年度に3県ほど未実施の県があったものの，2000年度以降はすべての県で実施されている。

　ここでも2000年度以降に県の対応に変化が現れているのが読み取れる。教育改革推進特別経費は国庫補助項目として設置されているものの，その項目を実施して補助金の交付を受けるかどうかは県の自由裁量である。2010年度時点で教育改革推進特別経費が減少しているのは財政難が大きな要因であると考えられる。国庫補助金が交付されるものの，その額は予算の一部であり，県は国庫補助に加えて県独自に上乗せした上で県私学助成を実施しなくてはならない。県財政を縮小していく方向の中で，追加負担が求められる施策を実施しないという判断をする県が増加してきたと考えることができる。一方で授業料軽減補助がすべての県で実施されているのは，授業料軽減自体が重要な施策として全国的に認知されているからである。つまり，限られた予算の中で優先順位をつけなくてはならない状況下で教育改革推進特別経費に予算を割く財政的余裕がない県が増加したと考えられる。

第3節　事例分析

　前節で検討したように，1990年代以降になると，私学助成の金額・項目と

もにバリエーションが増えていることが確認できる。では、この時期にはどのような変化が確認できるのかについて、県ごとに具体的な事例を検討する。

第1項　財政力と私学比率による類型化の枠組み

事例分析のための枠組み設定として、県の政策選好を次の2つの軸から検討する。第1の軸は財政力である。前述したように県独自の助成項目は独自財源によって措置されているため、独自の助成項目を設定することができるのは財政的に余裕のある県のみであることが推測できる[4]。そのため、結果として各県が設定した独自項目の数は財政力によって差が出てくると考えることができる。特に私学行政では県知事が政策決定の権限を持っており、かつ国レベルでは行政的に統括する部局がないことから、各県の私学政策の内容は県知事と私学担当部局の判断に依存する部分が多く、私学行政を全国的に均一化した水準にする力があまり働かず、結果として県の財政力の違いによる独自項目の差が顕著に表れることが考えられる。第2の軸は県の私立高等学校比率（以下、私学比率）である。県内の全高等学校に占める私立高等学校の比率の高さによって県の政策選好も変化すると考えられ、私学比率の高い県ほど私立高等学校のニーズの高まりを県側が無視することができないため国庫補助項目にさらに上乗せする形で他の項目を設置していると推測することができる。

第1軸の財政力は財政力指数を指標として使用した[5]。財政力指数の最小値は0.2106であり、最大値は1.107、平均値は0.428であった。平均値より大きい県を「財政力：高」、平均値以下の県を「財政力：低」と定義する。「財政力：高」に分類された県は18県、「財政力：低」と分類された県は29県であった。第2軸の私学比率については2006年度時点での私立高等学校数および公立高等学校数を『学校基本調査』より入手して使用した。私学比率の最小値は0.075、最大値は0.534、平均値は0.207であった。平均値よりも多い県を「私学比率：高」、平均値以下の県を「私学比率：低」と分類した。「私学比率：高」に分類された県は21県、「私学比率：低」に分類された県は26県であった。

以上の類型から、「財政力：高／私学比率：高」は11県、「財政力：低／私学比率：高」は10県、「財政力：高／私学比率：低」は19県、「財政力：低／私学比率：低」は7県となった。これを図示したものが図6-4である。

図 6-4 で示された各類型の中から 1 県ずつ事例を選択し，それぞれの県について検討する。①の「財政力：高／私学比率：高」の事例として千葉県を選定した。千葉県の私立高等学校は 54 校で私学比率は 26.5％，財政力指数は 0.649 である。②の「財政力：低／私学比率：高」の事例としては山形県を選定し

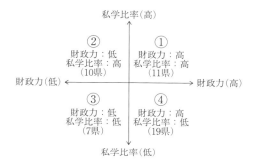

図 6-4　財政力と私学比率の 4 類型

た。山形県の私立高等学校数は 15 校で私学比率は 22.1％，財政力指数は 0.296 である。③の「財政力：低／私学比率：低」の事例では長野県を選定した。長野県の私立高等学校数は 16 校で私学比率は 15.0％，財政力指数は 0.399 である。④の「財政力：高／私学比率：低」では宮城県を選定した。宮城県の私立高等学校数は 19 校で私学比率は 17.0％，財政力指数 0.480 となっている。また，最後に外れ値として北海道と東京都の検討を行う。北海道はその面積の広さや公立高等学校数の多さなど他県とは異なる属性を持っている。特に私立学校数は 54 校と全国でも第 6 位に入る多さであるにもかかわらず，公立高等学校数が全国で最も多い自治体であるために私学比率が 16.2％と低く抑えられている。財政力指数も 0.36 であり，高いとはいえない。一方で東京都は私立高等学校数が 238 校と他県と比較しても群を抜いて多く，私立高等学校比率も 53.4％[6]と高等学校の半数以上が私立学校である。財政力指数も 1.107 と高い。北海道と東京都を比較対象に加えることで，全体の分析の精緻化を図る。

　図 6-4 の①〜④，そして外れ値としての北海道と東京都を加えた比較によって以下の 4 点を明らかにする。第 1 に，国庫補助項目と県の助成項目の比較である。国庫補助項目は新設や統廃合がなされているが，その変化が県の助成項目に対して影響を与えているのかを検討する。つまり，国庫補助項目の新設や統廃合がなされた際，県の助成項目もそれにあわせて新設や統廃合がなされるのかという点に着目する。第 2 に，県独自の補助項目の変化である。県の独自財源のみによって措置している助成項目（以下，本書では県単独補助項目と記

す）がどのように変化してきたのかを追い，県単独補助項目が県によってどのように異なるのかに着目する。第3に，助成額の変遷である。項目の変化とともに助成額を検討することによって，財政難や地方交付税制度の変更が県私学助成に与えた影響を明らかにすることができる。国庫補助措置の有無を検討することで県単独補助項目の動向について明らかにし，国庫補助項目を経常費補助とその他補助金に分けて検討することで経常費補助以外の国庫補助項目の動向を明らかにする。助成額および項目の変化については，各県の私学担当部局が発行している事務事業概要や県議会に提出される予算書を資料として用いた。第4に，各県における私立高等学校数，生徒数，専任教員数，授業料，専任教員給与の推移である。学校数，生徒数，教員数等のデモグラフィカルなデータの変化と私学助成額の推移の関係について考察を行う。これには日本私立学校振興・共済事業団が発行している『今日の私学財政』の消費収支計算書のデータを使用した。授業料および本務教員給与は総額での掲載であったため，授業料収入の総額を生徒数で除した額を生徒1人当たり年間授業料，教員人件費を専任教員数で除した額を専任教員1人当たり年間給与として算出している。

第2項　県の助成項目および金額の変遷

1　千葉県

「財政力：高／私学比率：高」型の県の事例として千葉県を分析する。千葉県には高等学校は公立を含めて200校あり，私立はそのうちの54校（26.5%）を占める。私立高等学校の数は首都圏では東京都，神奈川県に次いで多く，全国的にみても6番目に多い。しかし，1994年度以降は私立高等学校に通う生徒数が減少してきており，県全体での定員充足率をみると，私立高等学校は2000年度以降定員割れが続いている。それに対して，公立高等学校は依然として定員充足率が100%近辺で推移している[7]。このように，私立高等学校が54校あるとはいえ，以前と比較すると私立高等学校の影響力は弱まっているとも考えられる。

表6-3は千葉県の私学助成項目の変遷を追ったものである。15項目のうち，8項目は国庫補助項目にある。また，1996年度以降新規に設置された6項目のうち5項目は国庫補助金措置された項目であり，特色教育振興モデル補助や私

第6章　財政難・生徒減少期の私学助成

表6-3　千葉県の私学助成項目の変遷

補助項目／年度（1993～2006年度）	93	94	95	96	97	98	99	00	01	02	03	04	05	06
高等学校補助	●	●	●	●	●	●	●	●	●	●	●	●	●	●
私立高等学校生徒奨学資金貸付事務事業事務費補助	●	●	●	●	●	●	●	●	●	●	●	●	●	●
私立高等学校入学金軽減事業補助	●	●	●	●	●	●	●	●	●	●	●	●	●	●
私立高等学校授業料減免事業補助	●	●	●	●	●	●	●	●	●	●	●	●	●	●
私学教育振興会利子補給事業補助	●	●	●	●	●	●	●	●	●	●	●	●	●	●
私立学校教職員退職金財団補助	●	●	●	●	●	●	●	●	●	●	●	●	●	●
私立高等学校施設整備事業補助	●	●	●	●	●	●	●	●	●	●	●			
私学団体振興補助	●	●	●	●	●	●	●	●	●	●	●			
魅力ある学校づくり推進事業補助				●	●	●	●	●	●	●	●	●	●	●
教育改革推進補助								●	●	●	●			
私立学校耐震改修事業												●	●	●
私立学校耐震診断事業補助											●	●	●	●
特色教育振興モデル補助								●	●	●	●			
私立高校定時制及び通信教育振興奨励費補助	●	●	●	●	●	●	●	●	●	●	●	●	●	●
私立高等学校生徒奨学資金貸付事業補助										●	●	●	●	●

注：太字は国庫補助項目。
出所：千葉県総務部学事課『千葉県私学要覧』各年版より筆者作成。

立高等学校施設整備事業補助は2003年度で終了している。特色教育振興モデル補助は国庫補助項目の終了と時期を同じくしており、財政力が比較的強いとされている千葉県であっても国庫補助項目の影響を受けていると推測できる。国庫補助措置された8項目のうち高等学校補助、私立高等学校授業料減免事業補助、教育改革推進補助、特色教育振興モデル補助の4項目は経常費助成費補助の特別補助の項目である。また、県独自の補助項目として、私立学校に通う高校生への奨学金貸付業務に対する補助金や私学財団などへの補助がある。特に高校生への就学援助的な意味合いを持つ項目は2002年度に私立高等学校生徒奨学金貸付事業補助が新設されており、1993年度以降廃止の多い県独自項目の中で唯一の新設項目となっている。

　図6-5は千葉県における私学助成額の変遷を国庫補助措置のある補助金と県単独補助の補助金に分けてグラフ化したものである。基本的に経常費補助が全体の9割以上を占めており、他の項目の割合は両者あわせても1割に満たない。傾向としては、総額は2000年度の168億円をピークとして以後逓減して

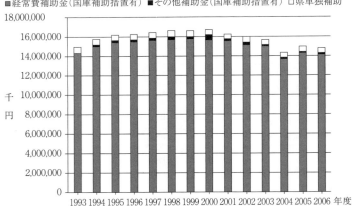

出所：千葉県総務部学事課『千葉県私学要覧』各年版より筆者作成。

図6-5　千葉県の私学助成額の変遷

おり，2006年度には148億円が措置されている。経常費補助金の額は1993年度以降増加傾向にあり，ピークとなる1999年度には159億円が措置されていた。しかし，その後は減少傾向にあり，2006年度には142億円の措置となっている。経常費補助金の大半を占める高等学校補助は1994年に国庫補助金額が大幅に削減されたが，それによって補助金額が減少することはなく，前年度よりも約7億円増となっている。額が減少するのは2001年度以降である。一方で，常に増加傾向にある経常費補助金は，1996年度に新設された教育改革推進補助と2000年度より特別補助となった私立高等学校授業料減免事業補助である。前者は新設された1996年度の3,700万円から，2006年度には2億5,800万円に増加しており，後者は国庫補助項目となった2000年度の9,500万円から2006年度の2億6,400万円へと増加している。

また，その他補助金（国庫補助措置有）は増減を繰り返しているが，その内訳の大半が私立高等学校施設整備事業補助と私立学校耐震改修補助のように施設整備関係の補助金であるために，年ごとの金額変動が大きくなっている。県単独補助額は1993年度に5億6,000万円措置され，ピーク時の1998年度には6億6,000万円になった。その後は逓減して2006年度では5億4,000万円にな

るなど，県私学予算の3〜4％前後の割合で推移している。県独自項目の予算減少に影響を与えたのは項目の廃止である。

　全体として縮減傾向にある私学助成であるが，金額を増加させているのは，教育改革推進補助のような教育改革を前提とした補助金や，授業料減免事業補助や奨学資金貸付事業のような保護者負担軽減に関連する補助金である。これらは改革を積極的に推進する高等学校に特別補助を多く配分しようとする国の方針や，不況による家計悪化などの社会経済的状況を反映したものとなっているといえよう。

　千葉県の私立高等学校の学校数・生徒数・専任教員数・授業料・専任教員給与の変遷を追うと[8]，学校数は1993〜2006年度で55校から53校に減少している。生徒数は1994年度がピークの6万4,000人であり，2006年度には4万4,000人と2万人近く減少している。専任教員数は2,800人であったのが2,400人に減少していた。授業料は1994年度には年額21万円であったが，2006年度には26万円になっており，約5万円の増額となっている。専任教員給与は1994年度には870万円であったが，2006年度には1,000万円となっている。

2　山形県

　「財政力：低／私学比率：高」の事例として山形県を分析する。山形県の私立高等学校数は15校，公立高等学校数は53校である。表6-4は山形県の私学助成項目の変遷である。私立高等学校に関連する11の助成項目のうち，7項目が国庫補助項目に依拠した補助項目となっている。国庫補助項目に対応した補助金としては，私立高等学校過疎対策特別補助金が2006年度以降廃止，また教育改革推進特別経費の一環として計上されていた私立高等学校国際化等推進対策特別事業費補助金は1998年度，私立高等学校教育改革推進事業費補助金は1999年度でそれぞれ廃止されている。私立高等学校授業料軽減事業費補助金は1993年度から継続的に実施されているが，これが国庫補助項目となったのは2000年度以降である。また，2005年度から私立高等学校通信制教科書等給付事業費補助金が項目として加わっているが，これは山形県に全国最初の私立通信制高等学校が新設されたことによる措置である。

　国庫補助項目以外の項目では，貸付金である私学振興基金助成が実施されて

第 2 部　国による制度変更と県の対応

表 6-4　山形県の私学助成項目の変遷

補助項目／年度（1993〜2006 年度）	93	94	95	96	97	98	99	00	01	02	03	04	05	06
私立学校一般補助金	■	■	■	■	■	■	■	■	■	■	■	■	■	■
私立高等学校施設整備費補助金	■	■	■	■	■	■	■	■	■	■	■	■	■	■
私立学校教職員共済事業費補助金	■	■	■	■	■	■	■	■	■	■	■	■	■	■
私学退職基金社団事業費補助金	■	■	■	■	■	■	■	■	■	■	■	■	■	■
私立高等学校授業料軽減事業費補助金	■	■	■	■	■	■	■	■	■	■	■	■	■	■
私立高等学校過疎対策特別補助金	■	■	■	■	■	■	■	■	■	■	■	■		
教員海外派遣補助金	■	■	■	■	■									
私学振興基金助成（貸付金）	■	■	■	■	■	■	■	■	■	■	■	■		
私立高等学校国際化等推進対策特別事業費補助金				■	■	■	■	■						
私立高等学校教育改革推進事業費補助金							■							
私立高等学校通信制教科書等給付事業費補助金												■	■	■

注：太字は国庫補助項目。
出所：山形県議会『山形県予算書』各年度版より筆者作成。

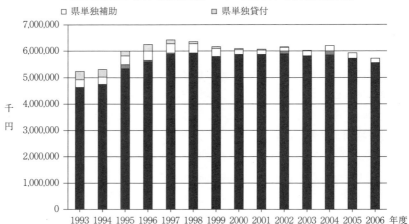

出所：山形県議会『山形県予算書』各年度版より筆者作成。

図 6-6　山形県の私学助成額の変遷

いたが，2002年度で廃止された。私立学校教職員共済事業費補助金や私学退職基金社団事業費補助金は県独自財源による補助項目として1993年度から2006年度まで継続的に実施されているが，それ以外は基本的に国庫補助項目に準じた項目編成となっている。

次に，助成額について検討する。図6-6は山形県における私学助成額の変遷を国庫補助措置のある補助金（経常費，その他）と県単独補助金，県単独貸付金に分けてグラフ化したものである。総額は1997年度の約64億円をピークとして以降やや減少し，60億円前後を推移している。国庫補助金によって措置された私学助成は，1993年度には約46億円措置されていたが1998年度には60億円近くまで増加している。しかし，それ以降は減少傾向にあり，2006年度には55億円となっている。額そのものは減少したが総額に占める割合は増加傾向にあり，1996年度には経常費の割合が総額の約90％であったのに対してピーク時の2001年度には約97％となり，それ以降は94〜97％前後で推移している。その理由としては，県単独補助項目が国庫補助項目に移行したことが大きい。1999年度まで県単独補助の多くを占めていたのは授業料軽減補助金であり，2000年度以降は国庫補助項目に組み込まれたことでそのうちの県単独補助の割合は低下している。また，県単独貸付金も2003年度に廃止されており，国庫補助金による補助が見込まれる項目が県私学助成の大半を占めている状況となる。

山形県の私立高等学校における学校数・生徒数・専任教員数・授業料・専任教員給与の変遷を追うと[9]，学校数は1993年度から2003年度までは15校であったが，2004年度に1校増えて16校となっている。一方で，生徒数と教員数は減少傾向にあり，生徒数は1993年度，教員数は1996年度が最大値となっている。このピーク以降は継続的に減少しており，生徒数は1993年度の約1万5,000人から2006年度には約1万1,000人に，教員数は1996年度の760人から2006年度は671人に減少している。授業料は1993〜2006年度にかけて増加傾向にある。1993年度の約22万円から，2006年度には約25万円と3万円の値上げとなっている。一方で教員給与は2000年度がピークとなっており，1993年度には教員1人当たり平均額が約768万円であったのが2000年度には約868万円となったものの，それ以降は減少傾向にあり，2006年度には約829

万円となっている。教員数の減少の背景としては教員の定年退職が考えられ，給与単価の高い教員数が減少したことで1人当たり平均額が減少していると考えられる。

3 長野県

「財政力：低／私学比率：低」の事例として長野県を分析する。長野県には私立高等学校数が16校，公立高等学校数が91校ある。**表6-5**は長野県の私学助成項目の変遷を表したものである。全10項目の助成項目のうち，3項目が国庫補助項目に依拠したものとなっており，そのすべてが国庫補助項目の経常費助成費補助の特別補助である。長野県でもまた，国庫補助項目の廃止に伴って補助項目が減少しており，国庫補助項目に依拠した項目設定を行っていると考えることができる。県独自の項目は7項目あるが，高校生信州の未来づくり事業補助金も2005年度で廃止されており，2006年度には私学団体補助のみを実施している。新規設置項目は4項目あるが，3項目は県単独の補助項目である。その中でも，特色ある私立高等学校づくり整備事業補助金および高校生信州の未来づくり事業補助金の2項目は施設整備を目的とした補助金であり，1996年度で廃止された私立高等学校教育環境整備事業補助金の継続事業と推測される。

このように，長野県では新規設置された4項目の大半が県単独補助ではあるが，その半数が施設整備関係の補助金の継続事業であり，実質的には国庫補助項目である特色教育振興モデル事業費補助金と個性豊かな私立学校づくり支援事業補助金の2項目のみが，新設されているといえよう。

図6-7は長野県における私学助成額の変遷を，国庫補助措置のある補助金（経常費，その他）と県単独補助金，県単独貸付金に分けてグラフ化したものである。経常費補助金は1994年の国庫補助金削減時においても大きな減少にはならず，1995年度から1999年度まで約31億円が予算措置されている。その後増額に転じるが，2001年度の39億円をピークとして，総額が減少傾向にあり，2006年度には35億円になった。経常費補助総額では2001年度以降減少傾向となっているが，その内訳をみると，1999年度に新設されて2004年度まで続いた特色教育振興モデル事業費補助金や2001年度より経常費助成費補

第 6 章　財政難・生徒減少期の私学助成

表 6-5　長野県の私学助成項目の変遷

補助項目／年度（1993〜2006年度）	93	94	95	96	97	98	99	00	01	02	03	04	05	06
私立高等学校教育振興費補助金	■	■	■	■	■	■	■	■	■	■	■	■	■	■
私立高等学校授業料等軽減事業補助金	■	■	■	■	■	■	■	■	■	■	■	■	■	■
県私立学校教職員退職金社団補助金	■	■	■	■	■	■	■	■	■	■	■	■	■	■
日本私立学校振興・共済事業団補助金	■	■	■	■	■	■	■	■	■	■	■	■	■	■
県私学振興協会貸付金	■	■	■	■	■	■	■	■	■	■	■	■	■	■
私立高等学校教育環境整備事業補助金	■	■	■	■	■	■								
特色ある私立高等学校づくり整備事業補助金					■	■	■	■	■					
特色教育振興モデル事業費補助金							■	■	■	■	■	■		
高校生信州の未来づくり事業補助金											■	■	■	■
個性豊かな私立学校づくり支援事業補助金													■	■

注：太字は国庫補助項目。
出所：長野県議会『長野県予算書』各年版より筆者作成。

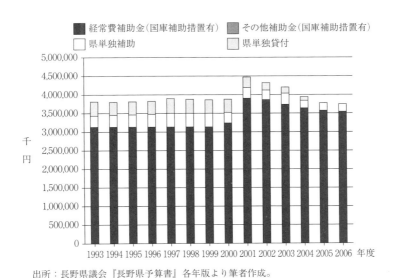

図 6-7　長野県の私学助成額の変遷

出所：長野県議会『長野県予算書』各年版より筆者作成。

助金の特別補助として計上されるようになった私立高等学校授業料等軽減事業補助金が存在し，特に後者は1999年度に1億円であった予算が2006年度には1億5,000万円に増額している。長野県の場合，その他補助金（国庫補助措置有）は存在せず，それ以外の補助金は県単独補助となる。県単独補助の補助金は1993年度以降増加傾向にあり，ピーク時の1999年度には3億8,000万円が措置されている。その後は増減を繰り返し，2006年度には2億円になっている。県独自補助は1993年度当初は主に私立高等学校授業料軽減事業補助金，県私立学校教職員退職金社団補助金，私立高等学校教育環境整備費補助金によって構成されていたが，2001年度に授業料軽減補助金が国庫補助項目となったことで県単独補助が外れた。私立高等学校教育環境整備費補助金（予算額9,000万円）が廃止された翌年度の1997年度から開始された特色ある私立高等学校づくり整備事業補助金も施設整備関係の補助金であり，8,000万円が予算措置されている。この補助金は2001年度で廃止され，2002年度に新設された個性豊かな私立学校づくり支援事業補助金が5,000万円の予算を計上していたが2年間のみの措置であった。2002年度に新設された高校生信州の未来づくり事業補助金は4年間のみで200万円前後の金額が措置されていた。

　長野県では貸付金として，県私学振興協会貸付金が2004年度まで予算措置されていた。1999年度時点では約4億円が予算措置されていたが，その後逓減し，2004年度には1億円が措置されていた。

　長野県の私立高等学校における学校数・生徒数・専任教員数・授業料・専任教員給与の変遷を追うと[10]，学校数は1993年度から2005年度まではほぼ16校で推移していたが，2006年度には2校増えて18校となっている。学校数の増加は生徒数と教員数にも影響を与えている。生徒数は1993年度から2005年度にかけて1万4,000人から9,700人に漸減していたが，2006年度には再び1万人に増加した。教員数は生徒数とは異なる増減をしており，2000年度に687人にまで増加したが，その後は2004年度にかけて減少する。2005年度以降は増加しており，2006年度時点では714人となっている。授業料は1993〜2006年度の間に増加しており，1993年度の15万円から2006年度の23万円と約8万円増加している。教員給与は1998年度までは増加傾向にあり，約820万円であった。その後は基本的に減少傾向にあり，2006年度には770万円となっ

表 6-6 宮城県の私学助成項目の変遷

補助項目／年度（1993～2006年度）	93	94	95	96	97	98	99	00	01	02	03	04	05	06
一般運営費補助金	■	■	■	■	■	■	■	■	■	■	■	■	■	■
特色教育振興補助金	■	■	■	■	■	■	■	■	■	■	■	■	■	■
私学共済組合補助金	■	■	■	■	■	■	■	■	■	■	■	■	■	■
宮城県私学退職金社団補助金	■	■	■	■	■	■	■	■	■	■	■	■	■	■
私立高等学校授業料軽減補助金	■	■	■	■	■	■	■	■	■	■	■	■	■	■
私学振興資金利子補給補助金	■	■	■	■	■	■								
私立中学・高等学校連合会補助金	■	■	■	■	■	■	■	■	■	■	■	■	■	■
私立学校教育設備整備費補助金	■	■	■	■	■	■	■							
特別運営費補助金														
過疎地域私立高等学校振興補助金		■	■	■	■	■	■	■	■	■	■	■	■	■
教育改革推進補助金						■	■	■	■	■	■	■	■	■
私立高等学校通信制教科書給与等補助金							■	■	■	■	■	■	■	■
広域以外の通信制高等学校								■	■	■	■	■		
私立高等学校特色教育振興モデル事業費補助金										■	■	■	■	■
広域制の通信制高等学校												■	■	■
中等教育学校運営費													■	■

注：太字は国庫補助項目。
出所：宮城県総務部私学文書課『私立学校の概要』各年版より筆者作成。

ている。

4 宮城県

「財政力：高／私学比率：低」の事例として宮城県を分析する。宮城県には私立高等学校が19校，公立高等学校が84校あり，長野県とほぼ同様の公私比率を持つ。**表 6-6** は宮城県の私学助成項目の変遷を追ったものである。全16項目のうち，12項目が国庫補助項目に依拠したものである。1994年度以降新規に設置された補助項目はすべて国庫補助項目に依拠する助成項目であり，それらの再編，廃止の状況は国庫補助項目の変遷と基本的に一致している。他県と同様に，国庫補助項目の大半が経常費補助の特別補助項目である。国庫補助によって措置されているその他の補助金としては，2000年度に廃止された私立学校教育設備整備費補助金があり，これは国庫補助項目である産業教育振興補助金および理科教育振興補助金に対する県の上乗せ補助であった。県単独補

第 2 部　国による制度変更と県の対応

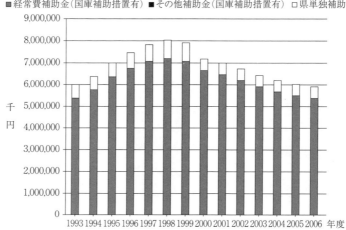

出所：宮城県総務部私学文書課『私立学校の概要』各年版より筆者作成。

図 6-8　宮城県の私学助成額の変遷

助項目は，1993年度時点では私立高等学校授業料軽減補助金，施設・設備整備事業に際して民間銀行から融資を受けた学校法人に対する利子補給を行う私学振興資金利子補給補助金，宮城県私学退職金社団補助金などの私学団体への補助によって構成されていた。2000年度には授業料軽減補助金は国庫補助事業となり，2001年度には私立中学・高等学校連合会補助金が廃止された。宮城県の補助項目は国庫補助項目の再編の影響を受けて減少し，2006年度時点では助成項目は9項目になった。

　図6-8は宮城県における私学助成額の変遷を国庫補助措置のある補助金（経常費，その他）と県単独補助金に分けてグラフ化したものである。総額をみると，1993年度から1998年度にかけて増加傾向にあり，ピークとなる1998年度には80億円が措置されていた。その後は逓減しており，2006年度には59億円となっている。助成の大半を占めているのは国庫補助措置された経常費補助金であり，1993年度時点から増額傾向にあり，72億円措置されていた1998年度をピークとして以降は逓減して2006年度には54億円になっている。国庫補助金が削減された1994年度においても経常費補助の額は増加しており，地

方交付税措置の増額分が経常費補助に反映されたと考えることができる。これは経常費補助の大半を占める一般運営費補助金の動向と一致しており、ピーク時の1998年度で70億円、2006年度で50億円が措置されている。一方で、一貫して増額傾向にある経常費補助金もある。1997年度に新設された教育改革推進補助金は開始当初の860万円から一時期の減少はありつつも、2006年度には2億円が措置されている。私立高等学校授業料軽減補助金は2001年度時点では3億円の措置がなされていたが、2006年度には4億3,000万円が措置されており、特に一般運営費補助金が減少した2000年度以降にあっても増額傾向にあるのが特徴的である。国庫補助措置されているその他の補助金は増減を繰り返しているが、それは設備費の県上乗せ分が私立学校教育設備整備費補助金であるため、年によって措置額に変動が生じやすくなっているためである。これは私立高等学校授業料軽減補助金の増額分によるところが大きい。県単独補助は1999年度をピークとして、以後減少傾向にある。その理由は授業料軽減補助金が2000年度に経常費助成費補助金の特別補助として国庫補助措置されるようになったためである。授業料軽減補助金は1999年度まで増加傾向にあり、ピーク時は8億5,000万円に達したが、その後は減少して2006年度には5億1,000万円になっている。授業料軽減補助を除くと県単独補助額は、主に私学共済組合等の私学団体補助と特色教育振興補助金によって構成されている。

　宮城県における私立高等学校の学校数・生徒数・専任教員数・授業料・専任教員給与の変遷を追うと[11]、1993〜2006年度の間学校数は19校で変化はない。一方で生徒数は1993年度から1996年度にかけて増加し、以後は減少している。ピーク時の1996年度には2万5,000人であったが、2006年度には1万7,000人と約8,000人の減少となっている。専任教員数は1993年度から2000年度までは基本的に増加しているものの、2001年度以降は減少傾向になり、2000年度の1,200人から2006年度の1,100人へと100人の減少となっている。授業料は1993〜2006年度の間増加しており、1993年度の25万円から2006年度の30万円へと約5万円の増加となっている。専任教員給与は1993年度から2001年度までは増加していたが、2002年度以降は減少傾向であり、ピーク時の2001年度には950万円であった年間平均給与が2006年度には860万円とな

表 6-7 北海道の私学助成項目の変遷

補助項目／年度（1993〜2006年度）	93	94	95	96	97	98	99	00	01	02	03	04	05	06
運営費	■	■	■	■	■	■	■	■	■	■	■	■	■	■
過疎区域対策費	■	■	■	■	■	■	■	■	■	■	■	■	■	■
農業経営者育成対策費	■	■	■	■	■	■	■	■	■	■	■	■		
私立高等学校授業料軽減補助金	■	■	■	■	■	■	■	■	■	■	■	■	■	■
私立高等学校生徒奨学事業費補助金	■	■	■	■	■	■	■	■	■	■	■	■	■	■
私立学校教職員等研修事業費補助金	■	■	■	■	■	■	■	■	■	■	■	■	■	■
私立学校教職員共済組合補助金	■	■	■	■	■	■	■	■	■	■	■	■	■	■
北海道私学厚生協会育成費補助金	■	■	■	■	■	■	■	■	■	■	■	■	■	■
私立高等学校経営安定資金貸付金	■	■	■	■	■	■	■	■	■	■	■	■	■	■
北海道私学振興基金協会貸付金	■	■	■	■	■	■	■	■	■	■	■	■	■	■
私立高等学校通信教育振興奨励費	■	■	■											
私立高等学校育成振興費補助金	■	■	■	■	■	■	■	■	■	■	■	■	■	■
私立学校教育改革推進費補助金				■	■	■	■	■	■	■	■	■	■	■
広域通信制運営費								■	■	■	■	■		
狭域通信制運営費												■	■	■

注：太字は国庫補助項目。
出所：北海道総務部人事局学事課『北海道の私学・宗教法人の概要』各年版より筆者作成。

っており，90万円の減少となっている。

5 北海道

　外れ値の一つとして北海道を分析する。北海道の私立高等学校数は千葉県と同じ54校であるが，公立高等学校の数は269校と北海道の方が圧倒的に多いため，私学比率は16.2％と低い。**表6-7**は北海道の私学助成の変遷である。私立高等学校に関連する助成13項目のうち，7項目が国庫補助項目に依拠した項目である。2005年度に広域通信制運営費や農業経営者育成対策費などが廃止されているが，これは県を経由していた当該国庫補助項目が学校法人への直接補助に移行した影響である。1996年度以降，新規に設置された項目は私立学校教育改革推進費補助金（1996年度），広域通信制運営費（2000年度），狭域通信制運営費（2004年度）であるが，3項目すべてが国庫補助項目であり，県単独補助項目の新設はない。また，国庫補助項目として設定されている項目

第6章 財政難・生徒減少期の私学助成

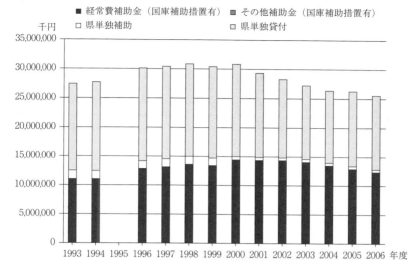

注：1995年度はデータ欠損により空欄。
出所：北海道議会『北海道予算説明書』各年版より筆者作成。

図6-9 北海道の私学助成額の変遷

はすべて経常費助成補助の特別補助であり、施設費補助のような経常費補助以外の国庫補助項目の設定はされていない。県単独補助項目としては財団への補助などがあるが、私立高等学校経営安定資金貸付金のように学校運営に関わる貸付金項目が設置されているのが特徴である。また、同数の私立高等学校を所管する千葉県よりも助成項目数が少ないことから、千葉県よりも国庫補助項目に依拠した助成項目の設定を行っていることが推測できる。

図6-9は北海道における私学助成額の変遷を国庫補助措置のある補助金（経常費、その他）と県単独補助金、県単独貸付金に分けてグラフ化したものである。総額は1993年度以降増加傾向にあり、1996年度から2001年度までは貸付金も含めると300億円前後で推移していたが、その後2006年度までの間で逓減しており、2006年度には250億円になっている。北海道の私学助成は貸付金のシェアが大きいことが特徴的である。2001年度までは補助金の額よりも貸付金の額の割合が高い状態で推移しており、2006年度時点では貸付金が

171

総額の約半分を占めている。前章における 1970 年代後半の北海道に関する分析でも貸付金の多さが指摘されていたが，その傾向は 1990 年代以降も変わらない。

経常費補助は 1994 年の国庫補助金削減の影響を受けておらず，前年度と変わらない額が予算措置されている。その後も増加して 2000 年度には 136 億円となるが，2000 年度をピークとして以後は逓減しており，2006 年度には 123 億円になっている。経常費補助の大半は運営費であり，この動向は運営費の動向と一致するが，2001 年度から私立高等学校授業料軽減補助金の一部を私立高等学校経常費助成費補助の特別補助として国庫補助負担するようになるなど，2000 年度以降に増額している項目もある。国庫補助措置されているその他補助金は 14 年間を通じてほとんど措置されておらず，1993 年度には私立高等学校通信教育振興奨励費，1994 年度には私立高等学校育成振興費補助金が措置されていたが，前者は 1995 年度，後者は 1997 年度以降は 0 円となっている。また，県単独補助では，授業料軽減補助金の一部が国庫補助措置されたことで 2000 年度以降はその額が少なくなっている。県単独補助は主に私立学校教職員共済組合補助金など私学団体への補助が中心となっている。

貸付金についても，2000 年度以降は縮減傾向にある。貸付金の主要な費目は私立高等学校生徒奨学事業費補助金と私立高等学校経営安定資金貸付金であり，両者あわせて約 130 億円が 1993 年度に計上され，2000 年度には 142 億円にまで増加していったが，その後は逓減しており，2006 年度には 125 億円になっている。

北海道の私立高等学校における学校数・生徒数・専任教員数・授業料・専任教員給与の変遷を追うと[12]，1993 年度から 2004 年度にかけて，学校数は 52 校から 54 校の間で増減を繰り返しながら推移してきた。しかし，その後増加し，2006 年度には 56 校となっている。生徒数は漸減傾向であり，1993 年度に 5 万人であったが，2006 年度には 3 万 3,000 人になっている。専任教員数は増減を繰り返し，1999 年度以降は基本的に減少していたが，2005 年度からは増加に転じており，2006 年度時点では約 2,300 人と 1993 〜 2006 年度の間で最も教員数の多い 1999 年度を上回っている。授業料は同期間は大幅増となっており，1993 年度の 27 万円から 2006 年度の 39 万円と約 12 万円の増額となって

第6章　財政難・生徒減少期の私学助成

表6-8　東京都の私学助成の変遷

補助項目／年度（1993～2006年度）	93	94	95	96	97	98	99	00	01	02	03	04	05	06
私立高等学校経常費補助	●	●	●	●	●	●	●	●	●	●	●	●	●	●
私立通信制高等学校経常費補助	●	●	●	●	●	●	●	●	●	●	●	●	●	●
私立高等学校定時制及び通信教育振興奨励費補助	●	●	●	●	●	●	●	●	●	●	●	●	●	●
私立高等学校等交通遺児等授業料減免事業費補助	●	●	●	●	●	●	●	●	●	●	●	●	●	●
産業・理科教育施設設備整備費補助	●	●	●	●	●	●	●	●	●	●	●	●	●	●
私立高等学校定時制教育振興費補助	●	●	●	●	●	●	●	●	●	●	●	●	●	●
私立高等学校特別奨学金補助	●	●	●	●	●	●	●	●	●	●	●	●	●	●
私立学校教育研究費補助	●	●	●	●	●	●	●	●	●	●	●	●	●	●
私立高等学校老朽校舎改築促進事業	●	●	●	●	●	●	●	●	●	●	●	●	●	●
私立高等学校等入学支度金貸付金	●	●	●	●	●	●	●	●	●					
私立高等学校等入学支度金貸付利子補給							●	●	●	●	●	●	●	●
私立学校情報教育推進補助						●	●	●	●	●	●	●	●	●
私立高等学校都内生就学促進補助								●	●	●	●	●	●	●
私立学校安全対策促進事業費補助										●	●	●	●	●
私立学校施設環境設備整備事業費補助											●	●	●	●

注：太字は国庫補助項目。
出所：東京都総務局『事業概要』各年版，東京都生活文化局『事業概要』各年版より筆者作成。

いる。専任教員給与は1998年度まで増加傾向にあり，940万円であった。しかし，1998年度をピークとして，以降は減少しており，2006年度には800万円となっている。

6　東京都

最後に，もう一つの外れ値となる東京都について分析する。東京都では私立高等学校数が238校に対して，公立高等学校が206校であり，高校は私立学校の比率が高い。表6-8は東京都の助成項目の変遷を追ったものである。全15項目のうち国庫補助項目は私立高等学校経常費補助など8項目であり，残りの7項目は東京都の独自財源による助成項目である。

国庫補助項目は14年間を通じて基本的に増減していない。1999年度から私立高等学校等入学支度金貸付利子補給が設置されているが，これは私立高等学校等入学支度金貸付金からの継続事業である。さらに，入学支度金貸付利子補給は2002年度以降は国庫補助項目からはずれ，都独自項目となった。この変

第 2 部　国による制度変更と県の対応

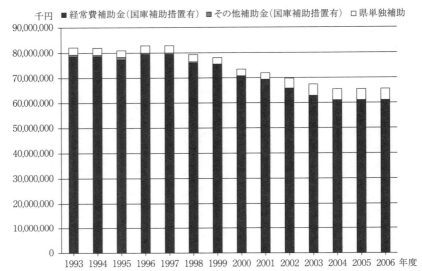

図 6-10　東京都の私学助成額の変遷

遷は国庫補助項目の変化とは異なる。例えば，2005 年度以降定時制に関係する補助金が国庫補助項目からはずれて一般財源化したが，東京都は継続して同項目の助成金を交付している。国庫補助項目が廃止された 2005 年度以降は，東京都は独自財源によって助成金を交付しているのである。

一方，東京都独自の助成項目は 14 年間を通じて増加している。2 年間の時限的な助成項目を含めて 4 項目が新設され，最終的には 6 項目が設置されている都単独補助項目は，私立高等学校都内生就学促進補助のように保護者負担の軽減を目的としたものが 4 項目と多数を占めている。これらの助成は，2000 年度から国庫補助項目に授業料減免事業臨時特別経費が新設された後も，国庫補助事業とは別に独自項目で助成を行っている。また，他県同様に，独自の助成項目として財団法人東京都私学財団（私学財団）に対する助成項目が多数あることが特徴として挙げられる[13]。

図 6-10 は東京都の私学助成額の変遷を国庫補助措置のある補助金（経常費，その他）と県単独補助金に分けてグラフ化したものである。総額は 1997 年度

第6章　財政難・生徒減少期の私学助成

までは810億円から830億円の間で推移しており，1996年度の830億円がピークとなる。それ以降は逓減傾向にあり，2006年度には657億円に減少している。私学助成の大半を占める国庫補助措置されている経常費補助金も総額と同様の動きをしており，1996年度の797億円をピークとして，2006年度には612億円に減少しており，都私学予算の歳出規模縮小の大きな要因となっている。経常費補助金の内訳を検討すると，その大半を占める私立学校経常費補助は国庫補助金が大幅に削減された1994年度に前年比1億1,000万円減の779億円となっている。翌1995年度には前年比10億円減の769億円となり，1993年度からの3年間で大幅に減少した。これには東京都が地方交付税の不交付団体であることも影響していると考えられる。しかし，1996年度には789億円が措置されて14年間の経常費補助金額のピークとなる。その後は減少傾向にあり，2000年度には700億円を割り込み，2006年度には約610億円となっている。

　国庫補助措置されているその他補助金は増減しつつも基本的に減少傾向にあり，特に前述の入学支度金貸付金が入学貸付金利子補給へと事業名と内容を変更した1999年度に大幅に減少し，1998年度に4億1,000万円措置されていた予算が1億9,000万円へと減少した。民間からの融資に対する利子補給に内容を変更したこと，定時制教育振興費補助の金額が1993～2006年度を通じて基本的に減少傾向にあったことが影響し，2006年度には7,100万円となった。都単独補助の額は1993年度から1998年度までは28億円から29億円の間で推移していたが，1999年度に私立高等学校老朽校舎改築促進事業が前年比5分の1の6,200万円へと大幅に減少したことで24億円台になった。2002年度になると私立高等学校等入学支度金貸付利子補給が都単独補助項目となり，私立高等学校都内生就学促進補助が開始されるなど新規に都単独補助項目が設置されたことで2002年度には35億円となり，その後も施設整備関係の補助項目が2つ新設されることで2006年度には44億円に増加している。

　東京都における私立高等学校の学校数・生徒数・専任教員数・授業料・専任教員給与の変遷を追う[14]と，学校数は1993年度から2003年度にかけて226校から231校に5校増加し，その後2校減少して229校となったが，2006年度には232校と再び増加している。生徒数は1993～2006年度は減少傾向であり，1993年度には24万人であったが，2006年度には17万人となっており，約7

万人の減少となっている。教員数も同様に減少しており，1993年度には9,600人であったが2006年度には約9,000人となっている。授業料は同期間に増加しており，1997年度には33万9,000円であったのが2006年度には40万4,000円となっている。最後に，教員給与は同期間に増減を繰り返しており，1,070万円から1,160万円の間を推移している。

第3項　事例分析の小括

以上のように，本節では「財政力」と「私学比率」の2つの軸によって4つの類型モデルを仮定し，それぞれの代表例と外れ値の北海道および東京都を事例として取り上げ，国庫補助項目の変遷に伴う県レベルでの助成項目の変遷の違い，補助金の額の推移，学校数・生徒数・教員数等学校規模に関連する変数の推移，授業料や教員給与の推移について分析した。事例分析からは次の3点が知見として示された。

第1に，国庫補助項目と県の補助項目の関係については，全類型の県で国庫補助項目と同様の項目の補助を行っており，国庫補助項目の統合・廃止が起こるとそれに合わせて県レベルでも同様の対処を行っていることが読み取れた。つまり，県レベルでの私学助成の項目はその財政力や学校数に関係なく国庫補助金による項目の変化，特に廃止に大きく影響されると考えられる。各県の私学助成額の減少については，生徒数の減少が大きく関わっていると考えられる。国庫措置単価は1993～2006年度の間上昇していたが，生徒数が少ないため総額としての私学予算は減少傾向にあった。一方で，すべての県において共通していたのは授業料軽減補助がこの期間を通じて増額していたことである。国庫補助措置がされる以前からすべての県においてこの補助は実施されており，国庫補助項目として新設された後も継続的に実施し，その額は漸増している。

また，財政力に着目すると，財政力が高い類型に分類されている県は助成項目数が多いことが読み取れる。国庫補助項目も私学比率が同程度であれば財政力の低い県よりも高い県の方が多くの項目を助成しており，県単独補助項目もわずかながら多い。私立高等学校数が同じ程度の県であることから，当該県の私立高等学校の位置づけは比較的近似していると考えられ，補助項目数の差は財政力の高低によって生じているといえよう。

外れ値として検討した東京都では，国庫補助項目の廃止後も都独自の財源から支出して項目を継続していた。また，県単独補助項目の多さが特徴的であり，その分県単独補助の金額も上昇しており，他の県にはない事象が観察できる。また，北海道においても国庫補助項目への対応とともに，県による貸付金が多くを占めており，他県の事例とは異なる構成を示していた。

　第2に，県私学助成の額の面では，1994年度の国庫補助金削減の影響はどの県もほとんど受けていなかった。基本的に1993年度よりも増額された予算措置がなされており，地方交付税の増加分を反映した予算編成となっていると推測できる。例外的に東京都は1994年度，1995年度に減少しているが，これは東京都が地方交付税の不交付団体であることと無関係ではないと考えられる。このように1994年の国庫補助金削減の影響はほとんどみられなかった県私学助成であるが，2000年度以降は全体として私学助成の額は前年度比減で推移する傾向が示されている。県私学助成の額の内訳では，北海道を除く都県では国庫補助措置された経常費補助が助成額の大半を占めていた。北海道では経常費補助以外にも私立高等学校の経営安定を目的とした貸付金を実施しており，その割合は経常費補助金の5分の2となる。また，経常費補助以外の補助金の割合が増加しているのも特徴である。県独自の補助項目は全事例で実施されているが，補助金額は東京都を除けばすべての県で減少傾向にあった。東京都は学校数が多く，かつ財政力が高いことから，県単独補助項目の予算額が前年度比増で推移する傾向にあったと考えられる。

　第3に，学校数・生徒数・専任教員数・授業料・専任教員給与については，生徒数や教員数自体は全県において減少傾向にあり，2000年度以降特に減少幅が大きいことが確認できた。一方で学校数は1993～2006年度を通じて不変，もしくは微増しているケースが多く，生徒数が減少して授業料収入等が減少しても経営的に継続できない状態にはなっていないことが読み取れる。生徒数の減少は生徒数に応じて学校に配分される私学助成の額の減少を意味する。授業料は1993～2006年度にはほぼ全都道県で増加しているが，これは生徒数の減少による収入減と無関係ではないと考えられる。しかしながら，授業料を大幅に増額させると学校の配分額が減少する制度設計になっているため，増加幅は抑制されているとも考えることができる。教員給与は北海道と東京都を除く各

県で減少している。1993〜2006年度の期間中，教員の年齢構成が変動したことを考えると，減少県では定年退職教員が多かったことで給与が相対的に低い若年層教員の割合が増加したことが原因ではないかと推測される。

第4節　小括

　本章では国庫補助項目の変遷と県の助成項目の変遷の比較を行うことによって，どのような県の私学政策の決定が国庫補助項目の影響を大きく受けるかについて検討した。以上の分析から，次の考察を導き出すことができる。

　第1に，1994年度の国庫補助金削減が東京都以外の全類型の県私学助成に大きな影響を与えなかった点である。国庫補助金が前年比27％近く削減され，その分は地方交付税として措置された。これは県にとって使途が自由な予算が増えたことを意味する。本来であれば地方交付税の割合が増加したことで私学助成の標準化機能は弱くなり，私学助成交付額の県間のばらつきは拡大すると考えられる。しかし，類型ごとの事例から明らかになったのは，東京都を除く4県の私学助成額が増加していたことであり，その対応に大きな差はみられない。国庫補助金の額が減少しても標準化機能は変化しなかった理由として，県私学助成の制度的な拘束力を挙げることができる。経常費助成の積算方法が国庫補助単価に地方交付税単価を加えたものや，公立高等学校の予算に準拠するものなど，実際の交付額に左右されにくい制度設計となっていることも金額の増加に影響を与えている。また，1990年代には生徒数の減少がまだ本格的に始まっていないことも，予算措置額の増加に影響を与えている。

　全県において私学助成単価自体は1993〜2006年度を通じて増加していたが，私学予算総額は2000年度以降減少している。これは生徒数の減少とも関係がある。単価の増額よりも生徒数の減少幅が大きく，結果として予算総額が減少したのである。財政難に伴い予算総額の抑制が求められている県財政において，2000年度以降の単価の増額が可能となったのは，生徒数の減少によるところが大きいとも考えられる。

　第2に，地方分権改革等の行政的要因もまた，全類型において県私学助成額の決定に影響を及ぼしている可能性がある。2000年度以降は全体として県

私学助成の措置率が低下していたが，実際に県別に検討してみると，2000年度前後までの動向と2000年代後半の予算額の推移の動向は異なる。多くの場合，2000年度前後までは前年度水準とほぼ同額の予算額が計上されていたが，2000年代中盤以降になるとほぼ例外なく逓減傾向になっている。その要因の1つは上述したように生徒数の減少である。生徒数の減少幅が大きくなった2000年度以降は助成単価を上げても私学助成の総額は減少傾向にあった。2つ目の要因として考えられるのは，財政難に伴って行われた2000年度以降の行政改革等による県の予算縮小と，所轄庁である県知事の権限が拡大されたことである。生徒数の減少で総額が減っていったことにより，助成単価は前年度比増ないしは同水準の維持ができていた。しかし，その内訳をみると県単独嵩上げ分が2000年度以降は減少していた。これは私学助成が行政改革の「聖域」ではなくなったことを意味し，県財政が置かれている厳しい状況が県単独嵩上げ分の減少に踏み切らせたといえよう。

　第3に，県の私学政策決定に関する裁量は法的・制度的には保障されているものの，結果的に国庫補助金の項目の動きに依存する場合が多く，県は独自の助成項目の設定という政策決定に関しては積極的に裁量権を行使していないケースが大半であるという点である。東京都を除くすべての類型の県が私学助成項目の大半を国庫補助金への上乗せという形式，もしくは国庫補助金に上乗せをせずにそのまま交付する形式をとっており，県のニーズに合うような新規事業という形での項目設定は少なかった。また，数少ない県単独補助項目であるにもかかわらずすべての類型の県において類似の項目が設定されていること[15]から，県の間で足並みをそろえた項目設定を行っていた可能性も考えられる。

　第4に，財政力の低い県では，たとえ私学比率が高くとも国庫補助金の動向や県財政の動向によって私学助成項目や金額の減少をもたらす可能性をはらんでいると考えられる点である。財政的に厳しければ，私学比率が高く，私立高等学校のニーズが認められたとしても，そのニーズに対して助成項目の増加という意思決定を行うことは難しい。また，昨今では県の行政改革で私学助成の見直しを行おうとする県が増えていることから，財政力が低く私立高等学校の少ない県，つまり私学助成制度改革に対して反対勢力が少ない県においては，私学助成の見直しを実施しやすいと推測できる[16]。本章で扱った事例でも県によ

って採用されていない国庫補助項目も存在した。特にその傾向は特別補助項目で顕著で、2000年度までは多くの県が国庫補助項目に対応した経費を計上していたが、2010年度になると特別補助項目であっても実施しない県が増加している。これは上述した財政難や地方分権改革と関連性があると思われるが、国庫補助金として制度化されても受容する県・受容しない県に分かれるようになり、私学助成制度の多様化が進んだという解釈も可能である。

　以上の点から考えると、各県において国庫補助項目の経常費補助という最低限の補助は行っており、その項目の数については県の財政力の影響力が認められるものの、多数の独自項目の導入や国庫補助項目廃止後も項目を継続させる意思決定など、国庫補助金にとらわれない「プラスアルファ」としての私学助成の意思決定については、高い財政力という前提に加えて、私立高等学校側からの影響力などが求められると推測される。例えば、東京都では私立高等学校のシェアの大きさや私学進学校の多さによる存在感など、財政力以外の要因も働いていると考えることができよう。一方で、財政難に伴う行政改革と生徒数の減少によって私学助成予算の見直しが図られ、結果として経常費補助等をはじめとする補助金が削減されていった。しかし、授業料軽減補助など家庭への補助は増額するなど拡充されている傾向にあることから、全体として機関そのものへの補助から「機関が実施する個人補助」[17]に方針転換したともいえるだろう。

1) 経常費助成費補助には一般補助と特別補助があり、一般補助は学校の財務状況の改善のための補助、特別補助はあらかじめ定められた特定領域への補助である。
2) その他の法律補助は公私立共通の補助金項目であり、学校の施設設備の充実を主な目的としている。
3) 例えば兵庫県は2007年の「新行財政構造改革推進方策」において私学助成単価の段階的な縮減を検討することを明記している。大阪府も2008年に当時の橋下徹知事によって縮減の検討が行われている(『朝日新聞』2008年5月22日)。
4) 例えば、施設整備事業の継ぎ足し単独事業(事業への自主財源の投入)において、財政力指数が大きな市町村ほど継ぎ足し単独事業を行っていることが指摘されている(青木2002)。
5) 財政力指数は地方公共団体の財政基盤の強弱を表す指標であり、普通交付税の算定基礎となる基準財政収入額を基準財政需要額で除して得た数値の3カ年平均値である。財

第 6 章　財政難・生徒減少期の私学助成

政力指数が高いほど，普通交付税算定上の留保財源が大きいことになり，財源に余裕があるといえる。
6)　47 県の中で東京都の次に私立高等学校数が多いのは大阪府の 94 校であり，この差からも東京都の私立高等学校の数が突出して多いことがわかる。
7)　2005 年時点で私立高等学校の定員充足率が 91.2% となっている（千葉県総務部学事課『千葉県私学要覧』2005 年，15 頁）。
8)　日本私立学校振興・共済事業団『今日の私学財政』各年版。
9)　同上。
10)　同上。
11)　同上。
12)　同上。
13)　表 6-8 の項目の中では，私立高等学校老朽校舎改築促進事業，私立高等学校等入学支度金貸付利子補給，私立学校教育研究費補助が財団への助成項目である。
14)　日本私立学校振興・共済事業団『今日の私学財政』各年版。
15)　例えば私学財団への助成は県独自財源によって行われているが，基本的にほぼすべての県において助成項目として設定されている。
16)　現実に，例えば兵庫県では行政改革の一環として私学助成金の削減を行っている。兵庫県は本章の類型では「財政力：高／私学比率：高」に分類されているものの，助成金の削減を実行に移せていることから，その他の類型の県においても助成の削減が行われる可能性はあると考えられる。
17)　本章で扱っている「授業料軽減補助」は家庭への補助ではなく，学校が実施した授業料軽減措置分を学校に対して補助する制度である。

終章

知見と結論

第1節　知見の総括

　まず，各章で得られた知見を要約する。
　序章では，本書の課題を設定するとともに理論的検討として先行研究のレビューを行い，分析の枠組みと仮説を提示した。地方交付税には政策誘導機能を持つ領域と持たない領域があり，私学助成は制度上政策誘導機能を持たない領域であることを指摘した。私学助成は地方交付税を主要な財源としながらも基本的に増額傾向にあるが，その要因について国による制度変化が重要な役割を果たしていることを述べた。分析にあたっては，教育学の先行研究では分析対象とされてこなかった国庫補助金制度導入以前の私学助成制度を分析射程に入れている。分析方法は，国による制度変化を県がどのように受容したのかという観点から，①生徒急増期，②地方交付税算定基準への人件費計上期，③国庫補助金制度導入期，④財政難および生徒減少期の4つの時期に区分し，国レベルの制度変化が県レベルの私学助成制度に与えた影響について県のケーススタディーを行いながら検討するという本書の方針を示した。
　第1部では私学助成の制度的検討として国と県の私学助成制度を分析した。第1章では，国レベルの私学助成制度を検討した。第1に国レベルの私学担当部局について分析を行った。文科省が担当している私学関係業務は基本的に私立大学を対象としており，私立高等学校等に対する政策的な関与は国庫補助金

の交付以外は極めて少ないことが明らかになった。第2に，国レベルの私学助成である国庫補助金と地方交付税に関する制度的検討を行った。国庫補助金の制度分析では，その大半を占める経常費助成費補助の交付要綱等から算定式を参照し，県に対して交付される国庫補助金の決定に関して限度額や補正係数などの制度的な規定要因があることを明らかにした。また，施設・設備関係の補助金では，県は事務的な手続きのみを行っているため補助金交付の意思決定には関われないことが明らかになった。国庫補助金額の推移に着目すると，私立高等学校への経常費助成費補助金は1981年の臨調第1次答申，1994年度の国庫補助金大幅削減時，および2000年度以降に減少するが，それ以外の時期は基本的に増額傾向にある。貸付金の分析からは，財政投融資等の貸付制度が生徒急増期等に対応するための施設拡充にとって大きな役割を果たしていたことが示された。地方交付税の制度分析では私学関係の地方交付税が複数回の地方交付税法改正を経て費目を変化させ，それとともに交付額が拡大していったことを明らかにした。

　第2章では，県レベルの私学助成制度として，各県の私学担当部局の分析と私学助成の予算積算および配分制度について検討した。第1に，私学担当部局の分析では，各県の私学関係事務を所管する部局の違いによって私学助成に差が発生するのかについて検討した。教育委員会事務局下にある私学担当部局および知事部局下にある私学担当部局の比較検討を行うことで各県の私学事務について明らかにした。私学担当部局は教育委員会所管であっても知事部局所管であっても補助金交付およびその適正執行などの調査，学校の許認可が主な業務となっており，両者に差は存在しなかった。例えば，建学の精神に代表されるような私立学校の独自性を尊重して，教育委員会所管であっても私立学校の経営の内部にまでは大幅な介入をしないことが，その特徴として挙げられる。また，教育委員会所管であっても知事部局所管であっても，助成額には大きな差はみられなかったため，私学関係事務の所管が私学助成の決定に影響を与える可能性は低いことを指摘した。第2に，私学助成の予算積算および配分制度の分析では，県レベルの私学助成が特定の算定式によって予算積算され，各学校に配分されることが明らかになった。特に予算積算の段階では，全方式において助成額に大きな変動が起きないようになっている。例えば単価方式であれ

ば国庫補助単価と地方交付税単価の合計額に県単独嵩上げ分を加えるようになっており，国からの補助額を下回らないような制度設計がなされている。その他の方式であっても公立学校の運営費や決算の特定の費目の一部への補助など，算定式の存在も私学助成の額の決定に一定の影響を与えうるものであると考えることができる。

　第2部は時期区分ごとの分析である。第3章および第4章は私学助成の国庫補助金制度導入以前，つまり国が地方交付税による財源措置を中心に私学助成を実施していた時期の分析である。使途の制限のない地方交付税に関する制度変更が都道府県の私学助成政策に対してどのような影響を及ぼしたのかを分析した。

　第3章では1965年度をピークとする生徒急増期に国によって行われた地方交付税の増額が都道府県の私学助成政策に与えた影響について検討した。この分析から，生徒急増期に国からの財源措置が県私学助成の増額へとつながったことが示されたが，その多くが施設設備への助成や民間企業からの貸付金に対する利子補給等であり，人件費などへの措置は原則的になされていなかった。しかし，生徒急増期は私学人口が増加したことで私学助成のニーズが高まり，県私学振興会の設置など私学助成制度の発展のための基盤ができあがった時期でもあった。

　第4章では1970年および1971年の地方交付税法改正による県私学助成への影響を分析した。分析から1970年度に国が実施した人件費補助の地方交付税制度への算入によって，各県の私学助成予算額の分散の縮小が確認され，増額された人件費補助がすべての県の私学助成で措置されたことが示された。これは地方交付税の制度変更が県に影響を与えたことを意味する。

　第3章において指摘したように，生徒急増期は国による私学助成財源措置の黎明期であった。しかし，当時は県によって対応に大きな差があり，私学助成の県間差は非常に大きかった。その後，生徒急増期のピークを過ぎて生徒急減期に入った際，私立学校は収入源の大半であった授業料収入等が激減することで経営難に陥っていく。私立学校は収入源確保の手段として授業料の増額を行うが，家庭の金銭的負担が増すことが大きな問題となっていた。その流れの中で実施された1971年の地方交付税法改正による私学助成の財源措置額増加に

よって，多くの県は私学助成の予算措置を増額させている。

しかし，地方交付税法改正によって提示された私学助成の財源額増加はあくまで基準財政需要額の増額であり，その満額が県に対して交付されないことには注意が必要である。人件費補助が算定式に算入されてからの私学団体発行誌には基準財政需要額との比較を行い需要額相当の私学助成を実施することを求める意見がみられる。私学助成総額の決定権は県にあるが，私学団体はどの県でも基準財政需要額に近い額の補助を求め，県もその要請に応えている傾向にある。需要額と交付額の差額は県財源からの持ち出しとなる。

地方交付税制度変更の結果，全国で私学助成の最低額の底上げが図られた。これは地方交付税の単位費用の提示が県に対する基準として機能したことを意味する。全国的に基準財政需要額に定められた金額に近い予算額への収斂がみられたということは，基準財政需要額に提示された額は私学助成として，交付額との差額も含めて県が財源を確保しなくてはならないという「ルール」がこのときに作られたことを意味する。

しかし一方で，地方交付税としての標準化の限界も示した。地方交付税は使途については限定されていないため，給付型の補助を実施する県と貸付型の補助を実施する県に分かれる可能性を包含した制度であった。給付型の補助を実施するか，貸付型の補助を実施するかは県の財政力にも左右されると考えられる。特に財政力が低い県では年度内償還を義務づけた貸付金の割合を増やすことで結果的に県の持ち出し予算を少なく抑えて私学助成を実施している。

このように，国による地方交付税制度の変更はすべての県に対して人件費補助の実施や金額の増加という影響を与えたが，内訳をみると貸付金の増加率が高いケースも存在する。一定の標準化機能は確認できるものの，使途が自由であることからその力はあくまで緩やかなものであったといえる。

第5章および第6章は私学助成の国庫補助金制度導入以降の時期に関する分析である。1975年の私立学校振興助成法成立以降の県私学助成は，使途の定められている国庫補助金と使途の定められていない地方交付税という2階建ての財源措置となったが，使途の定められている国庫補助金制度の導入という変化がもたらした影響について分析を行った。

第5章では地方交付税によって措置されていた時期の県私学助成単価と国庫

終章　知見と結論

補助金制度導入以降（1972〜1979年度）の県私学助成単価を比較検討することによって，国庫補助金制度が県にもたらした影響について考察した。さらに一定の特徴を持つ県の私学予算の変化を検討することで，県による経常費助成の位置づけの違いについて明らかにした。

分析の結果から，他の時期と同様に国庫補助金制度の導入がすべての県の私学助成の増額をもたらしていたことが，明らかになった。経常費助成費補助は私立学校振興助成法第9条で規定されるように，県が私学助成を実施して初めて国による補助金が交付されるという奨励的要素が強いものであるが，県による私学助成の実施に際しては，例外なく標準額を超えた助成単価を設定している。第2章と第3章の分析で示されたように，同法成立以前の県は独自に助成単価を設定していたため，地方交付税の基準財政需要額を大幅に下回る単価設定を実施した県も存在していた。

国庫補助金制度の導入は地方交付税法改正時よりも強力に各県の標準化を促進した。私学助成の補助金制度の特色として「標準額」の設置が挙げられるが，これは助成単価の低い県に対して増額を奨励する目的で導入されたものである。この標準額の制度化が従来の高助成単価の県の行動にも影響を与えた。標準額という新しい基準ができたことによって，従来高い助成単価を設定していた県が基準近くまで助成単価を下げてしまうようになり，助成単価の均一化が発生した。国庫補助金制度が一つのスタンダードとして県の私学助成の底上げに影響を与える一方で，地方交付税時代に高い助成額を措置していた県は基準額や国の措置額に近い額での推移となり，他県と比べて増加率が抑制されていた。

私学助成は県の事務として県独自の基準で行われてきたものであった。地方交付税制度による措置は所轄庁としての県の裁量を尊重したものであり，国庫補助金が奨励的補助金として設定されたのも，最低基準を定めつつも原則的に県の私学助成単価に依存する単価設定とすることで県による私学助成制度設計の自主性を担保させる目的があった。しかし，結果として国庫補助金制度の導入は，当初の目的通りの底上げを達成する一方で，大半の県に国庫補助金が定めた標準額に収斂させるような行動を引き起こさせたと考えることができ，その意味では国による制度変更による意図せざる機能が働いたともいえる。

また，県による経常費補助の位置づけの違いも明らかになった。国庫補助金

制度導入以前は貸付金などによって人件費補助を実施していた県は標準額まで補助額を増額させる必要が出てくるため、大幅に補助単価を増額させてきている。しかし、財政事情の厳しさから依然として貸付金による措置を多用していて、標準額を大きく超えるような増額までは行われていない。一方で私立学校の需要が高い県では経常費補助の増加率を抑えてはいるものの、授業料等軽減補助を導入して増額させるなど経常費以外の補助金の増加率が目立った。私学の需要が高い県では授業料負担の軽減が他県よりも重要な課題として浮上しやすいためである。このように県による私学助成政策の優先順位の違いがこの頃から出始めていた。

第6章は財政難と生徒減少期となる1990年代以降の私学助成について検討した。1994年度の国庫補助金の大幅削減、1999年度に地方交付税の測定単位が「人口」から「私立学校の生徒数」に変更されたこと、そして、地方分権改革によって引き起こされた都道府県の裁量権の増加という制度的変化に代表されるような行財政改革が、県の私学助成政策に対して与えた影響について助成額と助成項目の両面から分析を行った。

分析から明らかになったのは、第1に、1994年度に国庫補助金の大幅削減が行われたにもかかわらず、県は大きな影響を受けずに前年度よりも漸増した私学助成を措置したことである。第2に、財政難や地方分権改革、三位一体改革等の行財政改革が県私学助成額の決定に影響を及ぼしていたことが明らかになった。2000年度以降国庫補助金や地方交付税の措置額自体はゆるやかに増額されていたものの、各県の助成額はばらつきが小さくなり、平均値が低下するようになった。県知事も財政難から脱却するために首長主導型の行政改革を実施するようになり、私学助成もその俎上に載せられるようになった。

国庫補助項目は2000年度前後から大きく変化しており、項目数の再編がさかんに行われてきた。補助項目には2000年度までは多くの県が対応していたが、2010年になると国庫補助項目であっても実施しない県が増加した。国庫補助金として制度化されても受容する県と受容しない県に分かれるようになったのである。これは私学助成政策の決定に際して県の裁量権が大きくなっていると考えることもできるが、大半の県では県独自項目の設定はなされておらず、基本的に国庫補助項目で決められた項目に即した助成項目を設置するのみであ

ったことからもわかるように，国からの影響力は依然として大きいと指摘できる。つまり，県が項目を受容するか否かを選択しているのは確かだが，それは国が定めた項目の範囲内での選択の違いでしかない。そして，その選択の違いは財政力の差によってもたらされることが多い。例えば財政力が低く，私立学校の需要が低い県では最低限の国庫補助項目に対応した県助成項目のみを設定している。

しかし，このような状況下においても全国的に国庫補助単価と地方交付税単価よりも県が積算している助成単価の方が高くなっている。これは依然として県私学助成の積算制度が地方交付税の基準財政需要額に準拠した額を基礎としていることの証左でもある。

第2節　結論と含意

第1項　私学助成における標準化機能の形成とその制度化

各章から得られた知見は，結論として次の3点にまとめることができる。

第1は，国による財源措置が標準化機能を作り出し，国庫補助金の導入以前の地方交付税の段階であっても県の私学助成政策に影響を与えたことである。先行研究では，国庫補助金制度は使途が明確であることから中央政府による地方政府への政策誘導機能を持つものであり，地方政府の自律性を阻害するものであると批判されてきた。そして，使途の自由な地方交付税の増額が総務省などによって求められてきた。このように，国庫補助金は政策誘導を行い，経常経費に関する地方交付税は県の政策決定に大きな影響を与えない，という考え方が主流であった。

国庫補助金については，第5章および第6章の分析で明らかになったように，すべての県が奨励的補助金である国庫補助金を導入する政策選択をしており，都道府県が自主財源による負担をして歳出を増やすことになっても国庫補助金の交付を実施している。この傾向は1975年以降現在に至るまで継続している。

地方交付税もまた，基準財政需要額に人件費が計上されたことで大半の県で人件費が計上されるようになり，助成額が増額していったことで，第4章の分

析からも明らかなように，県に対して一定の政策誘導機能を及ぼしているのである。

本書では国の決めたスタンダードに収斂していく機能を標準化機能として考察をしてきた。地方交付税の持つこの標準化機能を明らかにしたことが，本書の重要な知見といえる。地方交付税はあくまでサービスを行うための標準額を算定したものであり，そこには標準額を支出しなくてはならないという決まりごとは存在しない。そのため，国庫補助金導入以前は北海道のように貸付金を多く用いていた県も存在するなど，独自の運用がみられていたのである。

第2は，この標準化機能は時期によって強弱が異なるということである。具体的には，地方交付税の算定式への人件費導入，国庫補助金制度の導入など，国による財源措置の変化に対応する形で県私学助成額や項目のばらつきは次第に標準額に収斂していったが，財政難や地方分権化に伴い2000年度以降に額や項目のばらつきは拡大していった。2000年度までに起こったばらつきの収斂は，県の自治事務とされている政策決定であっても，インフォーマルな形で国の政策の影響を受けていたために生じた現象であったといえる。

本書が分析対象とした私学助成は，国が明示的に県の政策のあり方を規制するものではなかった。しかし，結果として県は国が実施した制度変化によって大きな影響を受けており，地方交付税の算定式に人件費が導入されたことで県による私学助成額は地方交付税の基準財政需要額を基準として分散を縮小させた。この時点では，地方交付税は制度として県の助成額に影響を与えることができないため，人件費を多く上乗せする県がある一方で，人件費をほとんど計上しない県もまだ存在していた。人件費の計上を抑える要因としては，財政的な要因が強く影響していると考えられる。例えば第3章で述べたように，北海道は補助金よりも貸付金を増額させることで私学助成の充実を図っていた。しかし，国庫補助金の導入によってすべての県が最低限度額を上回る助成を行うようになり，かつ国が定めた標準額を基準としてさらに分散を縮小させた。そして，国庫補助金による標準化機能は年を経るごとにさらに強化されていった。第6章で検討したように，1994年に国庫補助金の大幅削減が行われて地方交付税措置額が増加したが，それによって県私学助成に大きな変化は起こらなかったのである。本来であれば地方交付税措置額の増加によって，標準化機能は

弱まるはずである。しかしそうはならずに，各県は前年度と同等ないしは漸増した予算措置を実施したので分散は拡大しなかった。1990年代のこの段階で，大半の県は私学助成単価を下げるという選択肢をとることはできなかったのである。

しかし，2000年度以降になると分散はわずかながら拡大する。県私学助成単価の現状維持ないし切り下げは，主に2000年度以降に行われるようになり，それは県単独嵩上げ分の減額という形で現れた。1990年代から進行している財政難が県財政に悪影響を与えていると同時に，首長の裁量権が拡大した地方分権改革の影響も考えることができる。知事が主導する行政改革が全国的に行われるようになり，私学助成を含む各種事業への事務事業評価も行われるようになって，私学助成もそのあり方について再検討されるようになってきている。私学助成額も単価レベルでの見直しが実施されるようになったのである。

また，県による補助項目選択の幅が拡大してきたことも理由の一つである。第1章や第6章で検討したように，近年では国による私学助成メニューは多様化しており，経常費助成費補助の特別補助が重視されるようになっており，経常費助成費補助の構成においても特別補助の割合が増してきている。特別補助は選択型の補助金であり，その導入は必須ではない。第6章においても，特別補助の実施県が減少していることが明らかになっている。

このように，1970年の地方交付税法改正によって人件費補助が制度化されて以来強化されてきた標準化機能は，各県の私学助成を標準額へと収斂させる力を持っていた。しかし，1990年度以降の財政難や2000年度以降になってさかんに実施されるようになった行政改革によって，標準化機能が弱まってくるとともに，県ごとの分散は少しずつではあるが再び広がりつつある。

第3は，現行の私学助成制度は多くの先行研究で検討されている私立学校振興助成法が成立する前から，様々な制度が積み重なる形で形成されてきたということである。私学助成制度に関する議論の大半は国庫補助金制度下にあることを前提としており，地方交付税のみによって財源措置されていた時期の私学助成について議論したものは少なかった。しかし，本書の分析結果からも明らかなように，生徒急増期，地方交付税法改正など，国庫補助金制度導入以前の政策決定が現行の私学助成制度の運用に大きな影響を与えていたのである。

例えば、国庫補助金制度導入以前の地方交付税制度であってもその政策誘導機能が確認されている。これは使途が自由であるという制度的前提があったとしても、使途を限定させるなんらかの装置が存在していたことを示唆する。第4章で指摘した地方交付税への人件費補助の導入は、生徒減少期の私立学校の経営難という社会的背景が全国的導入のきっかけとなっている。こうして地方交付税のみの時代に作られた基準が制度としてビルトインされ、国庫補助金制度の成立によって「国庫補助金＋地方交付税」は最低限保証すべき額であるという認識がすべての県で共有され、それが現在まで続いていると考えることができる。現行の私学助成では多くの県が、国庫補助単価と地方交付税単価に独自に増額することで助成単価を決定している。それゆえ、前述したように地方交付税単価はあくまで基準財政需要額であり、実際の交付額が需要額を下回る県が大半であるにもかかわらず、すべての県において基準財政需要額相当の助成額を予算として計上しているのである。

　そして、この傾向は県の財政状況が悪化しても一定期間継続された。例えば第6章の1990年代以降の分析からも明らかなように、財政難の中で実施された行財政改革においても県私学助成単価は国庫補助単価と地方交付税単価の和を下回ることはなかった。その理由としては2点考えることができる。1つは制度の経路依存性である。具体的には、1971年度に一度決まった私学助成の単価積算の制度は粘着性を持って継続的に県私学助成に作用して、制度の現状維持が行われていたと考えられ、この傾向は財政難の時期にさしかかっても変わらなかった。もう1つは、1990年代から始まった生徒数減少である。生徒数の減少によって私学助成予算総額が抑制されたことで、単価積算の制度は2006年度に至るまで維持されていたと考えられる。しかし、2000年度以降は国庫補助単価と地方交付税単価の和を上回った単価が措置されてはいたものの、県単独嵩上げ分が減少していくなど県助成単価の増額は抑制されている。

　このように、1990年代から財政難が進行しているにもかかわらず、2000年度まで増加傾向を維持することができたのは、行政改革や県への国庫補助金配分制度等による制約に加えて、生徒数減少によって私学助成額の膨張が抑制されていたことが影響していたともいえよう。

終章　知見と結論

第2項　地方交付税が標準化機能を持つことの意味

　本書では財政研究において地方交付税が果たしている機能について，地方交付税の分析や国庫補助金との関係性の分析を通じて細部にわたって明らかにしてきた。従来の教育財政研究が分析対象としてきたのは国庫支出金であった。公立高等学校，公立大学法人，就学支援や学校図書館など予算の大半を地方交付税によって財源措置されている領域は教育財政においても多いが，それらの分析の大半は予算支出を分析対象としたものに限定されており，地方交付税の持つ機能という側面からの検討はほとんど行われてこなかった。

　財政学の先行研究では地方交付税も政策誘導機能を持つということはたびたび指摘されているが，その知見の根拠となっていたのは公共事業などの投資的経費が大半であり，私学助成などの経常経費については，政策誘導機能はほとんど指摘されてこなかった。むしろ，経常経費の研究例としては就学援助などのように国庫補助事業の一般財源化に伴ってその予算が減少する事例が紹介されるなど（例えば鳫2009，星野2013：103-130），地方自治体の裁量によって予算削減が大きい自治体と小さい自治体があるといったように，もっぱら自治体間格差が指摘されていた。

　本書の知見からも明らかなように，私学助成においては地方交付税が標準化機能を持ち，県の私学助成予算に影響を与えていた。これは一般財源化によってその位置づけを大きく低下させた就学援助とは一線を画す。就学援助に関する分析結果からは「交付税を通じた保障は，各団体にとっては国庫補助負担金を通じた保障と必ずしも同一のものとは受け取られていない」（星野2013：128）という指摘がなされているが，ここからわかるように就学援助の場合には，地方交付税の基準設定に合わせた予算措置は自治体においてなされていないのである。

　ではなぜ，就学援助と私学助成で地方交付税の基準に対する県の対応が異なるのか。それを明らかにするためには，私学助成において地方交付税が標準化機能を持つことができた理由を検討する必要がある。

　私学助成の地方交付税が標準化機能を持ちえた理由としては，3つ考えることができる。第1に，生徒急増期における生徒収容のための対応として実施し

た私学助成が，結果として私学経営難を招いてしまった点である。生徒急増期の後に必然的に訪れる生徒減少期に加えて物価高騰などの経済的要因が重なり，私立学校の経営は公的補助なしには困難になっていった。しかし，私立高等学校の割合が全国的に増加して高等学校教育の重要な役割を果たすようになった以上，学校法人を倒産させるという選択肢はなくなってしまった。経営に対する補助を行うことで教育のナショナル・ミニマムを保障しなくてはならなくなり，結果としてこれが経路依存をもたらした可能性がある。

　第2に，制度として私立学校への人件費補助が明文化されたことによって，私学関係者の人件費補助実施要求が強まり，各県も一斉に中央政府の動向に合わせようとした点である。地方交付税に人件費補助が措置されることによって初めて私学助成は「その他の教育費」の中に移され，「私立学校助成費」として独立した項目になることになった。これは同法改正以前から人件費補助の実施を強く要望していた私学関係者にとって，その要望を後押しする重要な根拠となった。また，地方交付税法改正以前より人件費補助を導入していた県が存在していたことが，同法改正によって改めて注目を集め，人件費補助を実施しなくてはならないという規範の同調圧力が働いたとも考えられる。

　第3に，国庫補助金制度の導入による地方交付税の標準化機能の強化である。国庫補助金は前年度の県の私学助成交付実績に基づいて交付されるものであり，補助金制度導入当時は国庫補助額も県による交付額に応じて増減されていた。つまり，国庫補助金を県が受け取るためには県は最低限の助成額を示すことが求められるようになった。1970年代後半の私立学校は生徒数減少による収入減とともに物価・人件費の高騰によって支出が増大しており，少しでも多くの助成が措置されることを望んでいた。このような状況下で県が国庫補助金の交付を受けずに私立学校に対し人件費を含む助成を行うのは事実上不可能であった。これらの要因によって，経常経費の地方交付税でありながら，結果として県に私学助成の増額を促すような政策誘導機能が働いた。社会経済的制約および制度的制約のもとで，すべての県は国庫補助金の交付を受けるために国の算定した水準以上の私学助成を行うようになった。そして，国庫補助単価と地方交付税単価の和を上回る県助成単価は現在まで続いているのである。

　経常経費を対象とした地方交付税であっても，上記の経過を経て標準化機能

が強化されていった結果,県は国が便宜的に設定した地方交付税の基準に拘束された状態となった。その意味では,地方交付税が無条件に標準化機能を持つというわけではなく,複数の条件が経年的に重なっていった結果,標準化機能を持つようになったといえよう。

例えば就学援助と私学助成を比較すると,就学援助のあり方は1951年にその原型ができあがっており(星野2013:104),私学助成と同様に歴史はあるものの,私立高等学校のように私学経営の破綻が公教育を大きく損なうといった広汎な影響は,就学援助には想定されていなかったことが,大きな違いといえよう。私学助成が標準化機能を持ち始めた契機は生徒急増後の県私学助成であり,公教育を損なえないという県や国の意図が働いたことが重要であった。就学援助には私学助成のように標準化を起こす契機となる出来事が起こっていないことが,地方交付税の基準が自治体に保障されなかった理由の一つとして考えられる。

これは地方交付税を財源とすることがすなわち予算の削減を意味することではないことも示唆しており,特定の条件下においては地方交付税措置であってもナショナル・ミニマムの保障を可能とする政策誘導装置足りうることを意味している。

第3項　私学助成をめぐる政府間関係

本書は国による制度変更が県に対してどのような影響を与えたのかを分析したものであり,政府間関係の枠組みは重要な概念となる。序章の先行研究レビューで検討したように,天川モデルの4つの軸のうち教育行政研究では集権・分権軸と統合・分立軸が使われていた(村上2011,青木2013)。それは教育行政の「縦割り性」が義務教育段階における公立学校行政の特徴であるとされていたためである。しかし,本書で検討した高等学校以下の私学助成については文部(科学)省の権限が公立義務教育行政と比較しても小さく,さらに県レベルでの私学担当事務は教育委員会ではなく,主に知事部局によって担われてきたという経緯がある。そのため,私学助成に関しては,文部科学省と教育委員会という従来重視されてきた教育行政の「縦割り性」の影響は極めて少なく,むしろ本来県が主体となって行ってきた私学助成を国が主体となってどの程度

実施しようとするようになったかという観点からの分析が必要となる。以上から，集権・分権軸と融合・分離軸の2軸を参照することが妥当であると考えられる。

　集権・分権軸の特徴は首長の選出形態など政治的な要素が強いことであるが，青木は個別政策領域を焦点にした分析を行う上で，集権・分権軸を「個別政策領域において，地方政府が当該領域に関して自律的に意思決定（政策選択）を行うことのできる程度」（青木2013：24）と再定義しており，より行政的な要素に着目している。

　本書では「自律的に意思決定ができる程度」を私学助成に関する国からの財源措置制度によって定義する。つまり，使途が自由な地方交付税のみであれば「分権」状態であるが，使途が定められている国庫補助金制度が導入されることで「集権」度合いが高まる。高等学校以下への私学助成は，公立高等学校教育政策と同じように県が決定権限を持っており，原則として文部（科学）省は介入してこない。公立の義務教育行政と比較すれば「集権・分権」軸での「分権」状態が続いている。しかし，序章で述べたように高校以下を対象とする県私学助成は，県の自主財源で行われていたものが地方交付税措置されるようになり，1975年には国庫補助金としての措置が開始するようになったもので，制度上は補助金制度の導入によって地方政府の自律性の制約が高まっているともいえる。また，2004年より県を通じて私立高等学校等に交付していた国庫補助金（私立高等学校等経常費助成費補助特別補助）の一部が文部科学省による直接交付となっている。これを先ほどの集権・分権軸に当てはめると，私学助成政策は分権から集権に移行していったと考えることができる。

　融合・分離軸は天川の定義では執行する主体に重きが置かれていたが，本書では秋月による修正された概念を参照する。すなわち，融合は中央と地方それぞれの政府の関心領域の重複が幅広い状態，分離は中央と地方で関心領域の重複が少ない状態という定義である（秋月2001：110）。本書では「関心領域の重複」として，補助金が補助対象とする項目の変化や補助金交付の算定式に着目する。国が補助する項目の増減や算定式に含まれる変数の増減もまた国による関心領域の増減を示す。高等学校以下の私学助成で考えれば，県知事が所轄庁として私学行政に関する様々な権限を保有する状態が分離であるといえる。そ

して，地方交付税によって私学助成に人件費等への財源措置が付与され，さらに国庫補助金措置によって補助金交付の算定式が確立していく過程は，中央政府が私立高等学校行政等への関心を強めていく過程と考えることができ，分離から融合に変化しているといえる。

　上記の軸設定に従って私学助成に関する国の制度設計の変遷を表すと，次の4つの段階に分けることができる。①自主財源期：私立高等学校等への助成は原則として県の自主財源によっていた（杉長1993）。地方交付税による財源措置はあるものの，その他諸費の一部としての扱いであり，その額も多くなかった。②地方交付税基準財政需要額への人件費の追加：1970年の地方交付税法改正により，私学助成関係の地方交付税が「その他の教育費」の費目に移され，地方交付税の算定式に人件費等の項目が追加された。③国庫補助金制度導入期：私立学校振興助成法成立後の1975年に国庫補助金制度が導入された。その後，特別補助等の導入や一般補助の加算項目が導入され，国による政策課題に関連した施策を選択した学校の多い県が，多くの補助金を交付されるようになった。④財政難・生徒減少期：1990年代の財政難と少子化の進行に加えて，行政的には地方分権改革の導入によって私立学校関係の機関委任事務が廃止され，自治体首長による政策の決定権が強まった。この時期には国庫補助金の中でも特別補助項目や一般補助加算項目が数多く追加されるようになり，国による国庫補助金メニューの多様化が始まる。

　分権・集権軸と融合・分離軸を組み合わせた概念図が図E-1となる。第1節で検討した私学助成制度の展開をこの構図に当てはめると，高等学校以下の私学助成は県の自主財源のみで行っていた時代や地方交付税措置のみで行っていた時代の〈分権・分離〉から，国庫補助金制度の導入によって県の私学助成額決定が制約される〈分権・融合〉に移行し，最終的に特別補助項目の増加や一般補助の加算項目の増加，さらには経常費補助特別項目の一部を国が学校法人に対して直接交付するという〈集権・融合〉に移行していると，まとめることができる。

　私学助成をこのモデルに当てはめることは次の2点から意義があると考えられる。第1に，国レベルにおける教育行政制度改革と比較することで，私学助成政策の改革の進み方の特徴について明らかにすることができる。教育委員会

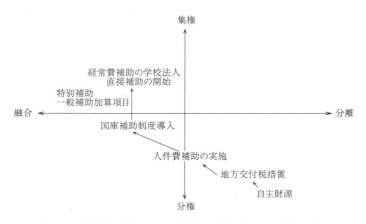

図 E-1　県私学助成をめぐる集権・分権／融合・分離モデル

制度を始めとする教育行政制度改革は集権から分権方向にシフトしている（村上 2011）。その一方で私学助成は従来の分権状態から集権状態にシフトしていることが図 E-1 からも読み取れるように，中央政府による補助金の制度設計が県私学助成制度に影響を及ぼすようになっている。第2に，他領域における行政研究との比較を可能とする点である。行政学においても政府間関係の枠組みを用いた研究があり，教育以外の行政領域においても同様の分析が行われている。私学助成のように地方交付税が多く措置されている領域の変遷を追い，その差異を比較することによって，何が私学助成の予算措置に影響を与えているのかについて総合的に検討することができる。

第4項　高等学校研究における財政制度研究

従来教育学は義務教育課程の公立学校を主要な分析対象としており，私立の高等学校はほとんどその対象とされてこなかった。数少ない高等学校研究では，その大半は中高一貫校や総合学科に代表されるような学校改革（例えば屋敷 2009，坂野 2009 など）や，高等学校での教育内容に着目した高大接続（山村 2013）など高等学校の実態に着目した研究が多く，県が実施する高等学校教育や学校改革を担保する財政制度がどのように保障されるのかについて検討されてはいなかった。高等学校研究の中で小早川は高等学校教育財政に着目してい

るものの，高校教育費支出のみに着目しているため，制度分析によって高校教育費がどのように保障されるのかというメカニズムまでは明らかにしきれていない（小早川 2013）。

また，序章で検討したように教育社会学において行われてきた高等学校研究の多くは，高校進学率増加期における生徒収容問題を主要な関心としており，高校教育の拡大を主に生徒収容の公私間差に求めてきた（例えば香川ほか 2014）。しかし，高校入学者数の増加に耐えうる学校制度設計の背景には，本書で検討したような財政制度の存在がある。特に私立高等学校に対しては，第3章で検討したように生徒急増期を契機として助成が拡大する。その後の生徒減少期や財政難など経営的な困難を迎える時期にも私立高校を維持するための財政的支援があって初めて高校の維持・拡大が可能となった。相澤ほか（2009）の高等学校研究では各県の公私立学校の設置や生徒数に着目していたが，学校設置や定員の公私間での振り分けの制度設計の前提となるのは各県の財政制度であり，県の財政制度を規定するのが国による財源措置による標準化機能や県内での予算積算制度なのである。

その意味では本書の地方交付税および国庫補助金，県私学助成に関する制度的検討は，高等学校教育の財源保障に関する研究方法に示唆を与えうるものであり，高等学校研究に財政制度という新たな視角を与えることができるともいえよう。

第3節　今後の課題

最後に，今後の課題として次の4点を挙げておきたい。

第1に，本書の事例分析ではそれぞれの類型において1～2ケースのみを扱っているため，この知見は同一類型に属するすべての県の動向を示すものではないことには留意が必要である。今後の課題として，事例分析の精緻化を図るために，類型内での各県の経常費比率の推移や金額の推移を詳細に検討し，いくつかのパターンを見出した上で事例を増やした分析が必要となる。

第2に，私学助成が学校法人に与えた影響については本書では考慮していないことである。本書が対象としてきたのは国と都道府県の関係というマクロ

メゾレベルであった。国による財源措置のあり方の変化を受けて県が予算積算上どのような対応をしたのかについて明らかにすることが主眼であった。しかし，私学助成は学校法人に対して交付されるものであり，したがってメゾレベル－ミクロレベルでの分析が非常に重要となる。各学校への配分基準やその配分によって学校法人の経営に対してどのような影響を与えたのかについて検討する必要が出てくる。各章において，学校数や生徒数，教員数等の変遷を確認したが，これらの変化と県私学助成の関係性についてさらに詳細に検討する必要がある。

第3に，本書では制度分析を中心に論じたため，政治ルートを含む政策決定過程は解明されていない点である。北村（2009）が明らかにしているように，地方財政をめぐっては大蔵省と自治省（現在では財務省と総務省），地方自治体と総務省（自治省）の間でも政治的なやりとりが多く行われており，こうした政治ルートによって地方財政政策が形成されている。本書が着目したのは，国が設計した制度そのものが県の私学助成制度に大きな影響を及ぼしたという制度的要因による県の行動の制約であるが，この知見に加えて国や県の制度設計をめぐるアクター間分析を行うことでより精緻化された分析が可能になると考えられる。

第4に，政府間関係として位置づけた場合，私学助成領域以外で地方交付税が主たる財源となっている領域との比較分析が必要となる。本書は私学助成のみに着目しているが，公立高等学校財政や公立大学法人財政，就学援助など国庫補助金が財源措置されていない，ないしはされていてもその割合が少ない領域が存在する。特に前節での就学援助との比較で述べたように，私学助成の持つ標準化機能を持たない領域の存在も視野に入れる必要がある。県財政が逼迫している昨今において，県の裁量によって予算額を増減させることができる領域の財政制度のあり方を検討していくことは，重要である。また，他の領域との比較分析を行うことによって私学助成がどのような位置づけにあるのかを相対的に考察し，県私学助成制度のあり方に検討を加えていくことは，今後ますます求められてくるのではないだろうか。

あとがき

　なぜ，私立学校なのか——。

　筆者がこのテーマで研究しようと決めて以来常について回る根源的な問いである。教育行政学研究でのメインテーマである公立義務教育課程の教育行政や学校経営を対象としたり，教育委員会制度を対象としたりしていれば，このようなことを問われることは少なかったのかもしれない。結局，この問いに対して一つの答えを出すのに10年近くかかってしまった。

　修士課程進学時に筆者が興味を持っていたのは私学経営であった。学校法人が主体となって行う私立高等学校の経営が，「教育機関」としての経営と，独立した一つの「経営体」としての経営の両面を持つことに関心を持っていた。しかし，研究を進めていく中で，私学経営といっても自由ではなく，私学行政，とりわけ県が実施している私学助成制度が経営行動に影響を及ぼしている可能性に気づくようになり，筆者の問題関心は経営から行政と機関の関係に移ることとなった。そして，制度上は県が裁量権を持って実施している私学助成制度も，国による財源措置の影響を受けているのではないかと問題関心が政府間関係に移行していった。

　このように筆者の問題関心は修士課程進学時，博士課程進学時と変化しており，研究テーマを決定したのも博士課程の半ばを過ぎた頃であった。最終的に筆者のテーマは，使途が自由な地方交付税を財源とした県の教育財政となり，特に県の私学助成に着目して研究を行うこととなる。国が措置する補助金が地方自治体の政策決定に影響を及ぼすという枠組みは政府間関係に依拠するところであり，制度上は政策誘導機能を持たない地方交付税がどのように誘導機能を持ちえたのかを過去の制度の蓄積から解明しようとする方法論はNorth（1990=1994）やPierson（2004=2010）らの研究から着想を得たものである。

　序章でも述べたように，教育行政学研究の主な分析対象は公立の義務教育であり，これらの財源の大半は国庫補助金である。一方で，本書が分析対象とした私学助成の財源は大半が地方交付税となる。使途が自由な財源が地方自治体の財政支出にどのような変化をもたらすのか。私学助成以外にも，公立高校，

就学支援，公立大学など，地方交付税を主な財源とした教育費は以前から存在していた。また，三位一体改革時の義務教育費国庫負担金の議論のように，国庫支出金を一般財源化するケースが今後も発生すると考えられる。地方交付税を財源とした教育財政支出は教育行政学において古くて新しい重要なテーマである。より洗練された研究になるよう，引き続き探究を続けていきたい。

本書は2016年7月に東京大学から博士（教育学）の学位を授与された博士論文「国による財源措置の変化が都道府県私学助成に与えた影響」をもとにしている。各章の初出となる研究成果は以下の通りである。博士論文および本書の出版にあたって大幅な加筆・修正を行っている。

序　章	「私学政策・制度に関する研究」『大学論集』第46集，2014年
第1章	「中央政府による私学助成政策の変遷——国庫補助金と貸付金に着目した校種別の時系列分析」『大学論集』第44集，2012年
第2章	「私立高等学校行政における担当部局の変化」『教育行政学論叢』第26号，2007年
第3章	書き下ろし
第4章	「人件費補助の制度化が都道府県私学助成に与えた影響——1970年・1971年の地方交付税法改正に着目して」『教育行政学論叢』第32号，2012年
第5章	「私立学校振興助成法成立による都道府県私学助成の変容——国庫補助金制度導入前後の経常費助成」『日本教育政策学会年報』第20集，2013年
第6章	「私立高等学校補助金をめぐる中央地方関係」『日本教育行政学会年報』第34号，2008年
終　章	書き下ろし

本書がこうした形になるまでには，多くの方々にご指導をいただく機会に恵まれた。すべての方のお名前を挙げることはできないが，特にお世話になった方々への感謝をここで述べたい。

まず，小川正人先生に御礼申し上げたい。小川先生は筆者を，大学2年生か

あとがき

ら博士課程までの長きにわたって，指導教員としてご指導くださった。ゼミや論文指導での議論によって培われたものの見方，考え方などは現在の筆者の研究に対する考え方やその分析枠組みに大きな影響を与えている。授業で教育行政学の文献だけではなく，行政学や政治学など近接領域の論文を扱ったことが，現在の筆者の博士論文の原点となっている。また，研究テーマがなかなか定まらない筆者に対して，私学行政の持つ現代的な課題についての示唆など数多くの指導をいただくことができた。東京大学を退職された後も，折に触れて筆者の遅々として進まない博士論文の進捗を気にかけてくださり，温かい言葉をかけていただいている。

　小川先生が退職されたあとに筆者の指導教員となり，博士論文の主査を務めていただいた大桃敏行先生にも深甚なる感謝を申し上げたい。大桃先生は付属校の校長や研究科長などの校務で大変お忙しいにもかかわらず，定期的に論文指導の場を正規の授業時間以外にもつくってくださった。草稿も丁寧に読んでくださり，多くのコメントをいただいた。筆者が広島大学に勤務後は，直接お会いして指導を受けられないために電話で何度も長い時間をかけてご指導いただいた。大桃先生の指導なくして博士論文の完成はなかった。

　勝野正章先生には大学院在籍時より授業や演習で論文構想や草稿に貴重なコメントをいただき，枠組みの構築や論文の構成に際して多くの気づきをいただくことができた。

　副査には大桃先生，勝野先生のほか，村上祐介先生，山本清先生と両角亜希子先生に担当していただいた。先生方にはお忙しい中にもかかわらず博士論文を丁寧に読んでいただき，筆者が見落としていた点について多くの的確なご指摘をいただくことができた。

　また，浦野東洋一先生は筆者が学部生の時にご指導くださり，定年退職後は帝京大学に着任された。その後筆者が浦野先生の後任として帝京大学で勤務することになろうとは当時は思いもしなかった。現在も客員教授として勤務のかたわら，折に触れて筆者の研究を気遣っていただいている。

　国立教育政策研究所の本多正人先生には，博士課程の頃より同研究所の多くの研究プロジェクトに研究補助者として参加させていただいた。当時大学院生であった筆者にとって，著書でしか存じ上げない先生方がプロジェクトに多数

参加しておられ，プロジェクト内での議論を通じて多くのことを学ばせていただいた。現在もプロジェクトを通じて国内外の最先端の研究に触れる機会をつくっていただいている。

　筆者が所属していた教育行政学研究室では，先輩方の背中を見ながら研究のトレーニングを積むことができた。青木栄一氏は最もお世話になっている先輩である。筆者が大学院生であった頃から，研究に対する姿勢や分析方法など研究者としての「いろは」を学ばせていただいた。また，博士論文を草稿段階で読んでいただき，枠組みや内容に関する貴重なアドバイスをいただいた。政府間関係の枠組みを援用しようと試みた本書は青木氏の研究に影響を受けており，現在も様々な研究等でご一緒する機会に恵まれ，多くのことを学ばせていただいている。村上祐介氏は大学院生時代には先輩として筆者の研究に継続的にコメントをいただいてきただけでなく，博士論文では副査として貴重なコメントをいただくことができた。また，川上泰彦，橋野晶寛の両氏は大学院の授業や論文指導だけではなく，私的な研究会を何度も開催していただき，そうした場は修士論文やその後の博士課程の研究の指針を築く土台となった。多忙な環境に身を置きながら，研究成果を継続的に公表し続ける諸先輩方の姿は，筆者にとって大きな刺激となっている。彼らに少しでも追いつけるよう，たゆまぬ努力を積んでいく所存である。また，大桃先生が研究室で博士論文を執筆するための論文指導の場をもうけてくださったが，指導を一緒に受けていた研究室の同期である押田貴久氏，後輩の植竹丘氏，島田桂吾氏とは互いに構想や進捗を定期的に発表することで，よいペースで研究を進めることができた。

　本書の元となる博士論文が大きく進んだのは，広島大学高等教育研究開発センターに研究員として職を得てからであった。筆者の研究を応援してくださる先生方や事務スタッフの方々に恵まれ，多くのご配慮とともにご支援をいただいた。特に島一則先生（現東北大学）と村澤昌崇先生は，突然研究室をノックして研究相談をすることが多かった筆者に対して，いつも時間を割いて相談に乗ってくださった。また，教育行政学とは異なる領域である高等教育研究の分析枠組みや研究手法を学ぶ機会を得たことは，筆者にとって大きな収穫となった。

　本書の最後の仕上げは現在の勤務先である帝京大学教育学部に移ってから行

あとがき

った。教育制度や教育経営など筆者の専門領域に関する授業やゼミを持ちつつ、さらに特別支援教育や教科教育など筆者の専門外である教育学領域の研究に触れることが増え、新しい研究枠組みなどを学ぶ機会に恵まれた。また、授業や卒業研究指導を通じて、学生から学ぶことも多い。教育学部の先生方には教育・研究の双方において様々な支援をいただいている。ともすれば日々の授業準備に拘泥してしまう筆者に対して研究的な刺激を与え、研究の世界に気持ちを引き戻してくれる同僚の先生方にも感謝したい。

その他、一人一人お名前を挙げることができないが、学会での発表や投稿論文に対してコメントをいただくなど、多くの先生方にお世話になった。御礼申し上げる。

刊行にあたっては吉田書店の吉田真也氏に編集をご担当いただいた。吉田書店は青木氏よりご紹介いただいた。単著の刊行が初めてで右往左往し、さらに遅々として校正作業の進まない筆者を吉田氏は温かく見守ってくださり、本書の原稿を筆者以上に丁寧に読み込んでアドバイスをいただくことができた。博士論文を書籍として刊行する作業は編集者との共同作業的な側面があり、本書が博士論文よりも読みやすいものになっているとすれば、それは丁寧な編集作業の賜である。無論、本書の誤りはすべて筆者に帰すものであることは言うまでもない。また、本書の索引作成にあたっては、学部学生の岡村芽依さんと米山かおりさんにご協力いただいた。筆者の不手際により、限られた日数での作業を強いることになってしまったが、彼女らの質の高い仕事ぶりに大変助けられた。

最後に、私事となって恐縮だが、家族にも感謝したい。父・秀憲と母・和江は筆者の将来の不安定さに拍車をかけるであろう大学院進学を快く認めてくれた。現在の筆者を形成しているのは両親による有形無形の支援であり、特に小学校3年から6年次までアメリカの現地校に通学していた時に、筆者が日本語を忘れないようにとりはからってくれた学習上の支援の数々は、現在の筆者にとって最大の支えとなっていると思われる。筆者の遅々として進まぬ博士論文は両親の心配の種であったと思うが、まずはこうしてそれを単著として刊行することで感謝の意を表したい。

また、妻のさや子は筆者の研究の最大の理解者である。校種は違うが、同じ

「教員」としての仕事に対する姿勢から刺激を受けることが多々ある。彼女との何気ない会話の中から授業のアイディアが生まれたことも多い。子の啓悟と俊介は，筆者が「本を出す」という事実に興味を持っているようである。締め切りに追われているときは彼らとの話が上の空になってしまうことが多く，父親としての役割を果たせなくなってしまうが，彼らが見たがっていた本書を贈ることがせめてもの償いとなればと思う。

2019年1月

小入羽　秀敬

本書は以下の科学研究費補助金の助成による研究成果の一部である。
「転換期における都道府県私学助成制度の機能評価と改革方策に関する研究」（2005～2007年度特別研究員奨励費　課題番号05J11700）
「高校以下私学助成制度の形成——国の制度変化と県の受容」（2011～2012年度研究活動スタート支援　課題番号23830044）

また，刊行にあたっては科学研究費補助金（2018年度研究成果公開促進費　課題番号18HP5217）による助成を受けた。

参考文献

研究書・論文

相澤真一・児玉英靖・香川めい（2009）「戦後日本の教育拡大の地域的布置——1960年代における都道府県間での私立高等学校の役割の差異に着目して」『アジア太平洋研究』第34号，57-78頁

青木栄一（2002）「公立学校施設整備事業における継ぎ足し単独事業」『日本教育行政学会年報』第28号，70-83頁

青木栄一（2004）『教育行政の政府間関係』多賀出版

青木栄一（2013）『地方分権と教育行政——少人数学級編制の政治過程』勁草書房

青木栄一・小入羽秀敬・山中秀幸（2012）「時系列データを用いた教育財政制度の実態分析——義務教育費の財源構成にみる政府間財政分析」『東北大学大学院教育学研究科研究年報』第60集第2号，13-36頁

赤井伸郎・佐藤主光・山下耕治（2003）『地方交付税の経済学』有斐閣

赤林英夫・荒木宏子（2010）「私立高等学校の授業料補助が生徒の中退に与える影響——日本の教育バウチャーの実証研究」『RIETI Discussion Paper Series』RIETI

秋月謙吾（2001）『行政・地方自治』東京大学出版会

浅羽隆史（2002）「基準財政需要額の推移にみる恣意性と補助金化——実態と背景」『白鴎法学』第19巻，558-532頁

天川晃（1986）「変革の構想——道州制論の文脈」大森彌・佐藤誠三郎編『日本の地方政府』東京大学出版会，111-137頁

天野郁夫（1970）「わが国大学の形態学的分析——高等教育機関としての形態を中心に」国立教育研究所『わが国高等教育の問題状況——高等教育総合研究・中間報告Ⅱ』，120-145頁

荒井英治郎（2006）「私立学校振興助成法の制定をめぐる政治過程——自民党文教族の動きに着目して」『日本教育行政学会年報』第32号，76-93頁

荒井英治郎（2007）「戦後私学の条件整備法制の形成——「私立学校振興会法」の制定をめぐる政策過程に着目して」『〈教育と社会〉研究』第17巻第1号，10-18頁

荒井英治郎（2008a）「中央政府における教育政策決定構造の変容——「教育の供給主体の多元化」をめぐる政策過程に着目して」『教育学研究』第75巻第1号，34-45頁

荒井英治郎（2008b）「私学助成の制度化をめぐる政策過程——人件費補助の制度化と日本私学興財団法の制定に着目して」『国立教育政策研究所紀要』第137集，199-215頁

荒井英治郎（2011）「教育法制研究の課題と方法——静態的法制研究から動態的法制研究へ」『信州大学全学教育機構教職教育部紀要　教職研究』第4号，25-81頁

荒井克弘（1995）「新設私立大学・短大の供給メカニズム」市川昭午『大学大衆化の構造』玉川大学出版部
荒井克弘（2006）「学校法人の研究――大学設置課程の分析」科学研究費補助金報告書
荒井克弘（2008）「中等学校法人による大学設置の研究――都道府県私学助成のはたした役割」学研究費補助金報告書
荒井克弘（2013）「市場化時代における大学法人の研究――経営ユニットとしての法人組織の連携・統合・解体」科学研究費補助金報告書
石原信雄（2000）『新地方財政調整制度論』ぎょうせい
石原信雄・二橋正弘（2001）『新版　地方財政法逐条解説』ぎょうせい
市川昭午（1976）「私学助成の当為性とは」『望星』第7巻第10号，16-23頁
市川昭午（1983）『教育サービスと行財政』教育開発研究所
市川昭午（1990）『各都道府県における私立高等学校の標準的運営費に関する調査研究』日本私立中学高等学校連合会
市川昭午（2000）『高等教育の変貌と財政』玉川大学出版部
市川昭午（2002）「私学への負担金（私学助成）についての理論的考察」『東京都私学教育研究所所報』第67号，50-66頁
市川昭午（2004）「私学の特性と助成政策」『大学財務経営研究』第1号，171-185頁
市川昭午（2006）『教育の私事化と公教育の解体』教育開発研究所
市川昭午（2010）『教育政策研究五十年――体験的研究入門』日本図書センター
稲正樹（1991）「私立学校振興助成法の立法化過程」『岩手大学教育学部附属教育実践研究指導センター研究紀要』第1号，2-48頁
稲正樹（1993）「私立学校振興助成法の立法化過程」中村睦男編『議員立法の研究』信山社出版
上田学（1995）「地方における公立学校行政と私立学校行政の連携に関する調査研究」科学研究費補助金研究成果報告書
上田学（2009）『日本と英国の私立学校』玉川大学出版部
大崎仁（1968）「私立大学」清水義弘『日本の高等教育』第一法規，145-188頁
大崎仁（1999）『大学改革1945～1999――新制大学一元化から「21世紀の大学像」へ』有斐閣
大沢勝・永井憲一編（1973）『私学の教育権と公費助成』勁草書房
尾形憲（1978）『教育経済論序説――私立大学の財政』東洋経済新報社
尾形憲（1979）「私学助成のあゆみと思想」国庫助成に関する全国私立大学教授会連合編『私学助成の思想と法』勁草書房，25-44頁
小川正人（1991）『戦後日本教育財政制度の研究』九州大学出版会
小川正人（1996）『教育財政の政策と法制度』エイデル研究所
荻原克男（1996）『戦後日本の教育行政構造――その形成過程』勁草書房
香川めい・相澤真一・児玉英靖（2012）「高等学校教育機会はどのように提供されたのか？――地方自治体の事例の比較検討による類型化の試み」『応用社会学研究』第54号，143-160頁

参考文献

香川めい・相澤真一・児玉英靖（2014）『〈高卒当然社会〉の戦後史――誰でも高校に通える社会は維持できるのか』新曜社
金井利之（2003）「公立小中学校教員給与の決定方式Ⅲ」『自治総研』第301号，79-107頁
金井利之（2007）『自治制度』東京大学出版会
鳫咲子（2009）「子どもの貧困と就学援助制度――国庫補助制度廃止で顕在化した自治体間格差」『経済のプリズム』第65号，28-49頁
木田宏（1962）「高等学校の生徒急増について」『文部時報』第1015号，53-60頁
北村亘（2009）『地方財政の行政学的分析』有斐閣
行政管理研究センター（2007）『2007年版行政機構図』
黒羽亮一（1993）『戦後大学政策の展開』玉川大学出版部
黒羽亮一（2001）『新版戦後大学政策の展開』玉川大学出版部
黒羽亮一（2002）『大学政策　改革への軌跡』玉川大学出版部
国立教育研究所（1987）「都道府県私学助成の研究」『国立教育研究所紀要』第113集
児玉英靖（2008）「戦後日本の高等学校教育供給システムにおける私立高等学校の役割――進学率停滞をともなわない教育拡大はいかにして可能となったか」『東京大学大学院教育学研究科紀要』第48号，125-133頁
国庫助成に関する全国私立大学教授会連合編（1979）『私学助成の思想と法』勁草書房
小早川倫美（2013）「都道府県における高校教育費支出に関する研究」『広島大学大学院教育学研究科紀要　第三部』第62号，41-48頁
坂野慎二（2009）「高校教育政策と質保証」『国立教育政策研究所紀要』第138集，65-74頁
白石裕（2000）『分権・生涯学習時代の教育財政』京都大学学術出版会
神野直彦（1993）「『日本型』税・財政システム」岡崎哲二・奥野正寛編『現代日本経済システムの源流』日本経済新聞社
神野直彦（1998）『システム改革の政治経済学』岩波書店
神野直彦（2002）『財政学』有斐閣
神野直彦・池上岳彦（2003）『地方交付税　何が問題か――財政調整制度の歴史と国際比較』東洋経済新報社
神野直彦・小西砂千夫（2014）『日本の地方財政』有斐閣
杉長敬治（1993）『私学助成の実務――そのしくみと現状』経理研究会
全国知事会（1985）『教育・文化行政と府県』第一法規
高木浩子（2004）「義務教育費国庫負担制度の歴史と見直しの動き」『レファレンス』第54巻第6号，7-35頁
高寄昇三（1997）『地方分権と補助金改革』公人の友社
武田公子（2008）「交付税交付金を通じた政策誘導と財源保障機能」『金沢大学経済論集』第29巻第1号，245-267頁
田中敬文（2000）「私立大学への支援と規制――私学政策の評価と改革方向」喜多村和之編『高等教育と政策評価』玉川大学出版部，223-244頁

田中敬文（2009）「私立大学のファンディング」『学校と大学のガバナンス改革』教育開発研究所，164-177頁
棚橋勝太郎（1970）「私学予算の決定と高等学校以下の助成について」『私学振興』第19巻第2号，24-25頁，14頁
田村哲夫（2000）「地方教育行政と私学行政」西尾勝・小川正人編著『分権改革と教育行政』ぎょうせい，175-184頁
角替弘志（1988）「地方教育行政における二つの二元化と障害教育の体系化——公私立学校行政と「教育の事業」に関連して」『日本教育行政学会年報』第14号，24-41頁
土居丈朗・別所俊一郎（2005）「地方債元利償還金の交付税措置の実証分析——元利補給は公共事業を誘導したか」『日本経済研究』第51号，33-58頁
東京私立学校教職員組合連合公費助成対策部（1970）「東京都私立学校助成方策協議会の美濃部都知事あて『意見書』について」
長峰毅（1974）『私学助成の意味を考える』財団法人日本私学教育研究所
長峰毅（1978）「私学の自主性と教育行政」高木太郎・金子照基・相良惟一編著『講座 教育行政　教育行政と教育法学』協同出版，217-237頁
南部初世（1993）「地方教育行政における公立学校行政と私立学校行政の連携」『日本教育経営学会紀要』第35号，97-111頁
南部初世（1995）「地方の私立学校行政における民主性・効率性原理」高木英明編『地方教育行政の民主性・効率性に関する総合的研究』多賀出版，267-284頁
南部初世（2000）「教育行政における私立学校行政の位置と公立学校行政との関係」日本教育経営学会編『シリーズ教育の経営　第1巻　公教育の変容と教育経営システムの再構築』玉川大学出版部，第10章，157-171頁
西尾勝（1990）『行政学の基礎概念』東京大学出版会
西尾勝（1996）「地方分権の推進——残された論題」『年報行政研究』第31号，1-16頁
西森光子（2005）「地方交付税の問題点と有識者の改革案——財政再建と地方分権の両立をめざして」『レファレンス』9月号，67-81頁
日本私立大学連盟（1999）『私立大学の経営と財政』開成出版
橋野晶寛（2016）『現代の教育費をめぐる政治と政策』大学教育出版
濱中義隆・島一則（2002）「私立大学・短期大学の収支構造に関する実証的研究—— 18歳人口減少期における私学経営の転換」『高等教育研究』第5集，155-180頁
林宜嗣（2002）「補助金の構造分析と整理合理化の視点」『赤字財政問題とその打開策』金融調査研究会，87-101頁
林宜嗣（2006）『新・地方分権の経済学』日本評論社
菱村幸彦（1995）『教育行政からみた戦後高等学校教育史』学事出版
古川俊一（2000）『政府間財政関係の政治分析』第一法規
古川卓萬（1995）『地方交付税制度の研究』敬文堂
古川卓萬（2005）『地方交付税制度の研究Ⅱ』敬文堂
星野菜穂子（2013）『地方交付税の財源保障』ミネルヴァ書房
本間正明ほか編（1991）『地方の時代の財政』有斐閣

参考文献

松井重男 (1973)「戦後私学助成の進展――東京都所轄私立学校を中心に」『跡見学園女子大学紀要』第6号, 27-42頁
松坂浩史 (2011)『逐条解説 私立学校法』学校経理研究会
松坂浩史 (2014)「地方自治体における私学行政の所管主体に対する歴史的経緯とその意義」日本教育行政学会研究推進委員会編『首長主導改革と教育委員会制度――現代日本における教育と政治』福村出版, 246-260頁
丸山高央 (1992)『大学改革と私立大学』柏書房
丸山文裕 (1988)「私学助成効果についての一考察」『官学と私学――大学の設置形態と国公私立大学の将来』広島大学高等教育研究開発センター大学研究ノート, 通巻第71号, 42-49頁
丸山文裕 (1999)『私立大学の財務と進学者』東信堂
丸山文裕 (2002)『私立大学の経営と教育』東信堂
丸山文裕 (2009)『大学の財政と経営』東信堂
宮本憲一編 (1990)『補助金の政治経済学』朝日新聞社
村上祐介 (2011)『教育行政の政治学』木鐸社
持田信樹編著 (2006)『地方分権と財政調整制度――改革の国際的潮流』東京大学出版会
森川泉 (1994)「私立大学改革と私立大学行政の諸問題」『日本教育行政学会年報』第20号, 50-60頁
両角亜希子 (2010)『私立大学の経営と拡大・再編』東信堂
両角亜希子 (2012)「私立大学の財政――現状と課題」『高等教育研究』第15集, 93-112頁
屋敷和佳 (2009)「高等学校教育改革の動向と課題」『国立教育政策研究所紀要』第138集, 11-30頁
山崎長吉 (1980)『北海道戦後教育史』北海道教育新報社
山崎長吉 (1981)『北海道教育史 昭和編』北海道新聞社
山崎博敏 (1989a)「学校法人の生成と淘汰――経営主体からみた高等教育機関」喜多村和之編『学校淘汰の研究――大学「不死」幻想の終焉』東信堂
山崎博敏 (1989b)「私立高等教育機関の組織変化のパターンとその要因――学校法人を分析単位として」『教育学研究』第56巻第2号, 137-144頁
山村滋 (2013)「高校と大学の接続問題と今後の課題――高校教育の現状および大学での必要な技能の分析を通して」『教育学研究』第77巻第2号, 157-170頁
矢野眞和 (1984)「私学助成の経済分析」『大学論集』第13集, 39-58頁
矢野眞和 (1996)『高等教育の経済分析と政策』玉川大学出版部
矢野眞和・丸山文裕 (1988)「私立大学における経営収支の変動過程と私学助成」『高等教育研究紀要』第8号, 46-60頁
結城忠 (2014)『憲法と私学教育――私学の自由と私学助成』協同出版
米澤彰純 (2010)『高等教育の大衆化と私立大学経営』東北大学出版会
リード, スティーブン・R (1990)『日本の政府間関係――都道府県の政策決定』森田

朗ほか訳，木鐸社
渡部蓊 (2001)「わが国における私学政策と私立大学の航路」『京都橘女子大学研究紀要』第 27 号，145-178 頁
渡部蓊 (2003)「高等教育政策の展開とその特徴」『大学創造』第 13 号，24-53 頁
渡部蓊 (2007)「私立学校振興助成法の成立の政治的ダイナミズム」『日本教育行政学会年報』第 33 号，81-97 頁
渡部芳栄 (2006)「学校法人「基本金」の研究——大学経営に果たした役割」『高等教育研究』第 9 号，121-140 頁
渡部芳栄 (2007)「高等学校への私学助成の諸効果」『東北大学大学院教育学研究科研究年報』第 55 集第 2 号，1-11 頁
渡部芳栄 (2011)「高等教育を供給する学校法人の変容——その傘下校に着目して」『大学論集』第 42 集，71-87 頁

欧文文献

North, Douglass C. (1990) *Institutions, Institutional Change and Economic Performance*, Cambridge University Press（ダグラス・C・ノース (1994)『制度・制度変化・経済成果』竹下公視訳，晃洋書房）
Pempel, T. J. (1973) "The Politics of Enrollment Expansion in Japanese Universities", *The Journal of Asian Studies*, Vol. 33, No. 1, pp. 67-86.
Pierson, Paul (2004) *Politics in Time: History, Institutions, and Social Analysis*, Princeton University Press（ポール・ピアソン (2010)『ポリティクス・イン・タイム——歴史・制度・社会分析』粕谷祐子監訳，勁草書房）

史資料文献

愛知県私学協会 (1968)『愛知県私学協会二十年史』
愛知県私学協会 (1978)『愛知県私学協会三十年記念誌』
愛知県私学協会 (1998)『愛知県私学協会五十年史』
愛知県私学経営者協会 (2003)『愛知県私学経営者協会三十年史』
秋田県議会『秋田県議会議事録』
神奈川県「私立学校教育の振興に係る事業の財務に関する事務の執行についての包括外部監査の結果に関する報告及びこれに添えて提出する意見」『平成 15 年度包括外部監査に関する報告』
岐阜県議会『岐阜県議会議事録』
財政調査会『國の予算』各年版
財政調査会『補助金便覧』各年版
財政調査会『補助金総覧』各年版
私学時報『私学年鑑』昭和 44 年～48 年版

私学振興調査会（1971）『私学行財政総覧（1971年度版）』
私学振興調査会（1975）『私学行財政総覧（1975年度版）』
私学振興調査会（1976）『私学行財政総覧（1976年度版）』
私学振興調査会（1977）『私学行財政総覧（1977年度版）』
私学法令研究会『私学必携』各年版
静岡県私学協会（1977）『三十年史』
静岡県私学協会（1990）『四十年史』
千葉県私学団体連合会（1974）『千葉県私学団体連合会二十年の歩み』
千葉県私学団体連合会（1979）『千葉県私学団体連合会二十五周年記念誌・千葉県私立学校教職員退職金財団設立十五周年記念誌』
千葉県私学団体連合会（1984）『千葉県私学団体連合会三十周年記念誌・千葉県私立学校教職員退職金財団設立二十周年記念誌』
千葉県総務部学事課『千葉県私学要覧』各年版
地方交付税制度研究会『地方交付税制度解説（単位費用篇）』各年版
地方財務協会『改正地方財政詳解』各年版
東京私立中学高等学校協会編（1966）『東京の私学』
東京私立中学高等学校協会編（1976）『東京の私学——30年のあゆみ』
東京私立中学高等学校協会編（1987）『東京の私学40年のあゆみ』
東京都生活文化局『事業概要』各年版
東京都総務局『事業概要』各年版
東京都総務部学事課『東京都の私学行政』各年版
長崎県（2014）『平成26年度政府施策に関する提案・要望書』
長野県議会『長野県予算書』各年版
長野県議会『予算の概要』各年版
長野県教育委員会私学教育振興チーム「学校法人補助金等の現地調査要領」（2005年，2006年）
日本教育新聞社『日本教育年鑑』各年版
日本私立学校振興・共済事業団『今日の私学財政』学校経理研究会，各年版
日本私立中学高等学校連合会（1967）『20年史』
日本私立中学高等学校連合会『都道府県私学助成状況』各年版
日本私立中学高等学校連合会『都道府県私学助成状況調査報告書』各年版
兵庫県私学総連合会（1975）『躍進する兵庫私学——創立25周年記念』
兵庫県私学総連合会（1980）『八十年代を拓く兵庫私学——創立30周年記念』
広島県議会『広島県予算書』各年版
広島県私学協会（2000）『広島県私学協会五十年史』
福岡県私学協会（1976）『福岡県私学協会三十年誌』
文教協会『全国教育委員会一覧』各年版
北海道『北海道私学教育年報』各年版
北海道議会『北海道予算説明書』各年版

北海道教育委員会『北海道教育年報』各年版
北海道教育庁（1979）『戦後北海道教育誌』
北海道私学教育史編集委員会（1963）『北海道私学教育史』北海道私学協会
北海道総務部人事局学事課『北海道の私学・宗教法人の概要』各年版
北海道立教育研究所（1996）『北海道教育史　資料編　第2巻』
北海道立教育研究所（1997）『北海道教育史　資料編』
北海道立教育研究所（2005）『北海道教育史　記述編　第2巻　学校教育』
宮城県総務部私学文書課『私立学校の概要』各年版
文部科学省（2007）『文部科学時報』第1562号，ぎょうせい
文部省『学校基本調査』各年版
文部省『私立学校の財務状況に関する調査報告書』各年版
文部省『文部省年報』各年版
文部省・文部科学省『地方教育費調査報告書』各年版
山形県議会『山形県議会議事録』
山形県議会『山形県予算書』
山形県私立学校総連合会（1970）『山形の私学』
山形県私立学校総連合会（1979）『山形の私学』
山形県私立学校総連合会（1990）『山形の私学』
山形県私立学校総連合会（2000）『山形の私学』

新聞・雑誌

『朝日新聞』朝日新聞社
『月刊私学』東宝出版社
『私学振興』私立学校振興財団
『全私学新聞』一般社団法人全私学新聞
『内外教育』時事通信社

索　引

【あ行】

愛知県　　136, 142, 144
青木栄一　　6, 8, 9, 13, 195, 196
秋田県　　61, 63, 65-67, 72
天川晃　　7
天川モデル　　9, 195
荒井英治郎　　19-21
荒井克弘　　18
市川昭午　　5, 10, 21-23
一般財源　　13-15, 26, 88, 94, 120, 174, 193
一般補助　　37-42, 148-150, 197, 198
茨城県　　61, 63, 65, 70
上田学　　19, 20
大蔵省　　87, 89, 100, 130, 200
小川正人　　10

【か行】

貸付金　　34, 36, 46, 48-50, 56, 96, 110, 113, 115, 118, 120, 122, 123, 136, 138-140, 142, 143, 145, 161-166, 170-173, 175, 177, 184-186, 188
学校法人　　2, 4, 5, 16-21, 34, 35, 40, 42-44, 48, 55, 64, 68, 69, 87, 88, 105, 129, 149, 150, 170, 194, 197
金井利之　　7, 14
基準財政需要額　　74, 77, 79, 88, 100, 103-105, 108-111, 113, 122-124, 144, 148, 187, 189, 190, 192, 197
北村亘　　24, 200
岐阜県　　61, 63, 65, 70
教育委員会　　7, 9, 23, 27, 59-73, 79, 92, 93, 184, 195, 197
教育行政学　　1, 5, 8, 9, 16, 19-22, 60
教育社会学　　16-18, 199
教育法学　　20, 22
黒羽亮一　　17
区割り方式　　76
経常的経費　　4, 12, 20, 24, 37, 38, 74, 76, 107, 128, 129
経常費助成　　20, 33, 37, 51, 52, 59, 76, 106, 108, 113, 127-130, 136, 178, 187
　　――費補助　　34, 35, 37, 40, 42, 54, 55, 128, 144, 149-151, 159, 164, 169, 172, 184, 187, 191, 196
県単独補助項目　　157, 158, 163, 170, 171, 176, 177, 179
国庫補助金制度　　9, 11, 23, 24, 26, 35, 78, 128-134, 144, 145, 186-189

【さ行】

財源措置　　3-6, 13-15, 23, 28, 29, 34, 36, 42, 54, 59, 73, 77, 91, 108, 152, 185, 186, 189-191, 193, 197, 199, 200
最高限度額　　38, 54, 55
財政投融資　　49, 56
財政力　　11, 123, 148, 156-158, 161, 164, 167, 176, 177, 179, 180, 186, 189
　　――指数　　38, 39, 156, 157
財団法　　→日本私学振興財団法
最低限度額　　37, 38, 79
私学振興会　　→私立学校振興会
私学振興に関する基本方針（案）　　107
私学担当部局　　60-73, 79
私学問題に関する小委員会　　106
自主財源　　8, 9, 14, 26, 79, 91, 99-101, 189
静岡県　　110, 118, 119
施設設備　　1, 3, 13, 44, 49, 50, 85-87, 94-96, 99, 105, 108, 115, 117, 123, 139
施設費補助　　34, 36, 43-46, 55, 56

自治省　　12, 20, 89, 100, 107
自民党　　→自由民主党
集権・分権　　7, 8
集中・分散　　8
自由民主党　　100, 106, 107, 200
　　——政調文教制度調査会　　106
出資金　　36, 48-50, 52, 56, 87, 88, 94, 136
奨励的補助金　　10, 144, 145, 148, 187, 189
私立学校関係費　　53, 54, 89, 108
私立学校助成費
　　——（国庫補助金）46, 47, 87, 148
　　——（地方交付税）　　53, 54, 108, 151, 194
私立学校振興会　　36, 46, 48-52, 87, 88, 105
私立学校振興助成法　　4, 6, 14, 19-23, 27, 29, 35, 40, 41, 52, 64, 100, 127-130
　　——前後の愛知県　　142
　　——前後の千葉県　　138
　　——前後の東京都　　140, 141
　　——前後の広島県　　139
　　——前後の北海道　　136, 137
「私立学校振興方策の改善について」　　106
人件費　　3, 15-17, 20, 25, 27, 29, 36, 50, 51, 53, 54, 74-77, 85, 86, 99, 103, 112, 117, 118, 136, 138, 142, 183, 189, 190, 194, 197
　　——補助　　21, 40, 55, 104-108, 122-124, 129, 185, 186, 188, 192
　　——補助（静岡県）　　118
　　——補助（千葉県）　　116, 117
　　——補助（東京都）　　110, 111
　　——補助（兵庫県）　　113, 114
　　——補助（福岡県）　　115
　　——補助（北海道）　　120
神野直彦　　4, 8, 11
杉長敬治　　3, 22, 23, 35, 38, 44
スタンダード　　122, 134, 145, 187, 190
政策誘導　　5, 9-15, 10-15, 183, 189-195
生徒急増　　46, 85-88, 91
　　——（北海道）　　92-94, 99, 100
　　——（山形県）　　95, 96, 99

　　——（東京都）　　96-99
生徒減少期　　85, 101
生徒収容　　85-87, 90, 92, 95, 97, 99
制度
　　——の蓄積　　24, 25
　　——の粘着性　　192
　　——変更　　24, 27, 104, 105, 122, 123, 127, 131, 144, 145, 148, 185-187, 195
政府間関係　　1, 6, 8, 9, 195, 198, 200
政府間財政関係　　8, 23
設備費補助　　33, 34, 36, 43, 47, 48, 55
全国知事会　　89, 91, 113
総務省　　13, 14, 24
総務調査費　　53, 54
総務費　　53, 54, 88, 89
測定単位　　53, 54
措置率　　105, 133, 135, 136, 143-145, 148, 151-154, 179
その他諸費　　53, 54, 89, 107, 108, 127, 130, 197

【た行】

単位費用　　52, 53, 55, 78, 88, 108, 122
単価方式　　73, 77, 79
知事会　　→全国知事会
知事部局　　60-73, 79
千葉県　　110, 116, 118, 136, 138, 140, 144, 148, 157-161, 170, 171
地方交付税
　　——算定基準　　25, 29, 74, 104, 107, 136, 148, 183
　　——制度　　12, 24, 25, 28, 34, 53, 55, 78, 103-105, 108, 123, 127, 145, 158, 185-187, 192
　　——法改正　　3, 29, 53, 54, 88, 103, 105, 107, 108, 110, 113, 120, 122, 124, 127-130, 184-187, 191, 194, 197
地方債　　8, 12, 87, 89, 100
地方財政計画　　4, 11, 13-15, 53, 55
地方単独事業　　12, 53, 55

索　引

東京都　61, 77, 86, 90, 92, 96-99, 110-112, 123, 136, 140, 141, 144, 145, 148, 157, 158, 173-180
統合・分立軸　7, 9, 195
特別補助　5, 37, 40-42, 55, 115

【な行】

長野県　61, 65, 68, 69, 72, 148, 157, 164, 166, 167
南部初世　60, 61, 63-65
日本私学振興財団法　20, 107

【は行】

橋野晶寛　129, 130
標準運営費方式　75, 77
標準化機能　124, 178, 186, 189-191, 193-195, 199, 200
標準額　37, 39, 131, 132, 134, 136, 144, 145
広島県　136, 138, 139, 144
福岡県　110, 115, 116
不交付団体　52, 77
文書広報費　53, 54, 88
分離・統合　7
ベビーブーム　18, 19, 23, 43, 44, 50, 85, 105
補助執行　60, 61, 63, 65-73, 79
補助対象経費方式　74, 76
北海道　86, 92-95, 99, 110, 120, 122, 136, 143, 144, 145, 148, 157, 170-172, 176, 177, 190

【ま行】

村上祐介　9, 195, 198
文部科学省　2, 9, 29, 33, 34, 38, 39, 42-44, 47, 59, 150, 155, 195, 196
文部省　22, 28, 34, 35, 40, 85-91, 100, 107, 130, 148, 157, 161-163, 195, 196

【や行】

山形県　61, 86, 92, 95, 96, 99, 148, 157, 161-163
予算積算　73, 79, 80
予算配分　76, 80
米澤彰純　16, 248

【ら行】

ランク制　37, 54
利子補給　91, 96, 97
利子補助　→利子補給
臨時行政調査会　40, 41, 56
臨時私立学校振興方策調査会　50, 52, 56
臨調　→臨時行政調査会

【わ行】

渡部蓊　20, 21
渡部芳栄　6, 15, 19

217

著者紹介

小入羽 秀敬（こにゅうば・ひでゆき）
帝京大学教育学部　講師
1979 年　神奈川県生まれ。
2003 年　東京大学教育学部卒業。
2011 年　東京大学大学院教育学研究科博士課程単位取得退学。
博士（教育学）（東京大学）
広島大学高等教育研究開発センター研究員、帝京大学教育学部助教を経て 2017 年より現職。
主要論文等
「教員の業務負担と学校組織開発に関する分析――部活動に着目して」（『国立教育政策研究所紀要』第 140 集、2011 年）
"Incorporation of National Universities in Japan under New Public Management", Shin, Jung Cheol (ed.), *Higher Education Governance in East Asia*, Springer, 2018.

私立学校政策の展開と地方財政
私学助成をめぐる政府間関係

2019 年 2 月 20 日　初版第 1 刷発行

　著　者　　小 入 羽 秀 敬
　発 行 者　　吉 田 真 也
　発 行 所　　合同会社 吉 田 書 店

102-0072　東京都千代田区飯田橋 2-9-6 東西館ビル本館 32
TEL：03-6272-9172　FAX：03-6272-9173
http://www.yoshidapublishing.com/

装幀　野田和浩　　　　印刷・製本　シナノ書籍印刷株式会社
DTP　閏月社
定価はカバーに表示してあります。
©KONYUBA Hideyuki, 2019
ISBN978-4-905497-70-7

―――― 吉田書店刊 ――――

経時と堆積の自治――新潟県中越地方の自治体ガバナンス分析
箕輪允智 著

戦後日本の地方自治体はいかに治められてきたのか。新潟県の柏崎、三条、加茂、栃尾の 4 市を分析の対象としながら検証する。　　　　　　　　4800 円

都市再開発から世界都市建設へ――ロンドン・ドックランズ再開発史研究
川島佑介 著

中央政府の選択、地方自治体の選択、そして両者の相互関係とは――。都市における政府の役割とは何か。第 44 回藤田賞受賞作。　　　　　　3900 円

戦後地方自治と組織編成――「不確実」な制度と地方の「自己制約」
稲垣浩 著

府県における局部組織において、「制度化されたルール」はいかに生まれ、定着したのか。歴史的な視点から多角的に分析。　　　　　　　　3600 円

自民党政治の源流――事前審査制の史的検証
奥健太郎・河野康子 編

歴史にこそ自民党を理解するヒントがある。意思決定システムの核心を多角的に分析。
執筆＝奥健太郎・河野康子・黒澤良・矢野信幸・岡﨑加奈子・小宮京・武田知己
　　　　　　　　　　　　　　　　　　　　　　　　　　　　　　3200 円

議会学
向大野新治（衆議院事務総長）著

国会の本質は何か。その実像は――。現役の事務総長が、議会の仕組みや由来から他国との比較まで詳述する。　　　　　　　　　　　　　　2600 円

日本政治史の新地平
坂本一登・五百旗頭薫 編著

気鋭の政治史家による 16 論文所収。執筆＝坂本一登・五百旗頭薫・塩出浩之・西川誠・浅沼かおり・千葉功・清水唯一朗・村井良太・武田知己・村井哲也・黒澤良・河野康子・松本洋幸・中静未知・土田宏成・佐道明広　　　　　　　6000 円

21 世紀デモクラシーの課題――意思決定構造の比較分析
佐々木毅 編

日米欧の統治システムを学界の第一人者が多角的に分析。執筆＝成田憲彦、藤嶋亮、飯尾潤、池本大輔、安井宏樹、後房雄、野中尚人、廣瀬淳子　　　3700 円

定価は表示価格に消費税が加算されます。
2019 年 2 月現在